陆路交通基础设施智能监测预警方法

朱洪洲　唐菲菲　温　永
朱俊清　胡　川　张　桓　著

科学出版社
北　京

内 容 简 介

本书介绍了交通基础设施“空天地”一体化监测预警新技术、新设备、新方法，开展了面向交通基础设施灾害与结构安全的星载合成孔径雷达干涉测量（InSAR）面域排查、无人机数据采集装备及数据处理，以及北斗高精度监测算法和数据处理的相关研究，重点针对山区道路、桥梁结构监测问题构建安全预警体系，构建了“灾害-结构安全”耦合的监测预警体系，保障了交通基础设施的安全运维。

本书可供智能监测、交通工程、土木类结构健康安全监测技术人员参考使用，也可供高等院校相关专业广大师生借鉴。

图书在版编目(CIP)数据

陆路交通基础设施智能监测预警方法 / 朱洪洲等著.-- 北京：科学出版社, 2025. 6. -- ISBN 978-7-03-081032-8

Ⅰ. U4

中国国家版本馆 CIP 数据核字第 2025M2D805 号

责任编辑：朱小刚 / 责任校对：张亚丹

责任印制：罗　科 / 封面设计：墨创文化

科学出版社出版

北京东黄城根北街16号

邮政编码：100717

http://www.sciencep.com

成都锦瑞印刷有限责任公司 印刷

科学出版社发行　各地新华书店经销

*

2025 年 6 月第　一　版　开本：B5（720×1000）

2025 年 6 月第一次印刷　印张：12 3/4

字数：250 000

定价：148.00 元

（如有印装质量问题，我社负责调换）

前　言

随着我国交通基础设施建设的迅猛发展，道路、桥梁、隧道等工程规模不断扩大，其安全性和耐久性已成为保障国民经济运行和人民生命财产安全的核心议题。尤其在山区、地质复杂区域及气候多变地带，交通基础设施长期面临滑坡、泥石流、结构老化等多重挑战。传统的监测手段受限于效率、精度和实时性，难以满足现代交通系统对智能化、精准化运维的迫切需求。在此背景下，融合新兴技术构建智能监测预警体系，已成为提升基础设施韧性、实现可持续发展的重要路径。

本书以“陆路交通基础设施智能监测预警方法”为主题，系统梳理当前国内外在交通基础设施监测领域的最新研究成果与实践经验，深入探讨“空天地”一体化监测技术的创新应用。全书以问题为导向，聚焦山区道路、桥梁、隧道等典型场景，结合星载 InSAR、无人机遥感、北斗高精度定位、光纤传感、人工智能等技术，构建从隐患排查到灾害预警的全链条解决方案。书中不仅详述理论方法，还通过大量工程案例验证技术的可行性与实用性，为读者提供兼具学术价值与工程指导意义的参考。

本书共分为 5 章，内容如下。

第 1 章　系统梳理交通基础设施监测预警技术的现状，对比分析传统方法与新兴技术的优劣，重点介绍数值模拟、统计分析及人工智能方法在灾害预警中的应用。

第 2 章　聚焦山区交通沿线的自然灾害与人为灾害类型，提出多源数据融合的隐患排查技术，并探讨智能传感器、大数据分析在风险识别中的前沿实践。

第 3 章　以无人机检测为核心，详细解析无人机类型选择、航线规划、数据采集与处理技术，并通过路基、边坡、桥梁的实测案例展示无人机在表观损伤监测中的高效性与精准性。

第 4 章　围绕北斗高精度监测技术，阐述北斗定位原理、数据处理方法及其在结构表面形变监测中的应用，为长期稳定性评估提供可靠工具。

第 5 章　结合山区交通基础设施的特点，构建“灾害-结构安全”耦合的预警体系，并通过有限元模拟、机器学习模型等验证预警系统的科学性与有效性。

本书的完成得益于多位专家学者、工程技术人员的通力合作。感谢作者团队的辛勤付出，以及科学出版社编辑团队的严谨审校。同时，书中引用了部分国内外研究成果，在此向相关学者致以诚挚谢意。

本书旨在为交通工程、土木工程、智能监测等领域的研究人员、技术人员及高校师生提供参考。我们期待通过本书的出版，推动智能监测技术在交通基础设施运维中的深度应用，为行业技术进步与工程实践注入新动能。书中不足之处，恳请读者批评指正，共同完善这一重要领域的知识体系。

目　　录

第 1 章　交通基础设施监测预警技术现状

随着交通基础设施建设的快速发展，道路路基、边坡、桥梁和隧道作为重要的结构设施，其安全性和稳定性直接关系到交通系统的运行和公共安全。为了确保这些设施的长期稳定和安全，形变监测和预警技术显得尤为重要。

1.1　交通基础设施监测方法现状

面向道路路基、边坡、桥梁和隧道等交通基础设施的监测主要涉及路面、路基随着时间的推移以及受地质活动影响长期形成的水平方向和高程方向的位移，该位移的累积最终致使交通基础设施存在安全隐患，因此交通设施形变监测、表观损伤监测对保障安全出行至关重要。

1.1.1　交通基础设施形变监测方法

道路路基、边坡的形变监测预警技术主要有传统监测方法、光纤传感技术、遥感技术和无人机等手段。传统的道路路基、边坡监测方法主要包括目视检查、倾角仪、测斜仪和地表位移标等。此类方法通过定期巡查和手动测量来获取边坡的形变数据。然而，这些方法存在监测频率低、数据实时性差以及人工成本高等问题，难以满足现代交通基础设施的监测需求。光纤传感技术近年来在边坡监测中得到了广泛应用，如分布式光纤传感（distributed fiber optic sensing，DFOS）技术，可以实现对边坡形变的连续测量和实时监控。光纤传感器埋设在边坡内部，通过测量光纤沿线的应变变化来获取边坡的形变信息。这种技术具有高精度、高灵敏度和长距离监测能力，是未来边坡形变监测的重要方向之一。遥感技术和无人机（unmanned aerial vehicle，UAV）在边坡监测中的应用也越来越广泛。高分辨率卫星影像和 UAV 航拍图像可以对大面积边坡进行快速、全面的监测。通过图像处理和分析，可以识别出边坡的细微形变和潜在滑坡区域。此外，无人机巡检还具有操作简便、响应迅速的优点，能够有效弥补传统监测方法的不足。

滑坡地表变形监测技术包含全球导航卫星系统（global navigation satellite system，GNSS）、摄影测量、雷达和光学遥感等。摄影测量、激光雷达（light detection and ranging，LiDAR）等技术一般搭载在无人机航空平台上，适用于小范围重点区域和重大滑坡的高频次动态监测，进而通过地面现场调查复核滑坡隐患并评估危险性。以卫星、无人机等为载体的监测技术受重访周期约束，而 GNSS、全站仪等传感设备部署在地面以测量特征点变形，更适用于风险较大或变形较为剧烈（速度较快或加速变形）的滑坡的实时自动化监测，在短临和应急期开展及时分析和研判预警。中国 GNSS 研究起步较早，目前应用广泛，可（近）实时获取地表三维变形信息。然而，多数地表变形监测技术容易受到大气条件、地形起伏、植被覆盖和人为因素等干扰，时间分辨率较低（由于重访周期等原因）且数据解算时间长（由于解译算法复杂度高等原因），导致监测数据滞后，可能错过滑坡快速变形信息的及时捕捉，难以为滑坡短临预警提供支撑。

与地表变形监测相比，深部变形监测技术具有更早发现滑坡内部破裂和剪切滑动力等异常变化的潜力。通过分析深部变形数据的变化规律，结合变形机制和诱发因素等条件，可以掌握滑面的活动特征和发展趋势，从而在灾害发生之前及时有效地发出预警。深部变形监测能够有效补充地表变形监测技术，达到立体化监测的效果，实现滑坡发展演化过程的灵敏感知和灾害风险的早期识别预警。

滑坡深部变形监测设备通常安装在滑体内部的钻孔中，并穿过滑面，具有较高的测量精度和时间分辨率。这些设备能够高效地获取钻孔周围岩土体的变形信息，尤其是滑面的变形信息，有助于理解滑坡的启动机制和发展演化规律。滑坡深部变形监测技术通常依赖于多种专业设备来实现。例如，测斜仪和阵列式位移计（shape accel array，SAA）是常用的监测设备，能够提供滑坡体内部变形的关键数据。此外，其他一些监测设备，如多点位移计、钻孔引伸计、拉线式位移计和时域反射仪（time domain reflectometer，TDR），由于存在一定的技术局限性(如成本较高、操作复杂或对环境条件要求严格)，在实际滑坡现场监测中的应用相对较少。这些设备虽然在理论上具有较高的监测精度，但在实际应用中往往受到安装难度、维护成本以及数据处理复杂性等因素的限制，普及率较低。因此，在选择滑坡监测技术时，需要综合考虑监测需求、现场条件以及成本效益，以确保监测系统的有效性和可持续性。声发射（acoustic emission，AE）技术通过捕捉微小破裂来评估滑坡稳定性，是一种重要且常用的监测手段。

声发射监测技术是滑坡物理场监测的经典方法，并发展成为深部变形监测的重要手段。与滑坡深部变形监测的常用设备（如测斜仪和阵列式位移计）相比，声发射监测技术具有成本低、灵敏可靠和实时连续等优点，有潜力实现滑坡灾害的早期预警。声发射信号通常出现在滑坡孕育期，伴随着滑坡变形破坏的全过程。该技术对滑坡的微小变形非常敏感，能够监测到滑坡的极缓慢变形。

桥梁的形变监测预警技术主要有结构健康监测系统、无线传感器网络、大数据和人工智能等技术手段，如图 1.1 所示。结构健康监测（structural health monitoring，SHM）系统是桥梁形变监测的核心技术之一。SHM 系统通过在桥梁上布设多种传感器(如加速度计、应变片、温度传感器等)，实时采集桥梁的动态响应和环境参数。通过数据分析和建模，可以评估桥梁的运行状态和健康状况，及时发现结构异常和潜在风险。无线传感器网络(wireless sensor network，WSN)技术在桥梁监测中的应用日益普遍。WSN 由大量低功耗、无线通信的传感节点组成，通过自组织网络实现对桥梁结构的实时监测和数据传输。相比传统有线监测系统，WSN 具有安装简便、成本低廉、易于扩展等优势，适用于大规模桥梁监测。大数据和人工智能技术为桥梁形变监测提供了强有力的支持。通过对海量监测数据的存储和分析，可以提取出桥梁形变规律和特征，实现故障诊断和趋势预测。机器学习算法能够自动识别出异常数据和潜在风险，提高预警的准确性和可靠性。

图 1.1　交通设施形变监测

常规大地测量方法具有良好的灵活性和高精度，但自动化程度较低，依赖人工操作，且监测结果获取较慢。该方法使用全站仪、电磁测距仪、经纬仪、水准仪等仪器，通过重复性和周期性的测量来获取桥梁结构的水平位移和垂直位移信息。物理传感器方法利用电子水平仪、锈蚀检测仪、重量动态测量仪、倾斜仪、位移仪、应变计、测力计等传感器进行监测。这些传感器能够提供高精度的局部变形信息，但通常只适用于监测桥梁的局部区域，对于整体变形的把握不足。随着全球定位系统(global positioning system，GPS)技术的日益成熟，它在桥梁变形监测领域得到了广泛应用。GPS 技术能够提供毫米级的监测精度，显著减少了外业工作量，并有效降低了人为因素的影响。然而，其应用可能受到通视性较差以及设备成本较高的限制。雷达干涉测量技术则以其高精度著称，能够达到厘米级甚至毫米级的监测精度，特别适合用于监测桥梁的微小形变。这一技术在桥梁健康监测中具有独特的优势。摄影测量技术作为 3S 技术的重要组成部分，能够对桥梁变形进行大范围监测，有助于全面把握桥梁的整体变形情况。然而，与全站仪测量相比，摄影测量技术的测量精度相对较低，且设备成本较高，这在一定程度上限制了其应用范围。光纤传感器则利用光纤对环境变化的高度敏感性，能够采集温度、应变、动态响应等多种参数。光纤传感器具有抗电磁干扰、耐腐蚀、质量轻、体积小等优点，非常适用于长期监测桥梁的健康状况。此外，基于机器视觉的桥梁挠度实时精密测量方法近年来也得到了发展。该方法通过图像处理技术对桥梁的形变进行监测，为桥梁变形监测提供了新的技术路径。

隧道的形变监测预警技术主要有探地雷达法(ground penetrating radar，GPR)、激光扫描(laser scanning)技术、物联网(internet of things，IoT)与智能监测系统。GPR是一种高效的隧道形变监测技术。GPR通过发射高频电磁波，监测隧道内部结构的反射信号，从而获取隧道衬砌和周围岩体的形变信息。GPR具有探测深度大、分辨率高的特点，适用于隧道施工和运营过程中形变的实时监测。激光扫描技术是近年来隧道形变监测的一项重要手段。激光扫描仪可以快速获取隧道内壁的三维点云数据，通过对比不同时间点的扫描结果，精确测量隧道的形变和位移。这种技术具有高精度、非接触、全覆盖的优势，广泛应用于隧道变形监测和裂缝监测。物联网技术在隧道监测中的应用正在逐步展开。通过将各种传感器设备(如压力传感器、应变传感器、温湿度传感器等)接入物联网平台，实现隧道形变数据的实时采集、传输和处理。智能监测系统可以对数据进行综合分析，提供实时预警和决策支持。

隧道工程施工监测早期采用传统监控量测方法，即监测人员进入施工现场，使用传统测量工具进行人工操作测量。尽管这种方法具有测量直接、技术成熟等优点，但也存在诸多缺陷：①测量数据的准确性受人为因素影响较大，难以达到较高量测精度；②测量结果易受施工影响，难以保证数据的实时和连续采集，导致测量数据的可溯源性较弱；③测量数据处理手段落后、处理效率低、上报流程复杂，导致工程管理人员难以快速共享数据，监测预警和险情处理反应迟缓；④传统量测工作量大、时效性差、监测效率低、危险性大。

自动化监测技术在隧道工程监测技术领域得到了很好的应用。一方面，采用自动化全站仪结合水准仪的传统方案，自动监测待测点的垂直位移和水平位移；另一方面，采用测量机器人的传统方案，利用其全自动测量功能，同时测量待测点的垂直和水平位移，提高监测效率。监测数据的分析、处理仍需改进，测量的精准度可能受观测范围影响，难以满足工程量测要求，限制了该技术在长、大隧道工程中的应用。

光纤传感技术(optical fiber sensing technology，OFST)以光纤为媒介，以光波为载体，能够感知和传输物理量信号。该技术已在地铁隧道、海底隧道和桥梁工程等重大基础设施建设中得到应用。然而，目前该技术还不够成熟，尤其是在光纤传感器种类、隧道渗流测压和测速应用，以及地下工程灾害防治监测的传感理论和监测仪器研究方面，还存在许多亟待解决的问题。

数字近景摄影技术是一种新型的三维精密测量技术，基于精密测量、数字成像、图像识别和处理，提高了测量的自动化水平。该技术具有高效率、强稳定性和高精度的优点，在隧道工程测量领域得到了应用。然而，该技术的自动化程度相对较低，在隧道空间狭小的地方无法使用，图像识别和处理系统还需要进一步优化[1]。

机器视觉技术使用视觉辅助激光和视觉监测系统进行隧道形变监测，提高了监测的准确性和实时性。

1.1.2　交通基础设施表观损伤监测方法

随着城市化进程的加快和交通基础设施的不断发展，道路、桥梁、隧道等结构的安全性和稳定性问题日益受到关注。表观损伤监测作为一种重要的结构健康监测手段，通过实时、非破坏性的方式获取结构表面的变形和损伤信息，对于预防事故和保障公共安全具有重要意义。

1. 道路路基与边坡的表观损伤监测方法

激光扫描通过激光测距仪测量目标物体表面的距离和形状，生成高密度的三维点云数据。在道路路基和边坡监测中，激光扫描技术能够快速获取地形表面的变化和沉降情况，精确监测裂缝、下沉等表观损伤，为工程师提供定量化的监测数据，如图 1.2 所示。

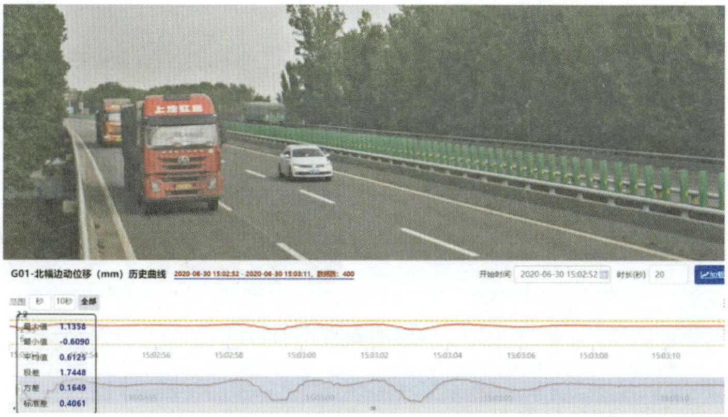

图 1.2　高速公路路基监测

高分辨率卫星遥感影像可以提供广泛的地表信息，包括道路路基和边坡的变形、植被覆盖情况等。通过比较不同时间点的遥感影像，可以识别出可能存在的表观损伤，如裂缝扩展、滑坡迹象等，为监测和预警提供基础数据。

地面测量仪器（如全站仪、倾角仪、测距仪等）仍然在道路路基和边坡的表观损伤监测中发挥重要作用。这些设备通过定期的测量和监测，可以发现表面的微小位移和形变，及时预警潜在的安全隐患。

数字图像检测技术适用于快速检测路面裂缝，实现非接触式检测。该方法通过数字相机拍摄路面图像，利用图像处理技术(包括图像增强、分割和裂缝识别)来识别和评估损伤。

探地雷达技术使用高频电磁波探测路面下的空洞、裂缝和水分渗透等问题，评估道路结构的完整性和安全性。

车载激光雷达技术通过车载激光雷达系统快速测量路基边坡，获取高精度的三维数据，用于裂缝检测和量化分析。

无人机技术使用搭载高清摄像头或激光扫描仪的无人机对路面进行航拍，获取高分辨率的图像或三维模型，用于裂缝和其他损伤的检测。

基于深度学习的图像处理技术利用深度学习算法，如卷积神经网络，自动识别和分类图像中的裂缝和其他损伤[2]。

2. 桥梁的表观损伤监测方法

视觉检测技术结合高分辨率摄像头和图像处理算法，能够实时监测桥梁表面的裂缝、变形和腐蚀情况，如图 1.3 所示。这种非接触式的监测方法，不仅能够快速识别出桥梁结构的表观损伤，还能够提供定量化的监测数据和可视化的分析结果。

图 1.3　桥墩表观损伤监测

结构健康监测(SHM)系统通过布设在桥梁结构上的传感器(如光纤传感器、压电传感器、声发射传感器、应变计、加速度计等)以及基于微机电系统的微型传感器，实时监测结构的动态响应和表面变形。这些传感器可以测量桥梁的振动频率、应变变化等参数，通过数据分析来评估结构的健康状况和表观损伤程度。

磁粉检测技术适用于金属结构的表观损伤监测，通过在表面涂覆磁粉并施加磁场，可以检测出桥梁结构中隐藏的裂纹和缺陷。这种方法对于金属桥梁的表面裂纹和腐蚀损伤具有高灵敏度和高分辨率。

基于深度学习的图像分析技术使用深度学习算法，如卷积神经网络，自动识别和分类桥梁损伤，提高损伤检测的准确性和效率[3]。

敲击扫描式检测方法通过在桥梁上施加敲击力，利用车辆或专用设备移动采集桥梁响应数据，分析数据以识别桥梁损伤和刚度变化[4]。

3. 隧道的表观损伤监测方法

隧道结构通常处于地下或者山体内部，其表观损伤的监测面临更大的挑战，需要结合多种技术手段。隧道内部摄像监测系统可以实时监测隧道壁面的裂缝、渗水、表面腐蚀等表观损伤情况。GPR 技术通过发送和接收高频电磁波，可以穿透隧道壁面和周围岩体，检测隧道结构内部的空洞、裂缝及水渗透等问题。这种技术能够高效地识别出隧道的内部结构变化和损伤。

激光扫描技术通过快速获取隧道内部的三维点云数据，能够精确测量隧道壁面的位移、裂缝和变形。这种非接触式的测量方法对于大面积隧道的监测具有显著优势。

智能传感器与物联网系统是指在隧道内部部署智能传感器，如压力传感器、水位传感器等，通过物联网技术实现数据的实时采集和监测。这些传感器可以监测地下水位、隧道内部环境变化以及结构的稳定性。

图像处理和计算机视觉技术用于表观病害识别，通过图像处理技术可以设计病害特征、提高识别效率并降低非病害因素的干扰。计算机视觉技术的推广关键在于构建行业级病害样本库。

GPR 是检测隧道内部状态的关键技术，可以检测空洞和裂缝等缺陷。地耦型雷达速度约为 10km/h，空耦型雷达速度可达 80km/h。

红外热成像技术可以检测隧道内部的热量分布，识别潜在损伤区域。

超声层析成像技术通过超声波在材料中的传播特性检测隧道内部缺陷。

高精度地面移动检测机器人结合多种传感器和检测技术，在隧道内部进行移动检测，收集数据并进行分析。

基于深度学习的图像分析技术利用深度学习算法，如卷积神经网络，自动识别和分类隧道损伤。

基于改进的 Yolov5 检测方法通过引入坐标注意力和特征融合网络，提高了小目标病害的检测效果，减少了模型参数，有利于边缘端部署[5]。

1.1.3　交通基础设施其他损伤监测方法

数据分析是将采集到的传感器数据经过复杂的数学模型和算法分析，识别出结构的疲劳破坏、裂缝扩展、非线性变形等问题，为工程师提供预测性维护和修复建议。SHM 系统通常与远程监控中心或云平台集成，实现对多个结构的集中监控和数据管理。这种远程监控能力不仅提高了监测的实时性，还能够为紧急情况下的决策提供及时支持。

随着机器学习(ML)和人工智能(AI)技术的发展,它们在交通基础设施监测领域的应用日益广泛。这些技术能够处理大规模数据，并从中提取出隐含的模式和关联，进一步优化监测和维护的效率。ML 和 AI 技术可用于处理从摄像头和无人机获取的图像数据，自动识别出表面裂缝、腐蚀和其他损伤。这种技术不仅提高了识别的准确性，还大大加快了数据分析的速度。

基于历史数据和实时监测数据，机器学习模型能够预测结构的未来行为和可能的故障发生时间。这种预测性维护能够降低维护成本，优化资源分配。除了结构自身的因素，交通基础设施的可持续性和长期稳定性还受到环境因素的影响。因此，进行全面的环境影响分析也是监测的重要组成部分。部署在周边环境中的传感器，如空气质量传感器、水质传感器等，可以监测交通基础设施周围环境的变化。这些数据有助于评估结构的暴露风险和环境对结构的影响。考虑气候变化对交通基础设施的长期影响，如降水量及温度变化等，通过分析这些因素，能够调整监测策略和维护计划，提高设施的适应性和抗灾能力。

面向道路路基、边坡、桥梁和隧道的形变监测预警技术正朝着智能化、自动化和多元化方向发展。传统的监测方法虽然依然发挥着重要作用，但新兴技术，如光纤传感、遥感与无人机、大数据与人工智能、物联网和数字孪生等，正在逐步提升监测的精度、实时性和综合性。这些技术的融合应用，将显著提高交通基础设施的安全性和可靠性，为构建可持续发展的交通系统提供坚实保障。未来，随着科技的不断进步和应用实践的积累，这些监测预警技术将在道路路基、边坡、桥梁和隧道的安全管理中发挥更加重要的作用。

1.2 山区交通基础设施结构安全模拟方法与技术

1.2.1 数值模拟方法

数值模拟方法在模拟山区交通基础设施在洪水、滑坡、泥石流等自然灾害下的响应中发挥着关键作用。这些方法使用数学模型来描述物理现象并以数值方式求解控制方程。在洪水灾害中，可以使用数值模拟方法来模拟桥梁和道路周围的洪水流动，并估计其对结构产生的力。例如，有限元法可用于模拟洪水压力下桥梁的变形，而格子玻尔兹曼法可用于模拟桥墩周围洪水的流动。在滑坡灾害背景下，可以采用数值模拟方法来模拟滑坡的行为及其对道路和桥梁的影响。例如，离散元方法可用于模拟重力和水压下滑坡的行为，而平滑粒子流体动力学方法可用于模拟道路和桥梁周围的泥浆和碎石的流动。这些方法能够提供对复杂工程问题的深入理解，从而帮助工程师评估结构在洪水、滑坡和泥石流等灾害情况下的响应。

1. 有限元法

有限元法(finite element method，FEM)是工程领域中模拟结构响应的核心技术，尤其是在模拟洪水、滑坡、泥石流等灾害对交通基础设施的影响时。FEM 通过将结构分解为有限数量的小元素来近似连续体的响应，可以精确地模拟结构的应力、应变分布以及可能的破坏模式。在洪水情况下，FEM 可以用来模拟水流对桥梁墩台的冲击和压力作用，或者在滑坡情况下，分析土体与结构相互作用产生的力和位移[6]。此外，FEM 还可以用来模拟泥石流中的固体颗粒对桥梁和路基的冲击效应。FEM 的优点是其精确性和灵活性高，能够处理各种材料属性和边界条件。然而，FEM 的局限性在于高计算成本和对模型准确性的依赖，这可能在模拟非常大的或非常复杂的系统时成为一个挑战。

2. 离散元法

离散元法(discrete element method，DEM)在处理颗粒介质，如滑坡和泥石流中的岩石、土壤颗粒时特别有用。DEM 通过考虑颗粒之间的接触力和摩擦力，能够模拟颗粒介质的流动和相互作用。在山区交通基础设施的安全性分析中，DEM 可以用来模拟滑坡体的滑动过程，分析其对道路和桥梁结构的冲击和磨损。DEM 的优势在于其能够捕捉到颗粒介质的非连续性和各向异性，提供对颗粒介质流动和结构相互作用的深入理解[7]。然而，相对于连续介质模拟，DEM 的计算更为复杂和耗时，且对于大规模问题，计算资源的需求可能会非常高。

3. 流体力学法

流体力学法包括格子玻尔兹曼法(lattice Boltzmann method，LBM)、平滑粒子流体动力学(smoothed-particle hydrodynamics，SPH)法和计算流体动力学(computation fluid dynamics，CFD)法，为模拟流体提供了强大的工具。特别是 CFD 法，它通过求解流体动力学方程来模拟流体流动，可以用于预测洪水中水流对桥梁和河堤的作用。CFD 模拟可以揭示水流的速度场、压力分布和湍流特性，帮助工程师评估洪水对交通基础设施的潜在威胁，并设计相应的防护措施[8]。CFD 法的优势在于其能够模拟流体流动的复杂性，包括湍流效应，提供对流体-结构相互作用的全面理解。然而，CFD 模拟需要大量的计算资源，且设置和解释模拟结果需要专业知识。此外，CFD 模拟的准确性受限于所采用的湍流模型和边界条件的准确性。

1.2.2　统计分析方法

统计分析方法在工程领域中用于评估结构的可靠性和风险。这些方法可以帮助工程师预测在自然灾害发生时，道路和桥梁可能遭受的损害。在洪水等灾害的背景下，可以使用统计分析方法来估计道路和桥梁等结构的可靠性。

1. 蒙特卡罗模拟

蒙特卡罗模拟是一种基于随机抽样的方法，它通过模拟大量的随机事件来估计结果的概率分布。在道路和桥梁的安全性分析中，蒙特卡罗模拟可以用来评估在洪水、滑坡和泥石流等灾害发生时，结构可能遭受的损害。通过这种方法，可以量化结构在不同灾害场景下的失效风险，为风险管理和决策提供支持。蒙特卡罗模拟的优势在于其能够考虑广泛的不确定性因素，如材料性能的变异性、载荷条件的不确定性等。然而，蒙特卡罗模拟需要大量的模拟来获得可靠的结果，计算成本较高，且结果的准确性依赖于抽样的数量和质量。

2. 可靠性分析

可靠性分析是利用概率论来估计道路和桥梁在各种荷载作用下的可靠性的统计方法。在山区交通基础设施的安全性分析中，可靠性分析考虑了材料性能、载荷条件、环境因素等多种不确定性因素。通过可靠性分析，工程师可以评估结构在极端自然灾害下的失效风险，并据此设计出具有足够安全裕度的结构。可靠性分析的优点包括能够量化载荷和结构响应的不确定性、提供失效概率的概率估计以及评估各种载荷下道路和桥梁的可靠性。可靠性分析需要准确的失效概率模型和充分的统计数据，这些数据的获取可能具有挑战性。

1.2.3 人工智能和机器学习方法

人工智能(AI)和机器学习(ML)方法在处理山区交通基础设施在洪水、滑坡、泥石流等自然灾害下的复杂数据和识别模式方面具有巨大潜力。这些技术能够从大量历史数据中学习，预测未来灾害事件的可能性和影响，为交通基础设施的安全管理提供决策支持。

AI 和 ML 技术在交通基础设施安全分析中的应用日益广泛，它们能够处理和分析大量的结构健康监测数据、环境数据和灾害历史数据。这些技术可以帮助工程师和决策者识别基础设施的潜在弱点，预测灾害发生的可能性，评估灾害对基础设施可能造成的影响，并制定相应的风险缓解措施。在洪水模拟中，AI 可以分析水流图像，识别潜在的风险区域，如洪水易发区和关键基础设施的脆弱区。ML 算法可以用于分析洪水发生的历史数据，学习洪水模式，并预测未来可能的洪水事件及其对交通基础设施的影响。在滑坡和泥石流模拟中，AI 和 ML 方法可以分析地形、地质和气象数据，识别滑坡和泥石流的潜在危险区域。通过机器学习模型，可以预测滑坡和泥石流的运动路径，评估它们对道路和桥梁等基础设施的潜在威胁。此外，AI 和 ML 方法还可以辅助进行灾害模拟，通过学习历史灾害事件和结构响应数据，优化模拟参数，提高模拟的准确性。例如，ML 算法可以根据历史模拟数据学习并预测最优的模拟参数，从而减少模拟的计算成本并提高模拟效率。

AI 和 ML 技术的主要优势在于其能够处理和分析大量的复杂数据，识别其中的模式和趋势。这些技术可以提供对灾害影响的深入理解，帮助工程师和决策者制定更有效的风险管理措施。AI 和 ML 技术还可以用于实时监测和预警系统，提供对灾害事件的早期警告，使相关部门能够及时采取应对措施，减少灾害对交通基础设施的影响。这些技术可以分析来自各种传感器和监测系统的数据，实时评估基础设施的安全状况，并在检测到异常时发出警报。

尽管 AI 和 ML 技术在交通基础设施安全分析中具有巨大潜力，但它们也存在一些局限性。首先，这些技术的应用需要大量可靠的训练数据，而获取这些数据具有挑战性。AI 和 ML 模型的训练和优化需要专业知识，限制了这些技术在一些应用场景下的可用性。其次，AI 和 ML 模型的解释性可能较差，会影响决策者对模型预测结果的信任和接受度。在一些情况下，决策者可能需要模型提供可解释的解释和理由，以支持他们的决策过程。最后，AI 和 ML 模型的性能受限于训练数据的质量和数量。如果训练数据存在偏差或不完整，则模型的预测结果会受到影响。因此，确保训练数据的质量和多样性是使用这些技术时的一个重要考虑因素。

1.2.4　混合方法

混合方法结合数值模拟、统计分析以及人工智能和机器学习方法来模拟道路和桥梁在各种自然灾害下的行为。混合方法的优点包括：能够模拟复杂现象，精度高，能够提供有关道路和桥梁在各种载荷下行为的详细信息。然而，这些方法也有一些局限性，如计算成本高、训练数据质量要求高、复杂工况模拟有限。

1. 数值模拟与统计分析相结合

当数值模拟与统计分析相结合时，可为工程师提供一个强大的工具，以评估和预测道路、桥梁等基础设施在洪水、滑坡和泥石流等自然灾害下的性能和安全性。这种综合方法允许从两个不同的角度来考虑问题：数值模拟提供了对复杂物理过程的深入洞察，而统计分析则提供了对不确定性和变异性的量化。结合这两种方法的一种方式是使用数值模拟来生成可能的灾害场景，然后应用统计分析来评估这些场景发生的概率以及它们对基础设施的潜在影响。例如，可以使用有限元法（FEM）来模拟洪水冲击桥梁的效果，然后使用蒙特卡罗模拟来估计在不同洪水水位下桥梁受损的概率[9]。

相比于单一方法，混合方法的优势在于它提供了更全面的风险评估。数值模拟可以揭示特定灾害事件下的详细结构响应，而统计分析则考虑到多种可能的未来情况，包括那些极端或罕见的事件。这种方法还允许工程师考虑到模型的不确定性和参数的变异性，从而得到更加可靠的设计和风险评估。此外，结合方法还可以提高预测的准确性。通过统计分析，可以识别出数值模拟中可能的偏差和不确定性，从而对模拟结果进行校准。这种校准过程可以提高对未来灾害事件的预测准确性，从而为决策者提供更好的信息。

总之，数值模拟与统计分析的结合为工程师提供了一个强大的工具，以更全面地理解和预测基础设施在自然灾害下的行为。这种方法考虑复杂的物理过程和不确定性，使得工程设计和风险评估更加可靠和精确。随着技术的进步，我们可以期待这种方法在未来的工程实践中发挥更大的作用。

2. 人工智能和机器学习与数值模拟相结合

人工智能(AI)和机器学习(ML)与数值模拟相结合的方法正在成为工程领域中一个重要的发展方向，特别是模拟和预测洪水、滑坡、泥石流等自然灾害对道路和桥梁等基础设施的影响[9-11]。这种混合方法利用 AI 和 ML 技术的数据处理和模式识别能力，以及数值模拟的物理过程建模能力，提供了一种强大的分析工具。

AI 和 ML 与数值模拟相结合的一种方式是通过使用 ML 算法来优化数值模拟中的参数选择和边界条件设定。例如，可以使用 ML 算法来分析历史洪水数据，从而预测未来洪水事件的特征，并将这些特征用于数值模拟中，以更准确地模拟洪水对桥梁的影响。此外，AI 可以用于处理和解释数值模拟产生的大量数据，或者基于有限的数值模拟数据，进行机器学习生成预测模型，从而识别潜在的风险点和失败模式。相比单一方法，AI 和 ML 与数值模拟相结合的优势在于其能够提供更准确的预测和更深入的洞察。AI 和 ML 可以从大量数据中学习和识别复杂的模式，这些模式可能对于传统的数值模拟方法来说是难以捕捉的。此外，结合方法可以提高分析的效率，因为 ML 算法可以自动调整模拟参数，而不需要人工干预。

这种混合方法可以用于多种场景。例如，它可以通过分析气象数据和地形信息来预测洪水的发生和洪水演化路径，进而优化洪水预警系统；它还可以通过模拟不同设计方案在滑坡或泥石流事件中的表现来设计更加稳定和耐用的桥梁结构；这种方法还可以通过模拟不同灾害情况下的疏散路径和救援策略来制订应对自然灾害的紧急响应计划。

总之，人工智能和机器学习与数值模拟相结合的方法为工程师提供了一个强大的工具，以更全面地理解和预测基础设施在自然灾害下的行为。这种方法通过结合数据分析的深度和物理模拟的精度，使得工程设计和风险评估更加可靠和精确。

第 2 章　山区交通基础设施沿线隐患排查

2.1　山区交通基础设施沿线灾害类型

2.1.1　自然灾害类型

2.1.1.1　地质灾害

1. 滑坡

从古至今，交通网络尤其是道路网络对人类社会至关重要，因为它们被用于客运和货运[12]，而山区地形复杂，地质条件多变，滑坡作为一种常见的自然灾害，对山区交通沿线造成了严重的影响。滑坡的识别和记录在山区公路的选址中至关重要，任何最近的山体历史滑坡都会导致道路线路和支撑结构的建设发生变化[13]。随着我国高速公路的发展，以及环境景点的增加，山区公路、桥梁等交通设施里程逐年增加，周边地区旅游业和建筑业的发展也在加速，滑坡灾害的防治显得尤为重要。

历史上，道路的建设和维护一直是各国政府关注的重点。从古罗马的宽阔道路网到中国的丝绸之路，这些交通线路不仅促进了商品交换，还加强了文化交流。在山区，因为其地形复杂，地质灾害频发，交通网络的构建更是挑战重重。在 2020 年 9 月 18 日至 20 日影响希腊几个地区的地中海热带气旋期间，发生了毁灭性的山体滑坡，堵塞了几条当地狭窄的山路，导致几个村庄交通被切断[14]。山区景观和没有任何替代路线严重延误了当局的应急响应和恢复工作[14]。2019 年 7 月 31 日，重庆市城口县龙田乡四湾村龙潭河右岸上道路处的斜坡发生滑坡，导致龙潭河及沿河道路阻塞约 120m，7 人遇难[15]。2020 年 7 月 8 日，贵州省松桃县甘龙镇石板村田堡组发生 1 处山体滑坡，9 户 320 人不同程度受灾，其中国道 G326（41km+500m）路段道路中断，不具备通行条件[16]。根据中国自然资源报统计，截至 2023 年 12 月底，全国登记在册的滑坡隐患点共有 13.2 万处。2013～2023 年地质灾害统计中地质灾害事件虽然逐年减少，但是滑坡灾害占比居高不下，约为 67.67%，是我国主要的地质灾害类型，如图 2.1 所示。这凸显了在监测区域或山区道路网络中，快速有效地识别滑坡发生的价值。

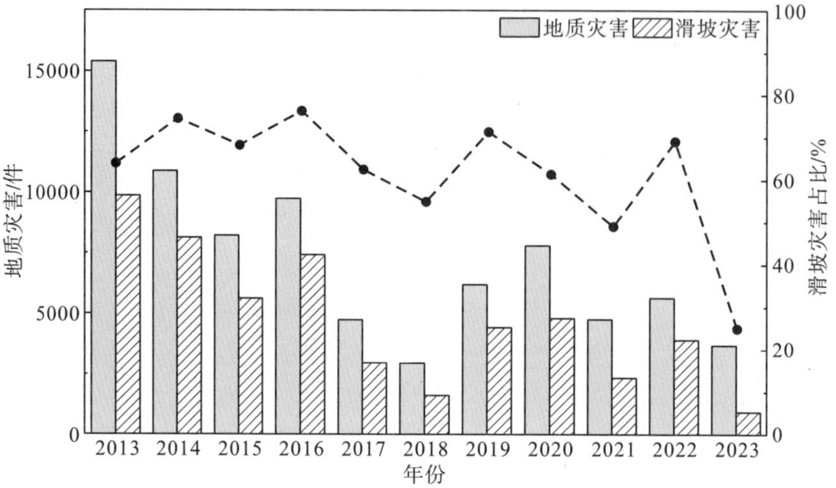

图 2.1 滑坡灾害统计

重庆市位于我国的西南部，山地面积达到 76%，丘陵面积达到 22%，剩余的 2%为平原和河谷[17]。由于山地地貌几乎分布全境，因而重庆被称为“山城”。重庆是滑坡、崩塌等地质灾害频发的地区，常年受到地质灾害的影响，经济财产和人们的生命安全都有较大的损失。由于其地理位置和政治位置，重庆市是重要的公路交通枢纽之一。重庆的道路除主城区外，大部分修建在山地的斜坡上，斜坡的开挖导致道路沿线的斜坡生态环境和地质条件被破坏，斜坡表面的裂隙发育增多，破碎程度加深，导致滑坡发生概率增加。道路沿线斜坡发生滑坡会造成道路掩埋，甚至破坏，致使道路无法正常运行，造成大量的经济损失。重庆的道路沿线经常发生滑坡等地质灾害。例如，2024 年 6 月 28 日，国道 319 线沙坝段发生山体滑坡，现场塌方量超过 1200m^3，道路堆积长 40m，大面积的道路被阻断；2024 年 7 月 30 日，国道 319 涪陵城区往白涛方向一处山体出现滑坡，交通受阻。交通沿线的滑坡严重影响人们的出行效率和出行安全，制约了社会经济的发展。对交通沿线滑坡的研究，可以为滑坡的治理以及道路斜坡的防治提供参考。

2. 泥石流

泥石流是包含泥沙、石块的特殊洪流，是我国山区最常见的地质灾害之一，具有极强的破坏性，常以冲击、冲刷等形式对附近的桥梁造成直接破坏，且淤积的泥石流还会造成河道堵塞[18]，导致水流冲毁桥梁上部结构，使其遭受二次损伤，并对周边地区的经济发展及人们的生命安全造成极大的威胁。1999～2020 年，泥石流造成的死亡和失踪人数平均每年超过 4000 人[19]。1999 年 12 月 26 日委内瑞拉北部发生的群发性泥石流同时有 14 条泥石流沟暴发，把加勒比海南岸的城镇、村庄冲得一塌糊涂，死亡人数超过 2 万人，是 20 多年来最大的一次泥石流灾害。

据统计，2002～2022 年，中国因泥石流死亡的人数达到 4593 人(图 2.2)，平均每年死亡人数达到 230 人(2020 年的死亡人数没有公开)，同时中国有 1300 多个乡镇，170 多个县城，90%的水电工程，50%的交通干线，都受到泥石流灾害的威胁[20]。例如，2010 年 8 月四川省绵竹市清平乡陡降大暴雨，发生群发性特大泥石流灾害，造成 379 户农房及学校被淹没，桥梁被毁，对外交通完全断绝；2021 年 9 月 26 日，因暴雨诱发泥石流，天全县喇叭河镇锅浪跷水电站库区淹没复建公路工程二标段 62 人被困，现场交通道路、电力、卫星通信等中断。泥石流对道路和桥梁的危害极大，不仅导致交通中断，影响经济发展，还可能引发次生灾害。因此，加强泥石流防治工作，对保障道路和桥梁安全具有重要意义。

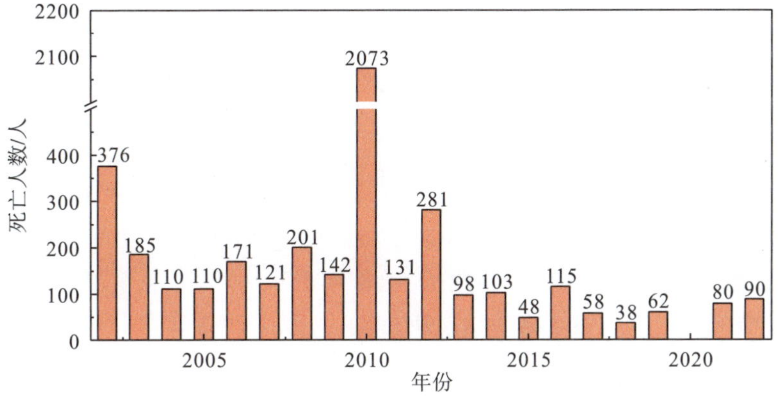

图 2.2　中国因泥石流死亡的人数

3. 崩塌和落石

崩塌和落石是山区常见的自然灾害现象，它们对交通沿线的安全构成了严重威胁。山体崩塌是指山坡上的土体或岩体在重力作用下失去稳定性，迅速下滑或倾倒，是较为常见的地质灾害之一，其发生频率仅次于滑坡[21]，而落石则是岩石在风化、侵蚀等作用下从山体上脱落，沿斜坡滚落的现象。这些灾害在交通沿线的分布和成因，是地质灾害防治和交通基础设施建设中不可忽视的问题。

在交通沿线的分布上，崩塌和落石灾害往往集中在地质构造复杂、地形陡峭、岩体破碎和降雨集中的区域。这些区域的山体由于长期受到内外力作用，岩土体的稳定性较差，一旦遇到强降雨或地震等触发因素，极易发生崩塌和落石。尤其是在我国西南山区，由于其独特的地质环境和气候条件，崩塌和落石灾害尤为严重。

2.1.1.2 气象灾害

1. 暴雨灾害

山区环境复杂多变，其陡峭的地势在暴雨后容易引发山洪与泥石流，它们对道路基础设施(如道路、桥梁等)具有显著的破坏性影响[22]，可能导致交通中断、基础设施损坏甚至人员伤亡。

山区发生暴雨灾害的原因主要包括以下几个方面。

(1)地形地貌：山区地形崎岖，地势陡峭，加之植被覆盖不均，土壤结构松散，为暴雨转化为灾害性水流提供了温床。暴雨降临时，地表迅速饱和，水流顺势而下，形成汹涌澎湃的山洪。

(2)降水特性：暴雨具有短时间内降水量大、强度高的特点，这使得地表水分难以迅速下渗，转而形成地表径流，加剧了山洪的形成与发展。

(3)土壤与植被：土壤结构松散使得其易于被水流冲刷，而植被覆盖不足则降低了地表的保水能力，加剧了水土流失，为泥石流的形成提供了丰富的固体物质来源。

暴雨形成山洪与泥石流后易对道路基础设施造成严重的破坏，具体如下。

(1)路基侵蚀：强大的水流冲刷力直接作用于路基，导致土壤流失，路基失稳，甚至发生塌陷，严重破坏道路的承载能力。

(2)路面损毁：无论是沥青路面还是水泥路面，在长时间、高强度的水流冲击和泥沙磨损下，均会出现裂缝、破损，甚至整体剥离，严重影响行车安全与舒适度。

(3)桥梁危机：桥梁作为交通要道的关键节点，其基础部分常受水流直接冲击，加之河床冲刷导致的承载力下降，桥梁垮塌的风险显著增加。

(4)排水系统瘫痪：山洪与泥石流可能淤塞涵洞、冲毁排水设施，导致道路排水不畅，路面积水严重，进一步加剧对道路系统的破坏。

2. 冰雪灾害

山区中的冰雪灾害也对其交通动脉具有极大的威胁。冰雪灾害的成因复杂[23]，主要包括以下几个方面。

(1)气候条件：高海拔山区往往位于气候分界线附近，冬季气温极低，加之湿润的海洋性气流或内陆冷空气的侵袭，使得水汽易于凝结成冰或雪。长时间的低温环境使得积雪难以融化，进而形成深厚的雪层，甚至演变为坚硬的冰层，对道路构成直接威胁。

(2)地形因素：复杂的地形条件，如陡坡、山谷等，在遭遇强降雪或极端低温时，更易发生积雪堆积和冰挂现象。特别是在背风坡或低洼地带，积雪不易被风吹散，加之夜间辐射冷却效应，使得冰层日益增厚，对道路通行构成极大障碍。

(3) 极端天气事件：寒潮、暴风雪等极端天气事件突发，会在短时间内带来大量降雪和急剧降温，使道路条件迅速恶化。这些天气系统还常常伴随着强风，加剧雪花的堆积和冰晶的形成，使得清理工作变得异常困难。

冰雪灾害对道路基础设施的具体破坏体现在如下几个方面。

(1) 路面损坏：长时间的积雪和冰冻会导致路面材料膨胀、开裂，尤其是沥青路面[24]，在反复冻融循环下极易出现坑洼、裂缝等损害，严重影响行车安全。

(2) 排水系统受阻：冰雪覆盖的路面排水沟和雨水口容易被堵塞，导致路面积水无法及时排出，进一步加剧路面湿滑情况，甚至形成冰凌，对车辆行驶构成安全隐患。

(3) 桥梁与涵洞受损：桥梁和涵洞等结构物因温度应力作用，在极端低温下易发生裂缝扩展、混凝土剥落等问题。同时，积雪和冰凌的重量可能超过设计承载能力，导致结构受损甚至垮塌。

(4) 边坡失稳：冰雪的堆积增加了边坡土体的重量，降低了土体的抗剪强度，易引发滑坡、泥石流等次生灾害，直接威胁到道路的安全运行。

(5) 交通设施破坏：道路标志、护栏、照明设施等交通辅助设施在冰雪灾害中往往也会被积雪掩埋或损坏，影响驾驶者的视线和判断，增加了事故发生的概率。

综上所述，山区气象灾害以其复杂多变的成因和严重的破坏力，对道路基础设施及交通系统构成了巨大挑战。暴雨和冰雪作为两种主要的气象灾害类型，在山区环境中尤为突出。为了有效应对这些灾害，需要加强气象监测预警、提升道路基础设施的抗灾能力、完善应急响应机制，并加强公众的气象灾害防范意识，以确保山区交通的安全与畅通。

2.1.1.3　地震灾害

地震，这一自然界中不可预测的强大力量，对山区道路和桥梁等基础设施构成了严重威胁。其破坏力不仅体现在直接的物理冲击上，还通过一系列复杂的连锁反应，间接加剧了对山区交通网络的损害[25,26]，尤其是滑坡等次生灾害频发，更是加剧了灾害的复杂性和破坏性。

地震对山区道路和桥梁的破坏有以下方面。

(1) 地震波的直接作用：地震时释放的能量以地震波的形式传播，包括纵波(P 波)和横波(S 波)。纵波主要引起地面的上下振动，而横波则导致地面水平摇晃，两者共同作用使道路路基出现裂缝、沉降甚至整体坍塌。对于桥梁而言，强大的震动可能使桥墩错位、桥面断裂，特别是那些建立在软土或岩石不稳定地层上的桥梁，更易受损。

(2)地基失效：地震可能导致山区地基液化或失去承载力。当地震波通过松软的土壤或含水层时，会引起土壤颗粒重新排列，形成类似液体的状态，降低地基的稳定性，使道路和桥梁失去支撑。

(3)动力放大效应：在山区，地形复杂多变，地震波在传播过程中遇到山脊、山谷等地形特征时，会发生反射、折射和聚焦，导致某些区域的地震动强度被放大，即“动力放大效应”。这些区域的基础设施因此更容易受到严重破坏。

地震次生灾害——滑坡的形成原因如下。

(1)山体结构破坏：地震产生的强大震动会破坏山体内部的岩石结构和土壤紧密度，导致岩体松动、裂隙扩展。当这些松动的岩体遇到雨水或重力作用时，便容易发生滑坡。

(2)地形地貌因素：山区的陡峭斜坡、沟谷地带是滑坡易发区。地震后，这些区域的地形稳定性进一步降低，一旦遭遇强降雨或其他外部触发因素，滑坡灾害便可能迅速发生。

(3)人类活动影响：道路和桥梁建设的过程中，若未充分考虑地质条件，如过度开挖、弃土不当等，都可能改变原有地形的稳定性，增加滑坡的风险。地震后，这些人为因素与自然因素叠加，使得滑坡等灾害更加难以预测和防范。

地震及其次生灾害对道路基础设施的具体破坏如下。

(1)道路损坏：地震造成的路基开裂、沉降、塌陷会使道路通行能力大大降低甚至完全中断。特别是山区道路，地形复杂，修复难度大，往往会造成长时间的交通瘫痪。

(2)桥梁垮塌：桥梁作为交通要道的关键节点，一旦受损，将直接切断交通线。地震引起的桥梁垮塌不仅造成直接的经济损失，还严重威胁到人民的生命安全。

(3)交通设施损毁：交通标志、护栏、照明设备等辅助设施的损坏，也会影响道路的正常使用和安全性。

综上所述，地震对山区道路和桥梁的破坏是多方面的，既包括地震波的直接作用，也涉及次生灾害(如滑坡)的间接影响。因此，在山区基础设施的规划和建设中，必须充分考虑地震风险，采取科学有效的防灾减灾措施，以确保道路和桥梁的安全与稳定。

2.1.2 人为灾害类型

2.1.2.1 交通事故

据国家统计局数据，中国道路交通事故从 2012 年的 20.4 万起增加到 2021 年的 27.3 万起[27]，这给人民的生命和财产安全带来了巨大的损失。从微观上讲，每一次交通事故影响的范围比较小，造成的损失也没有风灾、震灾、水灾等自然灾害那么大，但从宏观上讲，从一个国家，一个城市的历史阶段看，交通事故是一种严重危害人类生存的灾害。

以位于重庆市的包茂(包头和茂名)高速公路南环立交至大观互通段为研究对象，如图 2.3 所示[28]。通过分析交通事故在时间、空间、形态、道路线形条件及伤亡人数方面的分布特征，为提升艰险山区高速公路交通安全性提供借鉴。选取 2016～2020 年该路段发生的部分交通事故数据进行研究[28]，见表 2.1。

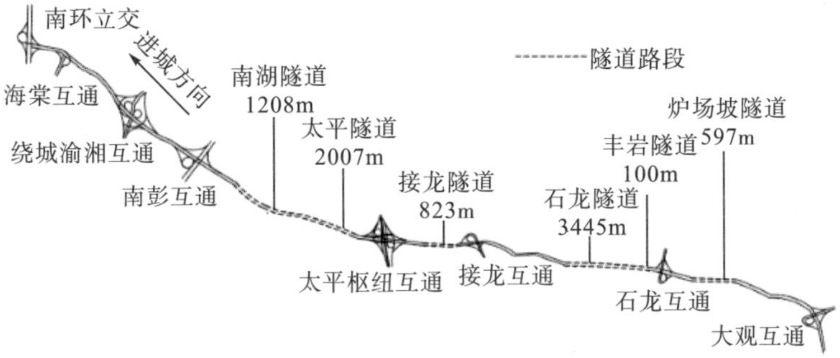

图 2.3　包茂高速公路南环立交至大观互通段路线平面示意图[28]

表 2.1　2016～2020 年包茂高速公路南环立交至大观互通段部分交通事故数据[28]

年份	日期	时间	事故地点	事故类型	事故描述
2016	4.4	15:54	K1598+350(上行) 南湖隧道	追尾	两汽车追尾，无人员受伤
2018	6.18	23:13	K1590+300(下行) G65 巴南主线—南彭	撞击固定物	一汽车撞击护栏，无人员受伤
2019	4.7	12:38	K1591(上行) 绕城渝湘互通，G65 巴南主线站	侧翻	一面包车侧翻，无人员受伤
2020	6.13	14:08	K1612+801(上行) 石龙—接龙	自燃	一货车自燃，无人员受伤

从图 2.4 可以看出，①山区高速公路交通事故数据具有结构复杂、多属性、多层次的特点；②交通事故分布，交通事故频数急剧增长。具体如下：1 月和 2 月气温较低，路面湿滑，加上春节假期，出现事故多、伤亡人数多的现象；8 月受高温天气的影响，驾驶员行车舒适度降低，易引发交通事故；10 月重庆处于汛期，雨雾天气多，团雾现象较明显，且该路段连接金佛山等著名景点，交通事故发生率增大，事故受伤人数最多。交通事故高峰时段为早上 9 时至 11 时，下午 1 时至 6 时，这两个时段受进城和出城需求的影响，交通量剧增导致事故频数较高；下午 1 时至 5 时，驾驶员午后疲劳犯困，心情烦躁，极易引发交通

事故；夜间 1 时至 7 时受光线和驾驶员疲劳驾驶等因素的影响，交通事故较少但伤亡人数较多。

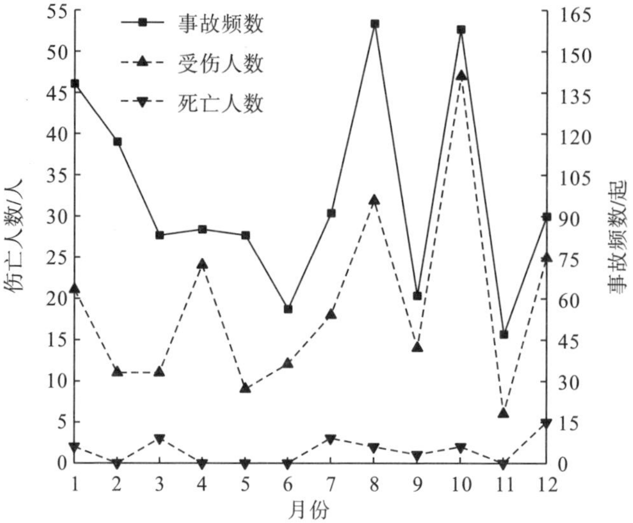

图 2.4 事故频数和严重程度时间分布特征[28]

根据上述分析，提出如下减少山区高速公路交通事故的对策：实行客货分离，特别是重载货车的分离，大货车靠右行驶，保证同车道内车辆速度差较小；对于长距离不可变车道，在车道驶入端实行客货分流，对长实线路段提前进行预告，通过减少车辆交织降低事故参与车辆数；对于不利天气带来的影响，利用车路协同技术，利用路侧系统监测道路天气状况并将天气信息传递给交通参与者，实现对不利天气的预防；将小半径曲线上坡路段设置为不可变道路段，减少车辆在弯道内部的交织；利用车路协同技术，在一定程度上减少视距不佳导致的小半径曲线路段交通伤亡事故。

2.1.2.2 不合理的基础设施建设

在尼泊尔和世界各地的许多发展中国家，道路是农村地区社区发展的工具。尼泊尔山区道路建设质量差，增加了侵蚀和山体滑坡的风险，因为它们经常破坏脆弱的地质，破坏斜坡稳定并改变当地的水文条件，给生命和经济造成损失[29]。

尼泊尔的道路通常分为国家道路［即战略道路网络(SRN)，由道路部(DOR)管辖］或地方道路(即地方道路网络，LRN)[25]。LRN 由地方基础设施发展和农业道路部(DoLIDAR)管辖的地区道路核心网(DRCN)和乡村道路(VR)组成。

尽管为公路网分配了预算和优先事项，但尼泊尔的山路仍处于危险状态，经常发生落石、山体滑坡事故，在季风期间，路段经常被冲毁，因为大多数道路缺乏适当的工程措施。季风过后，道路故障的清理成本很高，并且故障和清理过程会重复多年，直到没有松散的土壤阻塞道路。环境影响包括灌溉系统被毁、泉水埋藏和供水受污染。当地道路建设通常需要进行初始环境检查以减少环境影响，但在实际道路建设中很少执行此项工作。

道路设计不合理是导致道路事故的主要原因之一，包括坡度非常陡、缺乏安全设施以及道路条件差等。当地道路建设或所谓的“推土机道路”通常是由推土机所有者与政界人士合作发起和建造的。在全国各地，尤其是在中山和山区，这种快速而无效的道路建设给脆弱的生态系统带来了越来越大的压力，浪费了政府资源，并增加了道路使用者和路边居民的风险。研究表明，道路是尼泊尔环境退化、侵蚀和山体滑坡的最大人为驱动因素之一。由于季风期间降雨加剧，道路不合规建设导致更多的山体滑坡发生。

2.1.3 综合讨论

交通事故的产生原因具有双重性，一是车和路等物质性载体所体现的自然属性，二是社会和人的行为直接导致灾害的产生，即交通事故的人为性。美国的威廉·哈顿用矩阵形式表示了人、车、路在交通事故中的相关关系，见表 2.2。

表 2.2　在交通事故中的人、车、路因素(威廉·哈顿矩阵)[25]

因素	事故前	事故中	事故后
人	培训、安全教育、行车态度、行人和骑车人的着装	车内位置和坐姿	紧急救援
车	主动安全(制动、车辆性能、车速、视距)、相关因素(交通量、行人等)	被动安全(车辆防撞结构、安全带等)	抢救
路	道路标志标线、几何线形、路表性能、视距、安全评价	路侧安全护栏(易折性)	道路交通设施的修复

具体来说，人、车、路三因素对交通事故灾害的影响如下：在防灾阶段(事故前)，决定交通事故发生概率的因素有人的素质、驾驶技能、遵纪守法意识、判断力、精神状态、情绪波动，管理者制定的法规的完备性与约束力，车辆的机械性能、是否超载超速行驶，道路的几何线形、路表平整度与摩阻力、视距，交通工程设施完善性，以及因风、霜、雨、雪、雾等引起道路环境的变化情况；在抗灾阶段(事故中)，如果驾驶员反应灵敏、技术熟练，车辆钢材质量优良，备有气囊、安全带，道路护栏稳固耐冲击、边坡平缓，则交通事故造成的伤亡人数和经济损失将大大降低，反之亦然；在救灾阶段(事故后)，交通事故发生后，交通管理部门应及时救援，密切配合维持现场秩序、抢救伤亡人员和保全财产、快速清除道路

障碍和修复道路设施，以防止次生连锁事故灾害的发生。

2.2 山区交通基础设施沿线隐患排查方法

2.2.1 常规隐患排查技术

2.2.1.1 地质勘探与监测技术

地质勘探与监测技术是一系列用于评估和监测地下结构、岩土体稳定性和地质活动的方法。山区地形复杂，易受滑坡、泥石流、地面沉降等地质灾害的影响，这些技术对于山区交通基础设施的建设和维护至关重要。在地质勘探领域，常用的技术包括 GPR、地震波勘探、电磁法、电阻率测量技术和测井技术等。

GPR 是一种非破坏性检测方法，通过发射高频电磁波并接收地下介质反射回来的信号，来探测地下结构。GPR 技术能够提供高分辨率的地下图像，帮助工程师识别土壤层、岩石裂缝、地下水位以及可能的空洞等。在山区交通基础设施沿线，可用于定期监测边坡稳定性，及时发现滑坡迹象，评估潜在的滑坡风险。

地震波勘探是利用人工产生的地震波在地下介质中的传播特性来探测地下结构和岩石性质。收集到的地震数据需要经过去噪、校正、叠加、偏移等处理，提高信号的质量和可解释性，解释这些数据之后即可构建地下的地质模型。

电磁法是基于采空区与围岩的电性差异进行测量，主要包括高密度电阻率法、瞬变电磁法、GPR 和传统直流电法等[30]。电磁法的优点包括对环境的影响较小、成本相对较低，并且可以在地表、空中或水中进行勘探。然而，它对高阻抗岩石的探测能力有限，对复杂地质条件下数据的解释较为困难。电磁法的成功应用依赖于对地质目标电导率特性的了解，以及对数据的准确处理和解释。

电阻率测量技术可以提供地下介质的直接信息，用于确定地下岩石和土壤的电阻率或电导率，是一种成本效益高、操作简便的勘探方法。但它对数据的准确解释需要专业知识。

测井技术是一系列在钻孔或钻井中进行的地球物理测量方法，用于获取地下岩石和流体的物理特性，有助于更好地理解和利用地下资源。

监测技术侧重于实时或定期跟踪地质条件的变化。使用全球定位系统（GPS）和卫星遥感技术可以监测地表的微小位移。测斜仪和应变计等仪器则用于测量土体或结构的变形。此外，还有多种传感器和自动化监测系统，如裂缝计、水位计和压力传感器，它们可以提供关于地质环境变化的详细信息。在地质勘探与监测中，GPS 用于监测地表的微小位移，对于评估滑坡、地面沉降和其他地表变形现象至关重要。通过长期监测，可以预测潜在的地质灾害并采取预防措施。遥感技术利用卫星或飞机上的传感器来收集地表的图像和数据，这些图像可以用于识别地表变化，如冰川退缩、沙漠化、植被变化等，进而识别地表裂缝、地面沉降区域和地表侵蚀。测斜仪是一种测量土体或结构倾斜变化的仪器，在地质勘探与监测中，被用于监测边坡、基坑、大坝和其他结构的稳定性，通过实时数据评估结构的安全性并及时采取措施以消除隐患。应变计用于测量土体或岩石中的应力和应变，在地质勘探与监测中，应变计有助于评估地下结构的稳定性，如隧道、矿山和岩土支撑系统。裂缝计是一种专门设计来监测裂缝宽度和位移的仪器，在地质监测中，裂缝计用于评估地表裂缝的活动性，这对于预防滑坡和其他与裂缝相关的地质灾害至关重要。水位计用于测量地下水位的变化，在地质勘探与监测中，水位计对于评估地下水资源、监测地下水污染和评估地面沉降风险非常重要。

地质勘探与监测技术的集成应用，使得工程师能够更准确地预测和评估地质灾害的风险，制定有效的预防和应对措施。这些技术的进步，特别是在数据采集、处理和分析方面的自动化和智能化，为山区交通基础设施的安全提供了强有力的支持。随着技术的不断发展，未来的地质勘探与监测将更加精准和高效，为山区交通安全提供更加可靠的保障。

2.2.1.2　遥感技术与卫星影像

遥感技术是一种非接触、远距离探测技术，通过卫星上的传感器，捕捉地表物体或大气的电磁波辐射、反射等特性，利用不同波段的电磁波获取物体的形态、成分和温度等信息，从而实现地面监测和资源勘探等应用[31]。遥感技术具有非接触、远距离、实时性、多波段、多时相、高分辨率等特点，其传感器可以安装在飞机、卫星等平台上，实现大范围的监测，且能够提供实时或近实时的数据，对于动态监测非常有用。它覆盖从可见光到红外、微波等多个波段，不同的波段可以反映物体不同的特性，通过不同时间的遥感数据，可以分析物体随时间的变化。遥感图像的分辨率可以为几米到几十米不等，满足不同精度的需求，主要类型包括光学遥感、红外遥感、微波遥感、雷达遥感、激光遥感等。

高分卫星遥感技术能够提供高分辨率的光学影像，用于道路基础设施信息的提取和监测。例如，通过高分二号卫星拍摄的影像，可以对山区的交通基础设施进行监测，及时发现道路损毁、滑坡等灾害，为灾后评估和救援提供重要信息。在复杂山区高速公路地质选线中，多源遥感技术(如 LiDAR、InSAR 等)被用于判识和分析地质灾害。例如，对于受金沙江库岸再造影响的大型变形体，通过 LiDAR 获取的 DEM 数据和高分辨率遥感影像，结合 InSAR 技术监测形变发展规律，为高速公路安全距离的设计提供了科学依据。在铁路安全领域，多源遥感技术被用于监测铁路沿线的外部环境隐患。例如，通过光学遥感、合成孔径雷达等技术，可以对铁路两侧的飘浮物隐患进行监测，及时发现并预警潜在的安全风险。在西南山区，多源遥感技术(如 InSAR、光学遥感、机载 LiDAR 等)被用于地质灾害的早期识别。这些技术能够探测斜坡地表的微变形，指导地质灾害隐患识别，为地质灾害防治提供基础数据。

2.2.1.3 无人机巡查

航空遥感即以飞机、UAV、飞艇和气球等航空飞行器作为搭载平台的遥感技术，是遥感的一个重要分支，其本身具有广泛应用和不可替代的作用，同时又是卫星遥感发展的基础和补充。作为地质调查的重要手段之一，在“遥感”这一术语产生之前，“航空地质调查”工作就已广泛开展[32]。长期以来，航空遥感数据一直是地质调查工作中的主要遥感数据源。与卫星遥感技术相比，航空遥感具有精度高和机动灵活等特点。航空遥感通过探测物体与电磁波的相互作用识别地物，有别于探测地球物理场(重力、电磁、放射性和能谱)及弹性波等特性的地球物理方法[33]。

按航空飞行平台的不同，航空遥感可分为有人机航空遥感和无人机遥感(UAV 遥感)。有人机航空遥感平台主要是固定翼飞机。近年来，UAV 遥感平台发展迅速，种类很多。截至 2016 年，世界范围内生产的 UAV 平台已多达 2000 余种[34]。无人机可以快速覆盖山区公路的广阔区域，对边坡、桥梁、隧道等关键部位进行高空俯瞰巡查，及时发现滑坡、塌方等安全隐患，减少巡查盲区，提高巡查效率和质量。山区地形复杂，人工巡查存在一定的安全风险。无人机可以避免人员直接接触危险区域，降低安全风险，同时提高巡查的安全性。无人机搭载高清摄像头和其他传感器，可以实时获取山区公路的高清影像和数据，为隐患排查和分析提供直观、准确的信息。在自然灾害等紧急情况下，无人机可以快速到达现场，进行空中侦察和评估，为应急响应和救援提供重要信息。无人机获取的数据可以用于辅助交通基础设施的规划、建设和维护，提高决策的科学性和准确性。在一些交通不便的山区，无人机还可以用于运输紧急物资，如医疗用品、救援物资等，提高物资运输的效率和可达性。

无人机搭载的高分辨率光学摄像头可以捕捉山区道路的高清影像(图 2.5)，用于道路状况的监测和分析。在四川省地质灾害隐患遥感识别监测项目中，飞马无人机搭载光学传感器进行外业仿地飞行和内业航空影像处理，有效分析了无人机影像和 LiDAR 成果在地质灾害综合遥感识别中的应用。红外热成像传感器能够监测山区基础设施的热量分布，用于监测桥梁、隧道等结构的热异常，从而发现潜在的结构问题。在一些安全监测领域，无人机搭载红外热成像仪进行实时监测，及时发现问题并处理。LiDAR 传感器通过发射激光脉冲并测量反射回来的时间，生成地形的精确三维模型。在山区交通基础设施监测中，LiDAR 可用于生成道路、桥梁和隧道的精确三维地图，对于地质灾害的早期识别和评估非常有用。SAR 传感器能够穿透云层和植被，提供地面的高分辨率图像，适用于山区地形监测和灾害评估。在复杂山区场景中，6G 无人机辅助应急通信的研究，通过设置不同的飞行位置、轨迹和高度，获取毫米波波段的信道数据，为未来 6G 无人机辅助传感器网络的设计和性能评估提供基础支持。在一些特定场景下，无人机还可以搭载气体传感器来监测山区交通基础设施附近的空气质量或特定气体泄漏，这对于环境保护和公共安全至关重要。

图 2.5　无人机航摄影像

2.2.2　新型排查技术

山区交通基础设施因所处地质环境复杂，常常面临滑坡、泥石流、地震等自然灾害的威胁。传统的隐患排查手段，依赖于人工巡查和简单的监测设备，存在时间滞后、精度不足、覆盖范围有限等问题，难以应对复杂的地质灾害风险。随着传感器技术的进步和大数据/人工智能(AI)技术的广泛应用，智能传感器网络为山区交通基础设施的隐患排查提供了新的解决方案。智能传感器能够实时监测结构的应力、变形和环境变化，大数据和 AI 技术则通过海量数据分析，提供精确的风险预测与预警机制。

2.2.2.1　智能传感器

1. 智能传感器技术概述

智能传感器技术主要包括智能传感器与无线传感器网络(WSN)。在山区交通建设中，传统的隐患排查手段主要依赖于人工检测和周期性维护，这种方法无法实时获取基础设施的健康状况，且在面对突发性灾害时反应滞后。智能传感器和

WSN 的引入，为山区交通基础设施的长期监测和实时隐患排查提供了更为高效、精准的技术手段。

智能传感器是一种集成了数据感知、处理和通信功能的传感器装置，广泛应用于山区桥梁、隧道、边坡等关键基础设施的隐患排查和健康监测中，其中常用的智能传感器见表 2.3。这些传感器能够实时监测结构的应力、位移、倾斜和振动等参数，帮助使用者发现潜在的结构问题。WSN 通过将多个具有感知能力、计算能力和通信能力的传感器节点分布安装在监测区域内，形成一个自组织的互联网络，实现对大范围基础设施的实时、自动化监测[35,36]。典型的无线传感器网络结构主要包括无线传感器节点(sensor node)、汇聚节点(sink node)、传输介质和网络用户[37]。

智能传感器技术将智能传感器与无线传感器网络相结合，使得传感器节点不仅具有智能数据处理能力，还能通过网络实现数据的无线传输和共享，实现对桥梁、隧道、边坡等关键基础设施的全面监测。

表 2.3　常见传感器及应用

传感器类型	测量原理	应用领域
应变计	通过测量应变来监控结构的受力状态	桥梁、隧道、堤坝等的长期健康监测
加速度计	通过监测加速度和振动变化来监控结构的动态	桥梁、隧道的动态监测，评估震动影响
振动线传感器	通过振动线共振频率监测应变和位移	大坝、隧道、桥梁等结构的应变与位移监测
负荷传感器	将机械力转化为电信号以测量荷载	用于桥梁、隧道、堤坝等结构的荷载监测
线性可变差动变压器	通过电磁感应测量线性位移	桥梁和隧道结构的位移监测
倾斜仪	监测结构的微小倾斜变化	斜坡、桥梁、大坝等结构的倾斜监测
倾角仪	通过测量倾角变化评估结构稳定性	地基沉降、边坡滑移监测
声发射传感器	检测材料内部裂缝或缺陷产生的高频应力波	监测微裂纹扩展及结构损伤
光纤传感器	利用光纤特性测量应变、温度等参数	铁路轨道、隧道的应变、温度监测

2. 智能传感器技术的实际应用

智能传感器与 WSN 的结合极大地提升了隐患排查技术的效率与精确性。通过 WSN 传输智能传感器采集的应力、变形、振动等数据，管理人员可以对基础设施的健康状态进行远程监控，并利用大数据和人工智能技术分析数据变化，预测潜在的灾害风险。这使得山区交通基础设施能够在地质灾害频发区域得到更为安全、有效的防护[37]。

在桥梁灾害监测中，智能传感器(如应变计和加速度计)通过实时监测桥梁的应力、振动等数据，能够有效评估桥梁在极端环境和荷载下的稳定性。相关研究表明，智能传感器能够检测到桥梁结构在外部荷载(如交通流量、地震)下的细微变化，并提供长期数据支持。基于传感器网络的桥梁健康监测系统显著提高了基础设施的维护效率，且能够实时检测结构中的损伤和应力变化。

山区道路经常受到滑坡和崩塌的威胁，在边坡与滑坡监测的应用中，智能传感器技术可以提前预警，避免灾害发生。例如，倾角仪和振动线传感器常用于此类场景，用于监测土壤位移和斜坡稳定性。He 等[38]使用了智能传感器网络对甘肃地区的铁路边坡进行监测，结果显示该技术能够实时捕捉斜坡的微小变化，提前预测可能发生的滑坡或土石流。智能传感器的高灵敏度和稳定性帮助交通管理者提高了灾害防御能力。

隧道是山区交通基础设施的重要组成部分，其稳定性直接影响到交通安全。在隧道与地质灾害监测的应用中，应变计和声发射传感器被广泛应用于隧道结构的灾害监测，能够有效监测隧道内的应力变化和微裂缝扩展。Chen 等[35]提出的基于深度学习的滑坡监测系统，结合了智能传感器的实时监测数据和遥感影像，成功应用于多个山区隧道的监测。研究结果表明，该系统可以实现隧道内地质灾害的早期预警，避免了重大灾害的发生。

2.2.2.2　大数据与人工智能分析

1. 技术内容概述

在山区交通基础设施的隐患排查中，大数据技术通过集成多源数据(如气象数据、地质信息、传感器数据等)，能够提供丰富的信息基础；而人工智能(AI)技术则利用机器学习和深度学习算法，对这些数据进行建模与分析，从而实现对滑坡、泥石流、地震等灾害的准确预测与实时预警。

大数据技术是通过集成地理信息系统(GIS)、传感器网络、遥感影像等多个数据源，形成全面的空间信息基础，并通过对历史数据的分析，识别出灾害的潜在规律和模式，尤其是与气象、地质条件等相关的因素，为滑坡和泥石流等灾害的预测以及隐患排查提供重要的科学依据。人工智能技术则依赖于机器学习和深度学习等先进算法，对实时监测数据进行智能化处理。这些算法不仅能够自动监测潜在的地质风险，还可以通过训练历史数据生成精确的风险评估报告，并实现灾害的早期预警[39]。在滑坡和泥石流的监测中，AI 技术通过识别微小的地质变化和异常动态，能够显著提高早期灾害预警的准确性。

2. 大数据与 AI 技术的实际应用

山区交通基础设施经常面临滑坡和泥石流等地质灾害威胁。在山区滑坡与泥石流预测的应用中，通过集成 AI 技术下的机器学习技术，利用传感器和遥感数据进行滑坡预测已经成为当前研究的热点。Nava 等[40]在基于深度学习预测滑坡位移的研究中表明，监测滑坡类灾害的难点主要在于有效识别并提取地表特征数据，通过高分辨率的卫星和航空影像数据，结合机器学习算法，实现了滑坡崩塌和路径等特征的自动检测和风险预测识别。通过总结机器学习算法在滑坡预测方面的研究进展，Tehrani 等[41]研究发现在深度学习技术的基础上，对多时相遥感图像和时间序列数据进行分析，能有效提高滑坡灾害预警的准确度和及时性。在复杂地质条件下山区交通的滑坡预测与滑坡敏感性分析中，AI 技术的应用不仅提升了数据处理的效率，也使得滑坡隐患的识别与分析更加精确。

在山区道路边坡监测与大数据分析的集成应用中，边坡的稳定性可通过集成传感器网络和历史数据，结合大数据分析技术识别出边坡滑动的趋势和风险。Fu 等[42]在福建南平地区开发了一种集成数值模拟与图像识别的边坡监测和预警系统。该系统结合了实时传感器数据、气象信息和地质数据，通过大数据平台对边坡稳定性进行综合评估。该系统使用卷积神经网络（CNN）对图像数据进行处理，并结合数值模拟技术，能够在灾害发生前提供精准预警。研究表明，大数据与 AI 技术的结合显著提升了边坡滑动风险的识别精度，为山区道路的安全提供了有效的技术支持。

桥梁是山区交通的重要组成部分，AI 技术在桥梁隐患排查和健康监测中的应用能够实现对桥梁结构的实时状态分析，并预测潜在的损伤风险。通过引入 AI 算法，管理者可以自动识别桥梁在交通荷载、地震和环境变化下的结构变化。Al-Ali 等[43]研究开发了一种利用人工智能和虚拟现实（VR）技术的桥梁监测系统，该系统结合了摄像机、无人机、LiDAR 扫描仪和红外热成像技术，能够实时监测桥梁的损伤情况。通过数据可视化平台，该技术可以让监控人员从全球任意地点查看桥梁的实时状况，并与 AI 进行交互，从而大大减少了手动测量的时间和成本。此外，使用生成对抗网络（GAN）技术，该系统可以在有限的损伤数据下生成更多的高质量训练数据，进一步提高 AI 模型的预测精度。这使得在桥梁的日常维护中，AI 能够提前预测潜在的结构问题并进行预警。

在面向山区隧道和铁路基础设施的监测中，AI 技术通过分析传感器网络采集的数据，能够对隧道的结构健康和铁路的稳定性进行自动评估。通过历史数据训练的 AI 模型可以预测可能的结构故障和地质灾害的发生。Meixedo 等[44]采用了基于机器学习的损伤检测模型，对铁路桥梁的动态响应数据进行实时分析。这项技术通过结合结构健康监测（SHM）系统和时间序列分析，能够有效检测铁路桥梁中的损伤并预测其发展趋势。其研究结果显示，机器学习模型在结构评估中能够自动识别隧道中的微小变化，并提前预警可能的结构破坏。

综上所述，智能传感器网络和大数据与 AI 技术在当前工程建设中的应用，为山区交通基础设施隐患排查提供了强大的工具。这些技术不仅能够实时监控基础设施的健康状态，还能通过大数据和人工智能的预测分析功能，提前识别潜在的风险，从而大大提高山区交通基础设施的安全性和应急响应能力。

2.2.3　隐患排查的管理方法

山区交通基础设施沿线的隐患排查管理是一个系统性、综合性的过程，旨在确保山区道路的安全畅通，预防交通事故的发生，如图 2.6 所示。

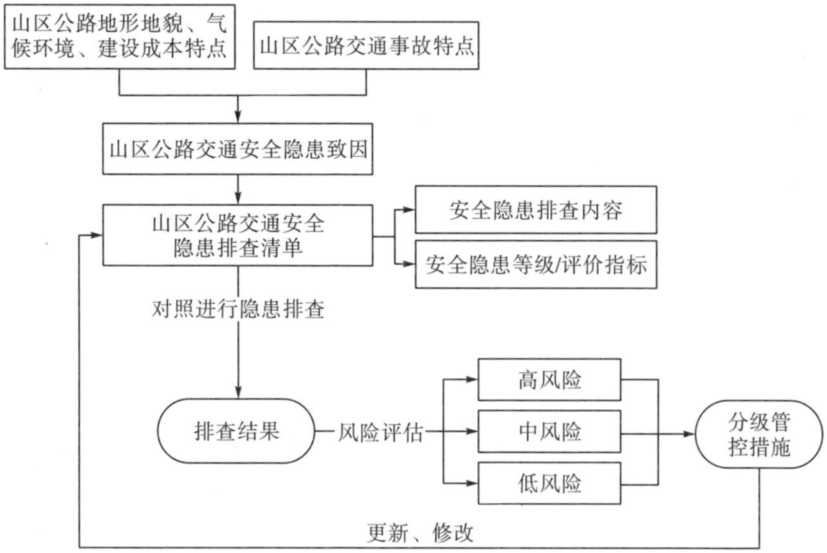

图 2.6　山区公路安全隐患排查分级管控体系总体框架[45]

2.2.3.1　多部门协作机制

政府、企业、科研机构的协同管理机制首先要明确责任主体与机制，构建政府主导、部门联动的机制：由政府牵头，建立由公安、交通运输、安监、住建、宣传、教育等多个职能部门参与的协调机制。完善预防道路交通事故联席会议制度，明确各部门职责，形成齐抓共管的格局。落实责任追究制度：将交通安全隐患排查治理工作纳入“党政工程”“一把手”工程实施，强化责任落实。把责任单位落实整改措施、按要求治理等作为一项部门年度目标综合考核标准，以此加强对工作的督促。然而，多部门的协作关系需要得到巩固。例如，对尼加拉瓜综合规划产生负面影响的因素包括国家灾害风险管理系统的若干支离破碎的过程和职能，这使得无法整合不同规模的多个政府部门产生的信息并将其转移到地方一级[46]。

多部门协作机制的隐患排查方法旨在通过跨部门合作，共同识别和消除潜在的安全隐患，保障公共安全和社会稳定，同时也要提升隐患排查的系统化与规范化程度。

1. 明确目标与责任分工

首先，需要明确隐患排查的总体目标和具体任务，如针对消防安全、建筑施工安全、道路交通安全等特定领域；然后，根据各部门的职责和专业领域，合理划分隐患排查的责任区域，确保每个区域都有明确的责任部门；最后，制订详细的隐患排查计划，包括时间节点、排查内容、人员配置等，确保排查工作有序进行。

2. 建立协作机制

由相关部门的主要负责人组成联合工作组，负责统筹协调隐患排查工作；同时定期召开联席会议，通报排查进展，协调解决遇到的问题，确保各部门之间的信息畅通和协作顺畅；建立信息共享机制，确保各部门之间能够及时传递和共享隐患排查的相关信息，提高排查效率。

3. 实施隐患排查

组织多部门联合检查组，对重点区域、重点行业、重点企业进行全面的隐患排查；发挥各部门的专业优势，对排查中发现的问题进行专业指导和评估，提出具体的整改建议；对能够立即整改的隐患，要求责任单位立即整改；对需要一定时间整改的隐患，制订整改计划并跟踪落实。

4. 强化监督与问责

建立隐患排查工作的监督机制，对排查工作的进展和整改情况进行定期检查和评估；对排查工作不力、整改不到位的责任单位和责任人进行严肃问责，确保隐患排查工作的严肃性和有效性。

5. 持续优化与改进

每次隐患排查工作结束后，及时总结经验教训，分析存在的问题和不足；根据排查工作的实际情况和反馈意见，不断完善多部门协作机制，提高隐患排查工作的效率和效果。

在山区自然灾害发生、减少和恢复特刊中提出了采取透明的全面和可持续的灾害治理方法的必要性。它需要建立一个能够承受环境灾难的弹性基础设施[24]。全球倡议日益强调工业部门、政府机构和学术机构之间的三方合作，一起制定检测、预测和减轻山区灾害影响的强大框架，所以灾害治理战略发生了一致的转变，重点已经从对环境施加复原力的传统方法转变为培养一种寻求与生态系统协同作用的社会精神。

2.2.3.2 隐患预警机制

山区交通基础设施沿线的隐患预警机制涉及多种隐患类型，每种隐患的预警条件与预警等级通常根据具体情况和风险评估结果来设定。

1. 预警条件

地质灾害预警条件：根据地质监测设备(如位移传感器、应力计等)采集的数据，分析山体稳定性、地下水位变化等；关注降雨量、降雨强度、连续降雨天数等气象指标，评估其对地质灾害的影响；参考历史地质灾害发生情况和频率，分析当前条件与历史情况的相似性。

气象灾害预警条件：依据气象部门发布的天气预报和预警信息，重点关注暴雨、洪水、雷电、大风等可能对交通造成影响的天气；利用雷达、卫星等监测手段，实时获取降雨、风速等气象数据。

道路设施损坏预警条件：通过定期巡查和检测，评估道路设施(如路面、桥梁、隧道等)的完好程度和使用状况；利用车辆行驶过程中产生的数据(如振动、加速度等)，分析道路设施的损坏情况。

交通违法行为及事故多发路段预警条件：通过交通监控设备获取交通流量、车速、车辆轨迹等数据，分析交通违法行为和事故发生的规律和特点；回顾历史事故记录，识别事故多发路段和时间段。

2. 预警等级

预警等级通常根据隐患的严重程度、影响范围和紧急程度来划分，常见的划分方式包括四级或五级预警。

一级(特别严重)：预计隐患将造成极其严重的后果，需要立即采取紧急措施应对。

二级(严重)：预计隐患将造成严重的后果，需要迅速采取措施进行处置。

三级(较重)：预计隐患将造成一定的后果，需要密切关注并适时采取措施。

四级(一般)：预计隐患影响较小，但仍需保持关注并采取相应的预防措施。

五级(无警情)：当前无显著隐患或隐患已得到有效控制。

需要注意的是，不同地区的预警等级划分标准和具体条件可能有所不同，具体应根据当地实际情况和风险评估结果来确定。其中山区公路交通安全隐患评价指标的选取，应结合山区公路运营单位的管理经验和养护需求，并以《公路项目安全性评价规范》(JTG B05—2015)、《公路路线设计规范》(JTG D20—2017)、《公路技术状况评定标准》(JTG 5210—2018)等相关规范规定的一般值和极限值作为定量化判断依据[45]。表 2.4 是根据预警条件和山区公路交通安全隐患评价指标划分风险等级，不同的风险等级采取不同的管控对策，多个部分联合协作形成系统、综合的隐患预警机制。

表 2.4 风险等级与管控对策[45]

风险等级	管控对策
低	加强日常养护管理
中	专项评估，制定专项监测方案或治理方案，开展工程处置
高	综合处置，应急抢险

2.2.3.3 灾前预防与灾后恢复

山区交通基础设施沿线的灾害隐患动态排查机制及灾后快速恢复方案是保障山区交通安全畅通的重要环节。毫无疑问，许多科学家面临的主要挑战之一是如何将研究成果有效融入治理体系的结构设计和运作机制中，以产生系统知识、客观知识和转型知识。

1. 山区交通基础设施沿线的灾害隐患动态排查机制

建立监测网络：在山区交通基础设施沿线，特别是地质灾害易发区、高边坡、桥梁隧道等重点区域，布设智能监测设备，如探地雷达、应力计、位移传感器、摄像头等，形成全覆盖的监测网络；可以利用高精度地图和定位技术，对监测设备进行精确定位，确保监测数据的准确性和可靠性。

数据实时分析：建立数据分析中心，对监测设备采集的数据进行实时分析，运用大数据分析、人工智能等技术手段，识别潜在的灾害隐患。关注气象预报和实时天气数据，将气象因素纳入灾害隐患评估体系，提高预警的准确性和时效性。

定期巡查与评估：组织专业巡查队伍，对山区交通基础设施进行定期巡查，重点检查高边坡稳定性、桥梁隧道结构安全性、路面状况等。结合巡查结果和监测数据，对灾害隐患进行定期评估，确定隐患等级和处置优先级。

信息共享与联动：建立信息共享平台，实现交通运输、气象、应急管理等部门之间的信息共享和联动。加强与地方政府、社区、企业的沟通协作，形成全社会共同参与的灾害隐患排查机制。

预警发布与响应：根据灾害隐患评估结果，及时发布预警信息，明确预警等级、影响范围、应对措施等。制定应急预案，明确各级政府和相关部门在灾害发生时的职责和协作方式，确保快速响应和有效处置。

2. 灾后快速恢复方案

紧急救援与抢险：在灾害发生后，立即启动紧急救援和抢险机制，组织专业队伍和设备赶赴现场，进行道路抢通、人员搜救等工作。优先保障生命通道畅通，为救援人员和物资提供快速通道。

灾损评估与核定：组织专家团队对灾损情况进行全面评估，包括道路、桥梁、隧道等基础设施的损坏程度、修复难度和成本等。根据评估结果，制订灾后恢复重建规划和方案，明确恢复目标、时间表和资金来源等。

快速修复与重建：对受损较轻的道路、桥梁等设施进行快速修复，确保尽快恢复交通功能。对受损严重的设施进行重建，按照更高标准和要求进行设计和施工，提高抗灾能力。优先恢复重要节点和关键路段的交通功能，确保区域交通网络的连通性和稳定性。

安全监管与保障：加强灾后恢复重建过程中的安全监管工作，确保施工安全和工程质量。制定临时交通管制措施和应急预案，确保恢复重建期间交通秩序和公共安全。

社会动员与参与：广泛动员社会力量参与灾后恢复重建工作，包括志愿者、社会组织、企业等。加强与受灾群众的沟通和联系，了解他们的需求和诉求，确保恢复重建工作符合群众利益。

综上所述，必须消除灾害的根源或潜在原因以及脆弱性和暴露性的驱动因素，以减少灾害风险，同时，必须避免新风险的“构建”，以加强可持续发展[47]。山地系统的可持续发展至关重要，因为健康和富有成效的山地家庭和生计对全球可持续发展至关重要。

2.2.4 未来研究方向

2.2.4.1 新技术的集成应用

InSAR 技术在预见性的滑坡早期发现和监测形变分析方面能够起到开创性的作用。结合地形地貌(坡度、坡向)和不同 InSAR 数据源参数，通过算法实现将传感器的视角、地形的坡度和坡向等因素进行整合，反演出基于局部入射角与后向散射系数之间关系的 SAR 数据失真区域，根据得到的几何失真区域，选择合适的 InSAR 数据源，可以更好地减弱因地形产生的误差，提高有效监测数据的可信度。

目前，国内外针对提高 InSAR 数据处理结果的精度做了很多相关研究，其中包括数据源的选取和大气效应的改正。为了选取更加适合研究区域的数据，不能只依靠单一的卫星参数，应结合因地形因素而造成 SAR 影像存在失真的区域。另外，大气效应是 InSAR 数据处理中不可忽视的误差，需加以改正来提高后期结果的精度，当前不断优化改正方法和模型已成为大气改正研究的热点。

由于仅通过时序 InSAR 技术无法消除绝大部分大气所带来的误差，在进行

PS-InSAR 数据处理的过程中，可以着重分析大气延迟对精度的影响，并基于外部数据 GACOS 对大气延迟进行改正。对比 GPS 点与大气改正前后实际监测数据的累积形变位移，表明该方法可以提升大气效应的整体改善效果。

随着监测手段的进步，山区交通沿线灾害稳定性由“静态、定性分析”向“动态、定量评估”转变，海量监测数据也对传统方法提出了新挑战[48]。如何针对性地筛选稳定性、控制性指标，发展面向复杂工况的多源异构数据融合分析技术，构建从数据相关到物理机理、从感知分析到知识发现的智能分析新方法，是亟须探索的重要方向。

2.2.4.2 地区差异化的灾害管理对策

在刘春龙等[49]的研究中，浙江省平阳县山区的自然灾害特点被详尽分析，特别是崩塌灾害的分布与气候和地形密切相关。该研究指出，平阳县的山区气候条件复杂，降雨量丰富，导致地质灾害频发且呈现出显著的地域差异。为此，研究提出了有针对性的灾害防治对策，具体包括定期进行隐患排查、建立灾害监测网络以及采取防护工程措施(如挡墙反压护坡等)。这些措施针对该地区的地质与气候特征，为当地灾害管理提供了差异化的解决方案。

西部山区交通廊道中的泥石流灾害管理也凸显了地区差异化的重要性。文献指出，西部山区受高山峡谷地形和季节性降雨的影响，泥石流灾害频发，而东部地区的降雨强度较低，灾害发生的频率和强度相对较弱。这种气候差异导致了灾害的空间分布差异，迫使交通基础设施建设需要因地制宜。在这样的背景下，交通廊道的选线对策需要根据区域的地质和气候特点进行差异化设计。例如，在高危区域加大工程防护力度，通过泥石流沟的地形避让方案或在特定区域设置泥石流拦截设施，以降低灾害对公路的破坏风险[50]。

在汶川地区，复杂的地质构造和活跃的地震带使得该区域滑坡和崩塌灾害频发。为了应对这些风险，刘沛源等[51]通过 SBAS-InSAR 技术，针对汶川段的滑坡隐患进行了详细的识别，并根据地质条件提出了不同的路线选择方案。研究不仅通过技术手段监测潜在的滑坡区域，还结合野外调查，对不同区域的滑坡体采取了具体的防灾策略。例如，对于活动频繁的滑坡体，建议在滑动面以下通过隧道避让；而在稳定性相对较好的区域，可以通过加固工程来提高道路的抗灾能力。这种基于地质特征的差异化选线和防灾策略，有效提高了山区道路的安全性和韧性。

总的来说，针对不同地区的地质和气候特征，文献中的差异化灾害管理对策主要体现在以下几个方面。

(1) 灾害隐患排查的针对性：不同地区的地质结构、降雨模式等因素会影响灾害的发生频率和类型，因此各区域的灾害隐患排查需要针对这些具体特征来进行。

例如，对于易滑坡的区域，重点监测地表形变和雨水渗透，而在泥石流高发区则重点观测泥石流沟的堆积物和水流变化。

(2)工程防护措施的定制化：不同区域的灾害类型和规模不同，因此在防护工程设计上也应采取因地制宜的策略。在高降雨区，采用挡墙、排水沟等水文调节设施，而在滑坡多发区，则可能需要大规模的支护结构或避让隧道。

(3)技术集成与早期预警：文献中提到的技术，如 InSAR、LiDAR 等，为差异化灾害管理提供了有力支持。通过这些技术，可以对地表形变和潜在灾害进行连续监测，从而为各地区的灾害防治策略提供实时、精准的数据支持。例如，SBAS-InSAR 技术已经成功应用于多个山区公路的滑坡预警系统中，为早期识别潜在灾害提供了依据。

2.2.4.3　灾害模拟与预测模型的应用

在山区交通沿线，灾害模拟与预测模型的应用近年来取得了显著的进展。通过综合应用多种技术与方法，研究者们能够更有效地评估和预测山区地质灾害的风险，为防灾减灾工作提供了有力的支持。一些具体的案例研究如下。

1. 基于地形因子的 InSAR 数据源选取及滑坡形变分析

近年来合成孔径雷达干涉测量(InSAR)凭借其精确获取大范围地表形变的能力，被广泛应用在地灾隐患点调查与监测中。但 InSAR 技术目前在西南地区滑坡监测方面还存在一些问题。究其原因，西南地区复杂的地形起伏导致叠掩和阴影误差，加之西南地区大气变化显著，使得 InSAR 数据干涉的相干性降低，严重影响了滑坡形变信息提取的精度，现有 InSAR 技术在滑坡高精度监测中仍需要深入的研究。

以重庆市新铺滑坡为研究对象，采用哨兵 1A 数据进行滑坡形变分析方法研究。首先，基于 SRTM DEM 数据，划分不同的网格尺寸，对提取的坡度和坡向的精度进行定量分析，找到最适宜研究区域的网格尺寸；然后，将提取得到的坡度和坡向地形因子结合传感器参数作为计算研究区域可信区域的依据，为 InSAR 数据源的选取提供支持；最后，在探讨 InSAR 数据误差来源的基础上，着重分析在干涉实验中大气效应所带来的误差，通过 GACOS 大气校正的方法来提高滑坡形变监测的精度，对得到的大气改正前后的形变信息与 GPS 实地监测数据进行精度对比分析。具体流程如图 2.7 所示。

2. 顾及多因素的滑坡稳定性评价方法研究

滑坡是山区交通沿线灾害的重要类型之一，许多学者利用非确定性方法对滑坡稳定性进行了评价，均取得了较高的精度。但仍存在许多待解决的问题和未充

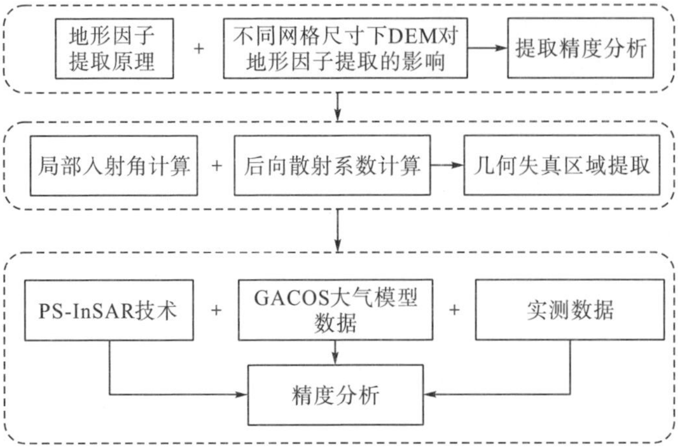

图 2.7 滑坡形变分析流程图

分研究的地方，比如在进行区域性滑坡易发性评价时并未对滑坡类型进行划分；对滑坡单体的稳定性评价多为确定性评价，对滑坡单体非确定性评价的研究较少，有待进一步研究。

通过探讨滑坡自身物质结构和外界环境条件对其稳定性的影响，对该滑坡单体的稳定性进行分析，生成该滑坡的稳定性分布图，可以为滑坡单体防灾减灾提供思路和依据。首先统计降雨的持续时间(d)、总降雨量(mm)、最大日降雨量(mm)、日均降雨量(mm)等特征，将降雨分为不同的类别，为后续提取位移特征提供基础。然后利用月位移特征、日位移特征、持续降雨和短期强降雨下的位移特征将监测点划分为低风险、中风险、高风险三类，作为原始标记样本。接着根据目前研究现状，从地形、地质、水系、人类工程活动等多种因素中提取评价因子，并对评价因子进行相关性分析，去除冗余的评价因子后得到最终的评价因子。然后从未标记样本集中随机选取一定量的未标记样本，结合监测点原始标记样本，利用半监督学习算法对样本进行标记，扩充标记样本量，得到标记样本集。最后将标记样本集划分为训练集和测试集，利用训练集对改进投票分类器模型(IVCM)、投票分类器模型(VCM)、高斯过程分类器、随机森林(RF)分类器、支持向量机(SVC)分类器、XGBoost 分类器、梯度提升(Gradient Boosting)分类器进行训练，并利用测试集测试分类器的精度和鲁棒性，选择性能最优的分类器作为研究区滑坡稳定性评价模型，完成滑坡稳定性评价。技术路线如图 2.8 所示。

InSAR 技术的优势在于能够提供大范围的高精度地表形变信息，这为滑坡模拟和预测提供了扎实的数据支持[51]。未来的研究可以进一步发展实时滑坡预测模型，结合气象、地质和人类活动等动态数据，提升对滑坡灾害的预测精度和响应速度，可以进一步发展更加精确的动态模拟模型，提升预测的时效性和准确性。

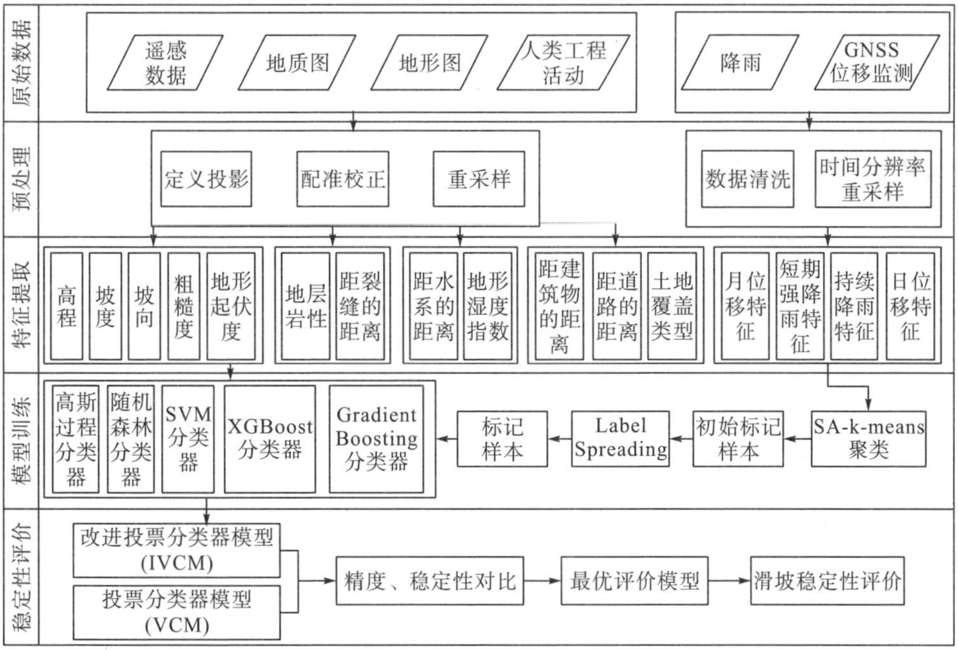

图 2.8　考虑多因素的滑坡稳定性评价技术路线图

上述主要是对滑坡灾害的易发性评价分析，山区交通沿线灾害的预警预测模型还可以体现在泥石流预测模型、路网韧性评估模型、高速公路选线模型等。

泥石流预测模型的构建依赖于对物源、地形、降雨量等多个因素的定量分析，为灾害发生的过程模拟提供了可靠的理论依据。通过遥感数据、气象数据和地质条件的结合，建立泥石流的形成与发展模型，能够精确模拟泥石流的流动路径、规模和对交通廊道的影响[50]。随着数据获取手段的提升，结合地形、地质、降雨等数据，未来研究可以进一步完善泥石流模型的参数设置，预测泥石流的发生概率和潜在影响范围，增强其在不同气候条件下的预测能力。

通过模拟灾害发生后路网的响应情况，构建路网韧性评估模型。模型结合网络拓扑结构和交通流量数据，能够模拟出在不同灾害情景下的路网受损情况及恢复速度，未来的研究可以进一步优化该类模型，通过引入更多的动态数据，如实时交通信息、灾害影响范围等，针对山区交通沿线面临的灾害威胁提升模拟的准确性与实时性[52]。

针对复杂山区的高速公路选线问题，采用多源遥感技术对地质灾害进行模拟和评估[53]。通过模拟滑坡、崩塌等多种灾害的发生过程，为公路的选线和设计提供了依据；结合气象数据和地质环境分析，建立的气象预报模型有助于提前预警强降雨等天气引发的地质灾害，保障了山区高速公路的行车安全。未来研究可以结合更多的灾害诱因数据，如地震、暴雨等因素，构建多因子综合灾害模拟模型。此类模型能够更加全面地评估不同灾害类型发生的可能性及其对山区公路的影响，为灾害管理和基础设施建设提供科学指导。

第 3 章　交通基础设施结构安全无人机检测

3.1　无人机性能特点与类型

3.1.1　无人机性能特点

(1) 机动性和灵活性。无人机自身重量较轻且体积小，通过整理可以将无人机设备完整地装在收纳盒中，在外出作业时携带较为方便，不过多地占用空间；除固定翼无人机外，多数无人机不需要特定的起飞场地，对起飞与降落场地要求小，有效减少无人机工作前的准备时间[54]。

(2) 使用成本低。无人机市场售价和后期维护成本不高，同时无人机操作简便可有效降低学习成本。由于无人机系统使用成本较低，多数企业和个人选择采用无人机完成工作任务，使得无人机市场使用率不断提高，进一步丰富了无人机系统的使用场景。

(3) 使用场景灵活。由于无人机的机动性，无人机在密集的城市区域、地形复杂的山区以及人员无法到达的位置均非常适用。无人机通过搭载高清相机可以获取高分辨率影像，也可以按照特定需求搭载传感器起飞至指定位置采集数据。

(4) 飞行稳定性较差。由于无人机自身结构特性和较轻的重量，无人机飞行时的稳定性容易受到气流的影响。气流的干扰会造成无人机振动、倾斜，从而降低飞行稳定性。在使用无人机挂载传感器进行测量时，无人机自身飞行不稳定会影响数据采集的精度。

(5) 续航时间短。电池容量会影响无人机的续航时间，增加电池容量会增加无人机整体重量，降低机动性与灵活性，因此无人机无法搭载较大容量的电池。现在，市面上多数无人机的单次工作时间不超过 30min，在挂载重荷载以及在有风作用的环境下飞行时续航时间会进一步缩短，对数据采集的连续性产生影响。

3.1.2　无人机类型

现有主流无人机按照机翼不同分为固定翼式无人机、多旋翼式无人机以及垂直起降无人机。不同类型的无人机由于工作原理、结构等不同，适用场景也不同。

固定翼式无人机通过螺旋桨或者发动机产生向前的推力，依靠延展的固定机翼与空气的相对运动提供升力，可以实现较高的飞行速度，如图 3.1 所示。固定翼式无人机具有安全性好、抗风能力强、载重大等优势，适用于执行远距离、挂载大、大面积等要求的任务。但是，固定翼式无人机无法实现悬停，对于需要悬停的巡检任务不具备适用性。同时，固定翼式无人机对起飞场地和飞行速度要求较高，需要有开阔的场地来执行起飞和降落。

图 3.1　固定翼式无人机

多旋翼式无人机起飞方式灵活，依靠机臂上若干个电机驱动桨叶协同旋转产生升力，通过调整每个旋翼的转速改变飞行状态，可实现定点悬停、低空慢速飞行等，如图 3.2 所示。多旋翼式无人机操纵性强，具有较高的灵活性，具有定点悬停与垂直起降特性，具有丰富的适用性，但易受风力因素影响，且飞行高度受到限制、负载能力低。多旋翼式无人机适用于低空、低速的巡检任务。

图 3.2　多旋翼式无人机

垂直起降无人机具有固定翼式无人机和多旋翼式无人机两者的特性，设计结构由固定翼和多旋翼共同组成，可以实现垂直起降、定点悬停，在起飞成功后可以实现固定翼的飞行模式，如图 3.3 所示。相对于多旋翼式无人机，垂直起降无人机增加了续航时间和载重限制。相对于固定翼式无人机，垂直起降无人机弱化了飞行场地的限制。垂直起降无人机续航时间比多旋翼式无人机长，但是小于固定翼式无人机。目前，垂直起降无人机相较于固定翼式和多旋翼式无人机购买价格高，在市场上使用率不高，仍然处于发展阶段，其性能和结构设计还需要不断优化。

图 3.3　垂直起降无人机

3.2　无人机航线规划方法

3.2.1　无人机导航路径点规划方法

在以往的研究中，养护人员通常使用手动操作无人机对检测车和人工目视无法实现的巡检对象进行补充性和辅助性检测，受人为操作因素影响较大，其精确度和效率仍然会大打折扣[55]。在本书中，详细阐述了如何基于 Android Studio 开发平台，应用迪杰斯特拉(Dijkstra)算法，结合 DJI Mobile SDK 无人机控制库和高德 AMAP SDK 地图库，实现无人机移动端控制 APP 的开发以及无人机沿公路导航飞行的应用。最终的移动端控制软件可以实现无人机的连接与绑定，起飞、降落与返航控制，云台与相机控制，飞行状态与位置显示，电子地图与航点显示，视频推流以及自动导航航线规划等功能。

3.2.1.1　基于简化 Dijkstra 算法的路径规划基本原理

Dijkstra 算法[56]是图论中的一种最小生成树算法，其核心思想是计算某一节点到所有其他节点的最短路径。在计算过程中，Dijkstra 算法通过累加边的权重来寻找最短路径，因此仅适用于权重为正的图，即正权有向图。对于无人机路径规划，所涉及的路径均为正值，因此无须考虑负值情况。在应用 Dijkstra 算法前，需要将公路的点位信息转化为有向图。

一个正权有向图通常表示为 G=(V,A)，其中 V 表示节点集，A 表示边集。对于公路巡检而言，设某条边有两个端点 x 和 y，其权值为 $l(x, y)$，该边代表了某一路段，x 和 y 分别表示该路段的起点和终点，权值 $l(x, y)$ 表示了该路段的长度。一条完整的路径 P 可以由节点的集合构成，即 $\mathrm{P}=(x_0, x_1, \cdots, x_m)$，最终路径 P 的总长度 $l(\mathrm{P})$ 即为所有节点组成的边的权值之和：$l(\mathrm{P})=\sum_{i=0}^{m-1} l\left(x_i, x_{i+1}\right)$。Dijkstra 算法的主要功能是针对给定的起点 x 和终点 y，找到二者之间的最短路径 $\mathrm{P}_{\mathrm{opt}}$ 以及其长度 $l(\mathrm{P}_{\mathrm{opt}})$。

对于公路无人机导航飞行的路径规划任务而言，整个任务的模型可以由一个点集和一个描述边集的矩阵构成。图 3.4 中展示了一个任务模型示例，其中 $\{x_1, x_2, x_3, x_4\}$代表节点集，右侧的矩阵表示了节点 x_i 和 x_j 之间的边的权值 $l(x_i, x_j)$，其中∞表示两点之间不存在边。Dijkstra 算法的运算流程是从一个源点开始，按照最短路径原则依次将节点纳入路径中，最终生成最短路径。

表 3.1 展示了该任务模型示例的求解过程，黄色的部分即为最终推演出的最优路径。在编译程序时，使用双重循环的逻辑应对模型的扩大问题，该逻辑将算法划分为内、外两个循环，预先设置好三个辅助表 a、b、c，表 a 用于存储每一次的计算结果，即每个计算出的点到每一个节点的距离，没有通路则记为∞；表 b 用于存储记录最优路径上的前一个点，以进行对比和回溯；表 c 用于存储每一个当前计算的点是否计入最短路径。在循环时，外循环执行从表 a 中取出结果 x_m，并在每一次取出后将表 c 清空。内循环则负责遍历全部节点，进行如下操作：判断最后一个点 x_j 是否在表 c 中，若不在，则添加新的节点，判断添加的节点是否会使路径更短，如果更短则将 x_m 加入最短路径并更新最短路径长度。

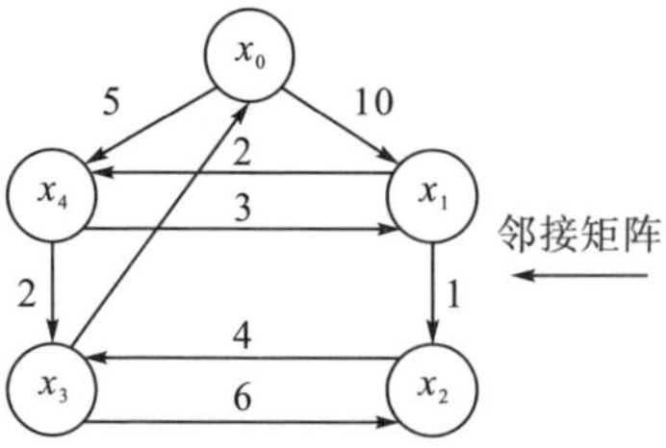

$$
\begin{bmatrix} \infty & 1 & 3 & \infty & 4 \\ \infty & \infty & 2 & \infty & \infty \\ \infty & \infty & 0 & \infty & \infty \\ 3 & \infty & 3 & \infty & 4 \\ \infty & \infty & \infty & \infty & \infty \end{bmatrix}
$$

图 3.4 Dijkstra 任务模型示例

表 3.1　Dijkstra 任务模型求解过程

节点	第一轮	第二轮	第三轮	第四轮
x_1	$x_0 \to x_1=10$	$x_0 \to x_4 \to x_1=8$	$x_0 \to x_4 \to x_1=8$	
x_2	∞	$x_0 \to x_4 \to x_2=14$	$x_0 \to x_4 \to x_3 \to x_2=13$	$x_0 \to x_4 \to x_1 \to x_2=9$
x_3	∞	$x_0 \to x_4 \to x_3=7$		
x_4	$x_0 \to x_1=10$			
解得点集	[1,5]	[1,5,4]	[1,5,4,2]	[1,5,4,2,3]

3.2.1.2　路径规划算法改进与实效

Dijkstra 算法虽然思路简单且适用于大多数非负权值的路径规划场景，但其时间复杂度较高，适用于节点数量较少的情况。为解决这一问题，本书针对无人机巡检对象均为线状的公路区域的特点，对公路网络图进行简化，以适应算法需求，即在不改变无人机导航路径飞行逻辑的基础上对路径进行优化。

在使用 Dijkstra 算法进行路径优化时，通常使用栅格法对路网进行规划空间建模，将道路分割为多个段，每小段对应算法处理图中的两个节点与一条边。在公路沿线飞行场景中，大部分飞行路径为直行的公路段，因此许多节点可以被删除，简化思路如图 3.5 所示。本书建立了明确的策略去筛选和删除多余的节点，以优化 Dijkstra 算法的模型参数量，从而保证应用程序的轻量化和稳定性。

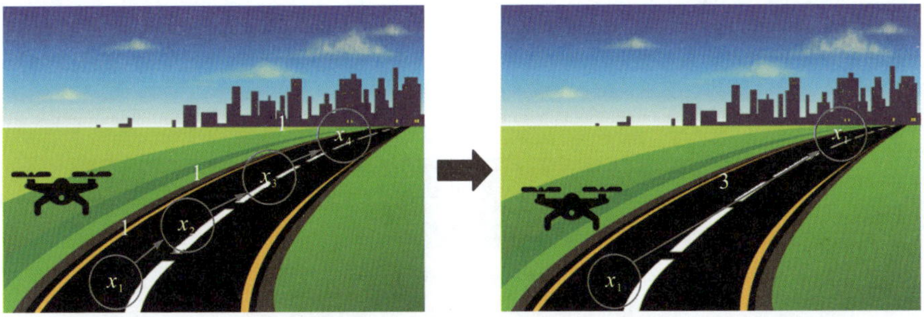

图 3.5　导航飞行路径简化示意图

优化步骤如下。

(1) 从源点 s 开始逐步遍历公路网络中的点集，对于每个点 x_i，检索以其为端点的所有子边，形成子边集 g_i=[$<x_i, x_j>, <x_i, x_k>, \cdots, <x_m, x_i>$]，将这些子边暂存于表 $g[x_i]$中。

(2) 检查下一层节点的全部子边集 G=[$g_j, g_k, \cdots, g_m$]，这些子边集中的节点可能与先前存储的 $g[x_i]$中记录的边有合并的可能性。

(3)将子边集中的边所包含的端点在网络中的坐标进行对比，若边中有三点之间的连转角大于 103°，则可将对应的边合并为一条优化后的路径，并以父级端点作为优化后路径的起点。

经过试验测试，通过对含有 100 个节点的正权有向图进行上述优化操作，网络图的节点缩减为 50 个，且算路速度从 1s 缩减为 0.23s；通过对 5km 的路线规划进行优化测试，最终的处理时间为 5s，符合应用需求。该优化算法有效简化了路网规划的模型复杂度，为导航飞行的移动化部署提供了有力保障。

3.2.2 无人机飞行任务配置与执行

3.2.2.1 安卓环境配置与 SDK 介绍

1. Android Studio 开发环境配置

由于面向的平台是使用更广泛的移动端 Android，本书涉及的移动端无人机控制软件基于 Android Studio 环境开发，使用 Java 语言编写，应用软件开发工具包 SDK (software development kit) 作为功能接口。

Android Studio 是 Google 公司为开发 Android 应用程序推出的基于 IntelliJ IDEA 的 Android 应用开发环境，界面如图 3.6 所示。Android Studio 除了拥有强大的代码编辑器和开发者工具，还提供更多可提高 Android 应用编译效率的功能。例如，基于 Gradle 的灵活编译系统，功能丰富的模拟器，统一的环境(开发适用于所有 Android 设备)，大量的测试工具和框架，能够找出性能和版本兼容性等方面的问题的 Lint 工具、C++和 NDK 支持等。

图 3.6 Android Studio 工作界面

环境配置上，Gradle Plugin 版本为 3.5.3，Gradle 版本为 5.4.1；Android SDK 版本为 28(对应 Android 9.0 Pie)，Build Tools 版本为 28.0.3。

2. DJI MSDK 介绍

DJI MSDK(mobile software development kit，移动软件开发工具包)是为大疆设备用户设计的移动应用程序开发工具包，旨在监测和控制大疆设备。作为大疆 SDK 中应用最广泛、对无人机兼容性最强的 SDK 之一，DJI MSDK 自 2016 年初发布以来持续发展，已成为功能丰富、飞行任务全面且易于使用的无人机二次开发工具包。MSDK 分为 Android MSDK 和 iOS MSDK 两种，适用于不同的手机系统。本书选择了 Android MSDK 进行开发，因为硬件配套为安卓手机。但两者的功能和设计理念相似，体系结构与类库设计也基本相同，因此开发者可以轻松实现两者的转换部署。只需在集成开发环境中导入此 SDK，开发者便可使用程序脚本完成对无人机硬件各组件的控制和状态信息的监测。MSDK 涵盖了开发者可能用到的绝大部分功能，包括 SDK 管理器(SDK manager)、产品与组件(product and component)、任务控制器(mission control)、任务与动作(mission and action)等主要部分，如图 3.7 所示。

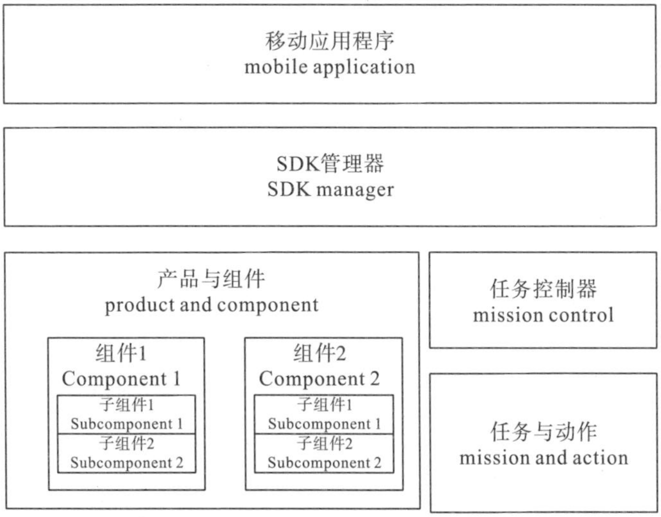

图 3.7　DJ I MSDK 的基本架构

(1)SDK 管理器：SDK 管理器是 Mobile SDK 的入口，主要功能包括注册应用程序、连接设备与获取实例、SDK 调试、日志和获取其他管理器等。在 Android 中，SDK 管理器是一个单例类，可通过 getInstance 获得实例。

(2)产品与组件：产品指大疆设备，基类为 BaseProduct；组件指大疆产品设备的各个组成部分，如云台、相机、飞行控制器、链路、遥控器、电池等，每个组件都由其基类 BaseComponent 继承而来。

(3)任务控制器：用于整体控制大疆产品设备多个任务的执行和动作的触发设置，可通过时间线按顺序执行多个任务。任务控制器也是各类飞行操作器的入口，是一个单例类，可通过 DJISDKManager 的 getMissionControl 方法获取实例。

(4)任务与动作：任务指无人机自动执行的预设程序，如航点、指点飞行、热点跟随、智能跟随、兴趣点环绕、全景图等；动作指无人机满足特定条件执行的功能，如起飞、降落、偏航、定点飞行、返航、兴趣点环绕、云台姿态、录像、拍照等。

DJI MSDK 涵盖了大部分开发者可能应用到的需求。从公路巡检的角度来看，为保证轻量化和稳定性，部分功能类可以舍弃，而部分功能类需要着重关注。

(1)飞行控制器类(FlightController)：负责无人机控制、电机控制、起降和手动飞行模式等，保障巡检安全性和可行性。

(2)飞行状态信息获取类(State)：负责实时的飞行数据回传，监听无人机状态、传感器子组件和电池状态等。

(3)相机与云台类(Camera and Gimbal)：包括拍摄和录像功能，是保障数据采集的重要来源，以及维持相机稳定性的重要保证。

(4)航路点任务功能类(WaypointMission)：在航点飞行任务的基础上，开发沿路段导航飞行任务，满足长里程、高精度的路域巡检需求。

(5)实时图传类(VideoFeed)：保证养护人员对公路状况的实时监控，为视频流传输提供数据基础，需要在无人机设备端进行视频压缩，然后在移动设备和服务器上进行解码。

除以上主要接口外，移动端控制程序的实现还需要搭配其他基本接口进行组合，这将在后续部分详细叙述。

3. 高德 AMAP SDK 介绍

在无人机的公路日常养护巡检应用中，地图的接入是极为重要的功能之一，因为仅仅获取抽象复杂的经纬度与航向数据难以为养护人员提供直观的印象和简易化的操作。为了实现地图功能，本书选择使用高德 AMAP SDK 进行电子地图的接入开发。高德地图不仅是电子地图提供商，还提供了丰富全面的 SDK 和 API，SDK 包括地图 SDK 和搜索 SDK。

在地图 SDK 中，无人机公路日常养护系统主要关注以下功能。

(1)地图显示控件(MapView)：用于在移动端屏幕上显示电子地图，便于养护人员对巡检任务进行规划。

(2)地图绘制(marker)和交互(set)控件：用于无人机定位、地图交互、航点绘制等需求，帮助养护人员进行任务规划和交互操作。

对于搜索 SDK，主要关注以下功能。

(1) 划分区级范围：根据巡检任务所在的区级范围确定无人机航线规划的范围，降低无人机航线规划的资源消耗量。

(2) 交通信息反馈功能：提供区域内的交通数据反馈，包括公路交叉口、主要标志物等坐标信息，帮助养护人员进行任务评估。

除 DJI MSDK 和高德 AMAP SDK 外，实现移动端软件的运行还需要应用到一些重要的第三方包。

(1) 分包配置兼容包 (multidex) 和生命周期感知型组件 (lifecycle)：用于处理复杂应用程序和库依赖，协助减少内存开销和管理生命周期。

(2) 事件分发总线包 (otto)：用于处理多个类之间的耦合度，减少线程同步和死锁的问题，简化代码结构。

(3) 约束布局 (ConstraintLayout)：用于灵活定位和调整 UI 小部件，简化 UI 设计，减少布局嵌套，提高代码的可读性和维护性。

3.2.2.2　移动端无人机控制 APP 总界面用例

本书意在为养护人员开发一款无须复杂的飞行操作即可完成公路日常巡检的 APP。因此，不但需要具备设备连接、账户注册、飞行控制、信号传输等基本功能，同时还需要将手动路径规划、针对公路巡检的导航路径规划、实时推流等功能整合到软件程序中。本节将具体叙述移动端 APP 开发必备基础功能的实现细节与流程，并展示相应的功能界面。

本书开发的名为 UAVROAD 的无人机实时巡检系统移动端软件，在开发时采用了自顶向下的开发模式。该模式从软件主界面用例开始，逐步细化并添加其他子用例，通过流程图分析各用例的控制流程，最终展示软件的实现细节与界面。

UAVROAD 移动端软件总体用例控制流程图如图 3.8 所示。具体操作流程如下：①巡检人员部署好无人机、手机、PC 端工作站等硬件设备；②点击手机桌面上的软件图标进入软件的主界面；③软件检查 MSDK 是否成功注册，注册成功后建立手机对无人机和遥控器设备的控制权；④界面显示软硬件绑定状态，允许用户进入主界面进行功能选择；⑤在主界面中，养护人员可以根据任务需求选择功能，软件的功能和接口众多，日常养护巡检必须用到的功能主要是飞行控制器、手动路径规划、导航路径规划以及实时推流 4 项。

具体开发 UAVROAD2.0 移动端软件的步骤如下。

(1) 配置底层架构：创建 Android 应用程序，整合 MSDK 到 Android 项目中，设置 AndroidManifest.xml 文件与初始化类库，申请手机位置、存储、Wi-Fi 各项用户权限，这些权限在应用程序启动时自动申请。

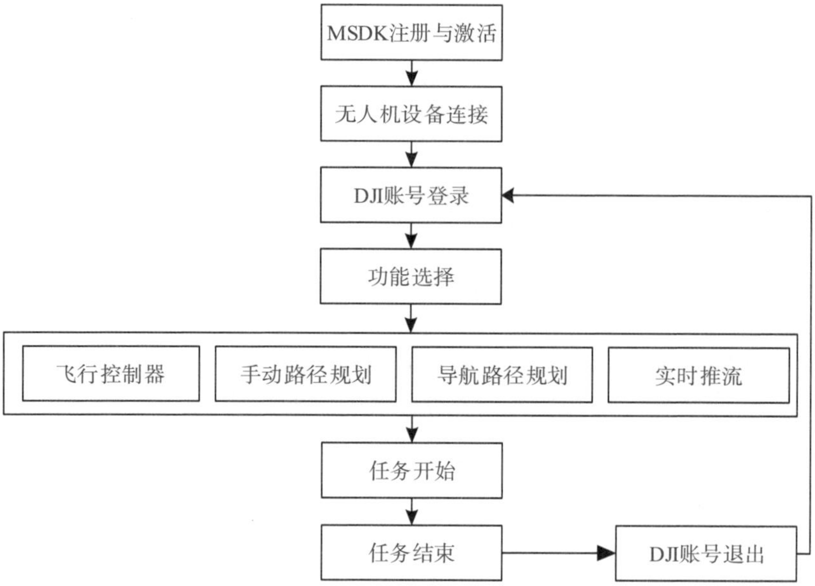

图 3.8　UAVROAD 移动端软件总体用例控制流程图

(2)建立用户界面(UI)布局：实现控件在手机界面上合理布置。

(3)开发各项功能：逐步对各项功能进行开发和应用。

图 3.9 展示了在 Android Studio 中整合 DJI MSDK 与高德 AMAP SDK 进行应用配置的基本底层架构、主界面项目结构和最终 UI 展示。基于此详细阐述具体模块的开发流程、实现逻辑和界面展示。

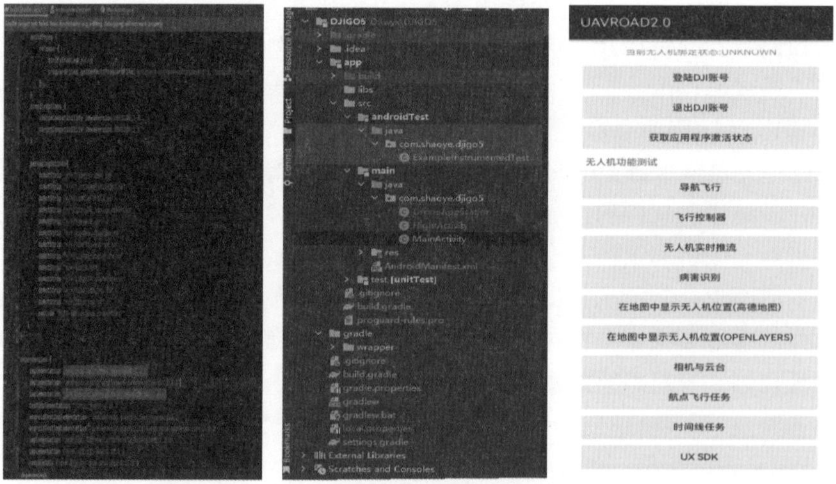

(a)基本底层架构　　(b)主界面项目结构　　(c)最终UI展示

图 3.9　UAVROAD 移动端软件开发结构与界面展示

3.2.2.3　MSDK 注册与硬件设备连接用例

开发 MSDK 需要使用 DJISDKManager 类中的 registerApp 方法来注册应用程序所使用的 SDK 包。在调用该方法时，需要实现 SDK 管理器回调 SDKManagerCallback，以确认应用程序是否成功注册。连接和断开无人机可以分别通过 SDK 管埋器的 startConnectionToProduct 和 stopConnectionToProduct 方法实现。

在进行 MSDK 注册之前，需要向用户询问权限，包括获取手机位置、存储、Wi-Fi 等相关权限。各项权限申请需在 AndroidManifest.xml 文件中明确声明。主活动创建时会自动进行权限申请，在确认获取各项权限后，软件才能通过 registerApp 方法注册 MSDK。注册成功后，在回调 onRegister 中修改主活动的 UI，使 UI 能够显示当前应用程序激活和无人机连接状态的变化，如图 3.10 所示。

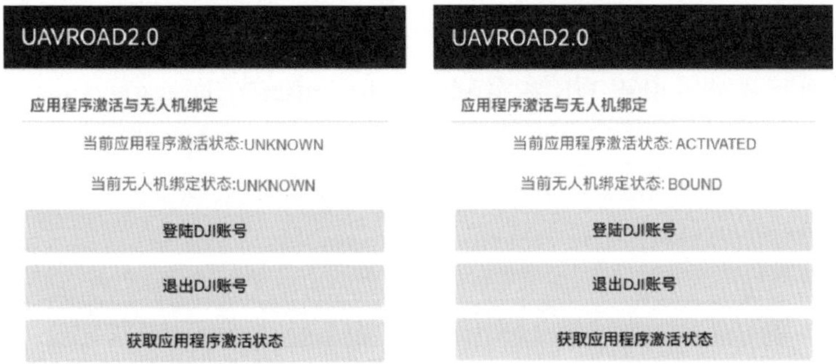

(a) 未注册页面　　(b) 注册完成后页面

图 3.10　应用程序激活和无人机连接的变化状态

注册 SDK 成功后，系统会自动寻找通过 Wi-Fi 和 USB 建立连接的 DJI 设备。连接成功并获取硬件控制权限后，会触发 onProductConnect 回调函数。在这个回调函数中，可以获取到飞行器的 Aircraft 对象实例，并启动下一级功能主界面。

3.2.2.4　账号登录、退出用例

在使用 MSDK 时，除通过密钥注册应用程序外，还需要登录 DJI 账号进行实名制认证。为了满足这一要求并方便同步飞行记录数据，软件应该提供账号登录和退出功能。使用流程如下：在成功打开 APP 并完成设备连接后，养护人员需输入 DJI 账号和密码，点击登录进行验证。验证成功后自动返回主界面，若验证失败则清空密码栏并显示密码输入错误。用例控制流程图如图 3.11 所示。

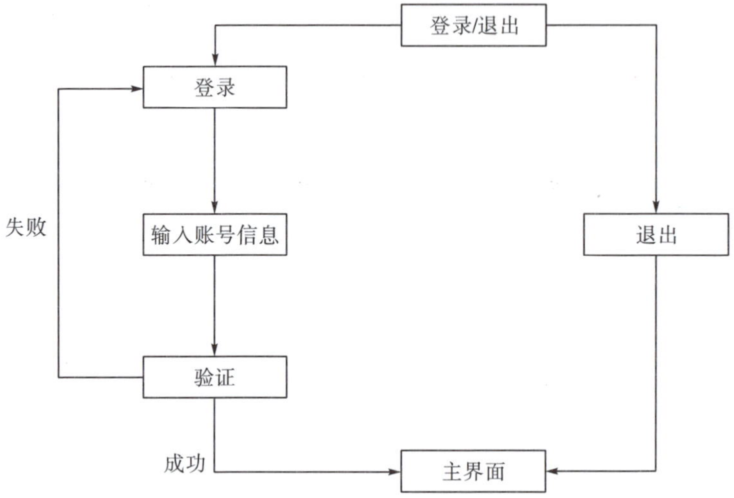

图 3.11　账号登录、退出用例控制流程图

具体来说，登录 DJI 账号需要使用用户账号管理器的 logIntoDJIUserAccount 方法实现弹窗登录，退出 DJI 账号则使用 logoutOfDJIUserAccount 方法。这会展开一个登录布局，并由 MSDK 代理用户账户信息的验证。成功登录后，MSDK 会保存相关数据，之后再次登录无须输入账号密码。账号登录界面如图 3.12 所示。

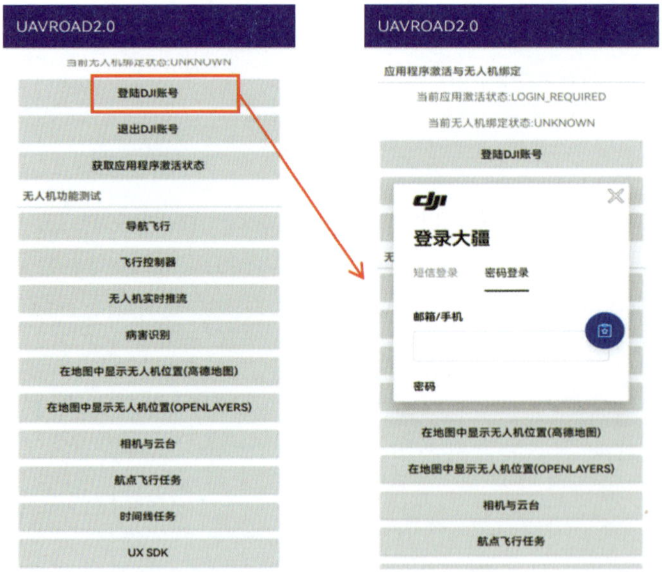

图 3.12　账号登录界面

3.2.2.5　飞行控制器用例

飞行控制器是软件系统的核心功能，涵盖了无人机的所有控制和状态监听功能。尽管本书设计软件旨在实现无人机的自动化控制，但为了确保养护人员在特殊情况下能及时控制无人机，以防定位不准等突发情况，无人机的飞行控制器仍然是 APP 必要的控制组件。在该界面下，养护人员可以手动控制无人机，并实时监测无人机的各项传感器信息。飞行控制器的用例控制流程如图 3.13 所示。

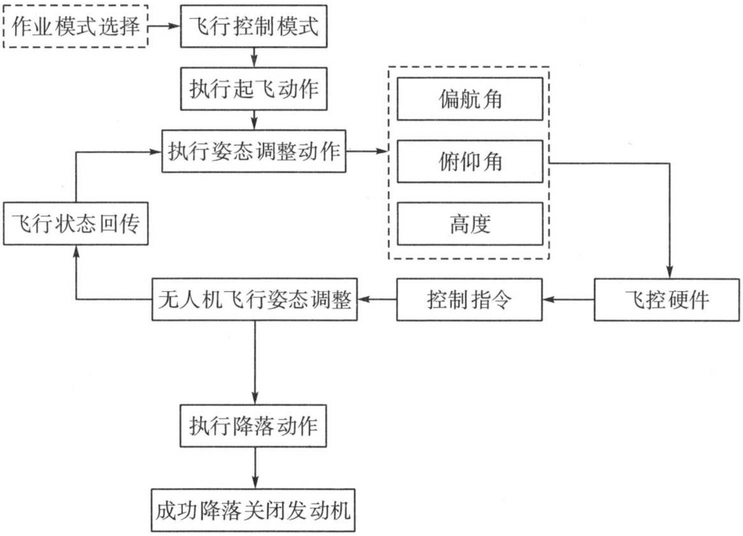

图 3.13　飞行控制器的用例控制流程图

飞行控制器的功能由飞行控制器类定义。在编译时，首先通过 DJISDKManager 获取产品基类(BaseProduct)对象，并判断是否为无人机(Aircraft)对象。然后在 Android 中，通过飞行控制器对象的 isConnected 方法判断是否成功连接无人机。最后，可以通过无人机对象获取飞行控制器(FlightController)对象。飞行控制器中包含各种飞行动作和安全设置控件。在本软件中，主要包括无人机起飞、降落和返航控件。主要实现步骤是首先在 MainActivity 布局文件中添加对应的按钮，然后分别调用飞行控制器中的 takeoff、landing 和 setGohomeHeight 方法与控件连接。

飞行状态信息监听包括飞行状态、无人机位置、飞行速度和连接卫星数量等。其主要实现步骤包括在 activity_flight_xml 文件中添加 TextView 用于显示无人机的状态信息，然后在 FlightActivity 中获取 TextView 对象，实现对飞行控制器状态类的监听回调。最终的飞行控制器界面如图 3.14 所示。

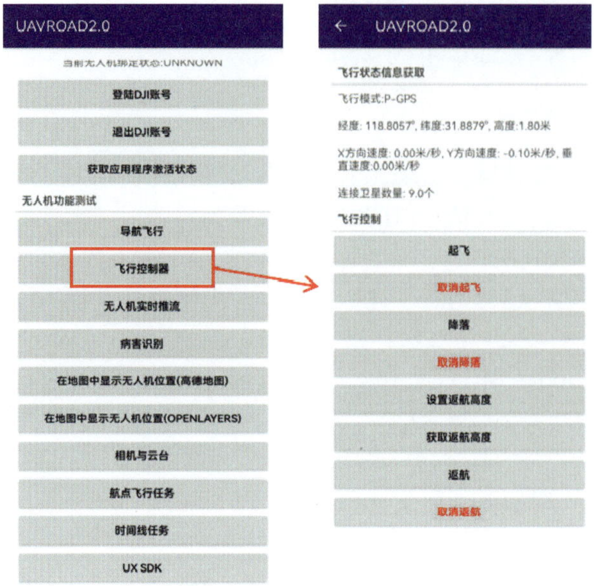

图 3.14　飞行控制器的界面展示

3.2.2.6　航点飞行任务用例

本书开发的 APP 旨在实现无人机对公路的自动化巡检。然而，在实际应用过程中，由于路径规划基于 AMAP 中的交通信息，对于某些新修建或改扩建的路段，公路信息可能无法保证及时更新，因此，手动设置航点进行路径规划仍然是重要的功能之一。在航点飞行任务界面，用户首先建立新的航线任务，然后设置执行的高度、速度、频率等参数。确定后，可在地图上手动添加航路点，随后无人机开始执行任务，按照给定的航点进行飞行巡检，任务完成后自动返航。在此过程中，养护人员可以随时控制任务执行流程。航点飞行任务的流程如图 3.15 所示。

进入航点飞行任务界面后，会弹出巡检任务参数配置窗口，养护人员可以根据巡检目标路段的宽度、里程等对飞行高度、速度以及是否进行照片拍摄采集进行选择。选择对话框打开时，Spinner 下拉菜单实例会从资源文件夹中的 arrays.xml 文件中读取相应的参数类型。养护人员通过单击下拉菜单中的选项完成参数设置。

完成选择后，活动中的 Spinner 实例中的 onItemSelected 方法会将任务参数保存以进行下一步的航点选取。养护人员单击左侧的添加标记按钮，再单击地图上的标记航点，软件通过 onMapClickListener 监听获取相应标记点的 GCJ02 坐标。每当一个点被选取时，地图上会以蓝色标记显示以供整个航线参考。标记点会在后台经坐标转换计算为 WGS84 坐标后存入航路点 Waypoint 数组中。

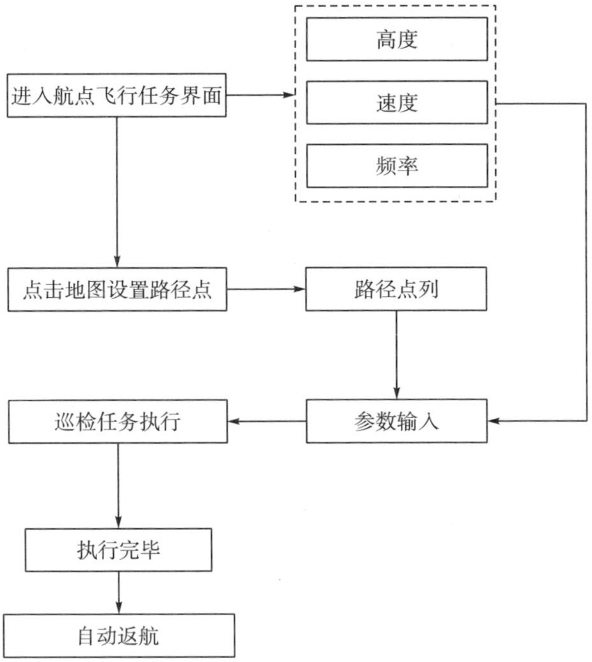

图 3.15　航点飞行任务用例控制流程图

航点布置完毕后，软件会新建 WaypointMission 实例，并将设置好的任务参数数组传递给类构造器，此时任务已组织完毕。养护人员单击上载任务按钮后，后台通过 WaypointMission 实例调用的 uploadMission 方法将任务上载给无人机。当显示上载成功后，养护人员单击左侧的开始按钮，WaypointMission 实例会调用 startMission 方法开始执行航点任务。飞行过程中，右侧飞行状态栏会传递无人机的实时位置、高度、GPS 信号等信息，同时，无人机的位置以红色标志显示在地图上。单击位置显示按钮，可以实时监控无人机的位置。为防止特殊情况，本书还加入暂停、终止任务控件，以防无人机出现事故。任务执行结束后，后台会在 WaypointMission 监听器的 onExecutionFinish 方法中销毁 Waypoint 数组的信息，并清除地图上的标记点。航点飞行任务的界面如图 3.16 所示。

3.2.2.7　导航飞行控件用例

在前文中已经描述了无人机公路日常巡检系统移动端 APP 的常用功能设计以及路径规划算法改进。在本节中，将重点研究如何将算法整合到移动端 APP 中，以实现无人机的自动导航飞行巡检。无人机导航飞行功能仍然需要基于高德 AMAP 地图 SDK 和搜索 SDK，以实现在显示的地图上进行信息接收和定位操作。导航路径规划控件还需要将算路结果与无人机飞行控制硬件系统连接，以实现无

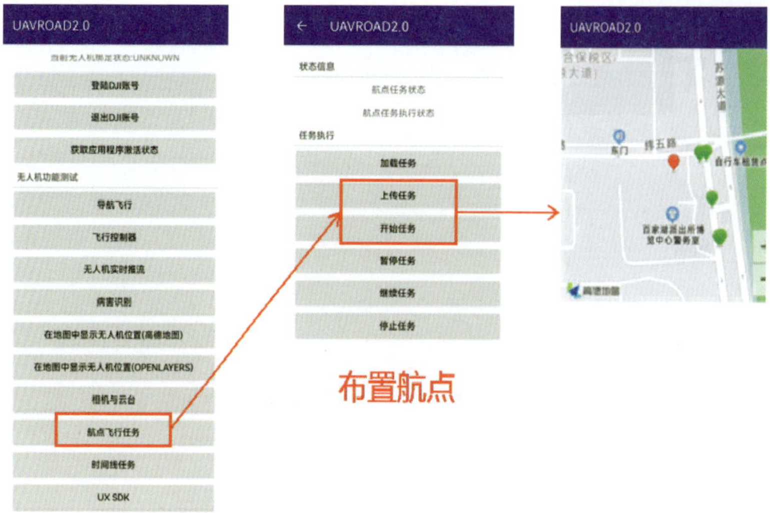

图 3.16 航点飞行任务界面展示

人机的自动化巡检。接下来将从导航路径的生成过程、飞行任务执行和界面展示三个方面阐述如何将 Dijkstra 算法同 AMAP 提供的公路网信息库相结合，并配合使用 DJI MSDK，实现无人机的自动导航路径规划功能。

1. 导航飞行路径计算

导航飞行路径计算的过程主要分为两部分：一是巡检任务对象的公路网建模和简化；二是优化后的算路和路径规划航点信息的导出。其开发流程如图 3.17 所示。

公路网建模的开发细节如下。

(1)规划空间切割：首先使用 DistricSearch 类和 DistrictSearchQuery 类中的 setKeywords 方法和 searchDistrictAnsy 方法，以行政区划为标准，将地图以各个区为界限划分开来，完成搜索关键字的传入和区域的搜索。同时，使用 onDistrctSearched 回调方法将分割后的区划信息输出并存储，用于公路网络图输出到文件时归档。

(2)公路网络图简化：在空间切割完成后，需要根据所选定的区划不断迭代以获取简化后的公路网络数据，并在区域内进行搜索。软件会根据输入的字符串精确查找位置，使用 GeocodeQuery 方法查找坐标，然后根据获取到的坐标，使用 RegeocodeQuery 查询地址，完成关键词传递。通过调用 getFromLocationNameAsny 方法进行搜索请求，最后在 onGeocodeSearched 回调方法中获取坐标信息并使用 Android 数据持久化技术存储公路网络文件。Android 数据持久化技术将必要的路径规划信息以文件形式存储在软件的集成目录中，当后续程序运行时，系统算路可以直接读取文件，大幅降低了计算资源的消耗，节省了运算时间。

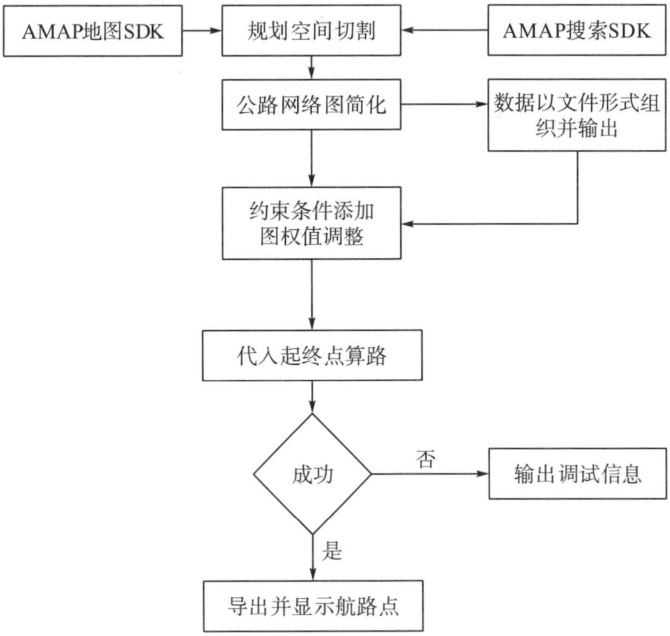

图 3.17　导航飞行路径计算开发流程图

(3) 导航路径计算：公路网简化完成后进入算路部分，在执行算路前，系统会将简化后的公路网络图导入算法中，并添加最短路径约束条件对图权值进行调整，以满足具体需求。具体开发方法主要是使用 strategyConvert 方法完成导航策略计算，调整公路网络图的权值。然后将路径起终点代入算路 calculateDriveRoute 方法中，计算出最终的航线路径，并输出其中所有航点的坐标。当路线计算完成后，回调函数会将生成的航点导出。最终，航点会从线性表中被调用并绘制在地图上，养护人员可以直观清楚地看到导航飞行规划的起终点、航线等信息。

2. 无人机任务执行

在得到规划后的航点后，无人机沿目标路段导航飞行还需要接入前述的 MSDK 中的飞行任务接口才能完成飞行任务的执行。同时任务实际开始执行前还需要预先设置好各项重要参数，如飞行高度、飞行速度、飞行器朝向等。

通过 MSDK 完成任务配置后，首先使用开源库提供的 WaypointMission 构建器(Builder)创建任务，需要配置的参数如下。

(1) 任务动作：包括加载任务(loadMission)、开始任务(startMission)、暂停任务(pauseMission)、停止任务(stopMission)等。导航飞行任务状态通过枚举类型定义，在飞行任务执行过程中，通过导航飞行任务操作器的 getCurrentState 方法实现对当前任务状态的更新。结束动作包括悬停(NO_ACTION)、返航(GO_HOME)、自动降落(AUTO_LAND)、返回至第一个航点(GO_FIRST_WAYPOINT)等。因为无人机巡检任务执行完毕后在公路的正上方，不可直接降落，所以 UAVROAD 移动端中设置的结束动作为返航(GO_HOME)。

(2) 飞行航向(HeadingMode)：包括自动航向(AUTO)、使用最初航向(USING_INITIAL_DIRECTION)、使用航点航向(USING_WAYPOINT_HEADING)等。因为无人机沿路段进行飞行，UAVROAD 移动端中设置的朝向模式为 AUTO，即航向指向所飞行航点的方向。

(3) 飞行速度(FlightSpeed)：飞行速度包括自动飞行速度(Auto)和最大飞行速度(Max)。为了保持飞行的稳定性和巡检的一致性，导航飞行无人机的速度应该统一，所以 UAVROAD 移动端中两种速度设置相同。

(4) 飞行路径模式(PathMode)：飞行路径模式包括正常模式(NORMAL)和曲线模式(CURVED)。正常模式下，无人机的飞行完全为折线；而在曲线模式下，无人机会在航点附近沿着贝塞尔曲线划过(不到达航点处)。实际巡检中道路并没有严格的曲线函数，所以各个航点之间采取直线飞行，UAVROAD 移动端中选择 NORMAL 模式。

参数配置完成后，计算出的航点将被导入 WaypointMission 构造函数。由于无人机只接受 WGS84 坐标，因此导入后还需要将计算出的 GCJ02 坐标转换为 WGS84 坐标。使用临时量保存转换后的结果并将其添加到 Waypoint 缓冲表中。可以通过 MissionOperator 的任务控制界面开始执行任务。最终的功能界面如图 3.18 所示。

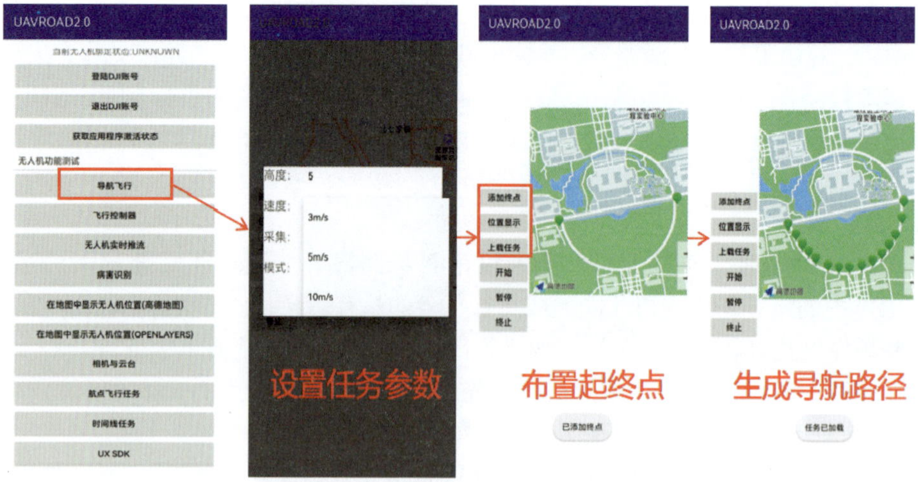

图 3.18 导航飞行功能界面图

3.3　无人机数据采集方法

3.3.1　路基路面无人机数据采集方法

3.3.1.1　LMS511 激光雷达数据采集

1. 技术原理

本书中路基大变形监测采用激光雷达。激光雷达分为单线、多线以及固态三种。单线激光雷达是指检测时激光源只发出一条线束，扫描速度快、分辨率高、可靠性高，与多线激光雷达相比，单线激光雷达在角频率及灵敏度上反应更快捷，所以在测距精度方面更加精准。多线激光雷达是指在检测时激光源发出多条线束，主流多线激光雷达有 16 线(图 3.19)和 32 线。多线激光雷达覆盖面大于单线激光雷达，相比单线激光雷达检测效率有所提升，但检测精度不高，市面上现有多线激光雷达精度最高可达 2cm。目前激光雷达主要装载于汽车上进行障碍物距离测定。

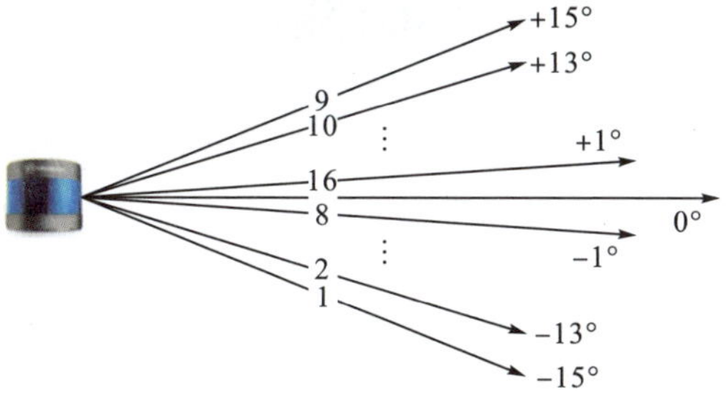

图 3.19　多线激光雷达

针对路面跳车以及路面沉陷两种病害，需要毫米级的检测精度。综合考虑，本书采用 SICK 公司生产的 LMS511 激光雷达作为路面跳车与路面沉陷病害的机载检测设备。LMS511 属于单线激光雷达，是目前市面上精度最高的激光雷达产品，其技术参数见表 3.2，产品外形图如图 3.20 所示。

表 3.2　LMS511 技术参数

参数类型	参数值
激光波长	红外(905nm)
工作范围	0.7～80m

续表

参数类型	参数值
10%反射时最大范围	40m
扫描角度范围	Max：190°（-5° ～180° ）
质量	3.7kg
外形尺寸	160mm×155mm×185mm
响应时间	13～40ms
扫描频率	25Hz/35Hz/50Hz/75Hz

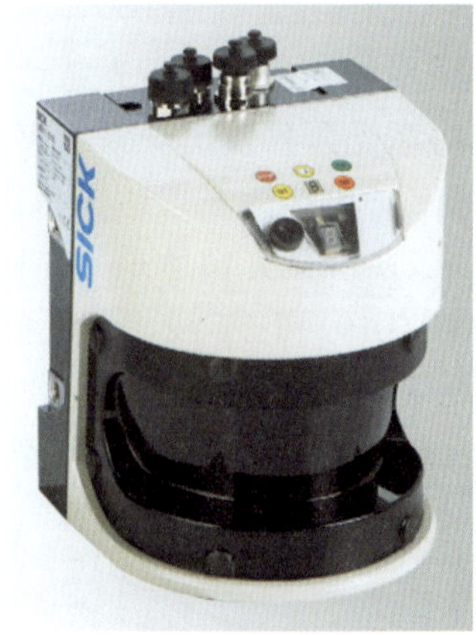

图 3.20 LMS511 外形图

2. 激光检测断面标定

激光雷达工作时射出的激光线为不可见光，无法确定激光线扫描位置，因此在利用激光雷达检测物体时需提前进行激光线扫描断面标定。本书利用激光笔来实时显示激光雷达实际扫描断面的位置，激光笔发射的为红色可见光。

在室内进行激光笔扫描断面标定实验。首先，将激光雷达放置于一定高度的水平桌面上，移动桌子使其与前面的墙面有一定的间距，桌子与墙面的距离大于激光雷达的最小工作范围。将激光雷达与 24V 直流电源连接，同时在计算机端运行激光雷达控制软件 SOPAS ET，此时激光雷达处于正常工作状态。在墙面上用一个宽度为 2cm 的方形盒子上下移动，观察计算机端激光线是否发生变化。由于墙面是规则的，当激光线扫描到墙面时经过反射计算机端显示为一条直线。当激光线扫描到盒子时一部分激光线在盒子表面发生反射，此时计算机端会显示一个矩形突起。通过分析计算机端激光线变化可以确定是否扫描到方形盒子。移动盒子，出现矩形突起时固定住盒子，此时盒子位置为激光雷达扫描平面。LMS511 激光雷达出厂时在激光发射端已经做过激光线位置标定，在激光雷达表面刻有标记。在激光雷达顶部用胶带悬吊两支激光笔至标记处，调整角度使激光笔直射方形盒子两端。利用胶带固定激光笔，保持激光笔直射方形盒子的角度不变。此时标记处与方形盒子两端，三点不在同一条直线上，根据不在同一条直线上的三点可以组成平面的原理，此时激光点照射的位置即为激光雷达扫描平面[57]。室内标定实验如图 3.21 所示[58]。

(a) 激光扫描断面确定　　(b) 激光雷达发射面构造

图 3.21　激光雷达室内标定实验

3. 检测设备组装

LMS511 激光雷达额定工作电压为 24×(1 ± 20%) V(直流电)，大疆 M600 Pro 额定工作电压为 22.2V，采用无人机电池为激光雷达供电可以满足激光雷达的正常工作条件，同时不另外搭载直流电源可以降低无人机起飞重量，有效增加无人机飞行稳定性与飞行时间。将无人机与激光雷达通过电源线直接相连，利用碳纤维管将激光雷达固定在无人机下部，然后用热熔胶进行加固，保持标定的激光笔处于开启状态和照射的角度不变，如图 3.22 所示。

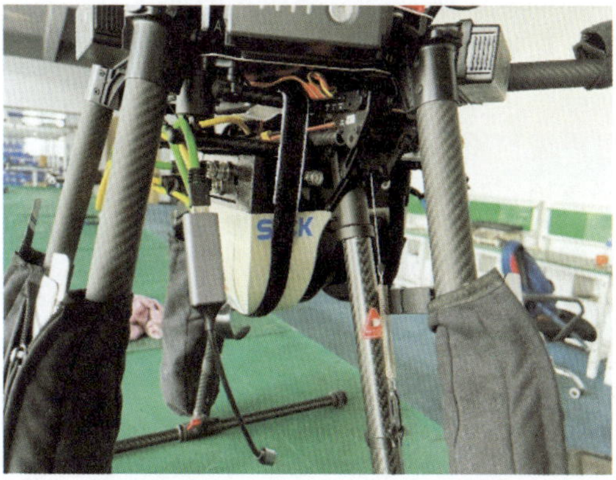

图 3.22　LMS511 激光雷达固定

本书采用 Surface go 存储激光雷达采集的数据和控制激光雷达开始与结束数据采集。本书采用的 Surface go 质量为 544g，处理器为第 8 代英特尔酷睿 m3 处理器，装载 Windows10 系统可以流畅运行控制软件 SOPAS ET。激光雷达数据传输接口为以太网，Suface go 只有一个 type-c 数据输出接口，通过转接线将以太网与 type-c 接口进行连接，之后将 Surface go 放置于 M600 Pro 顶部并用两根绝缘胶带固定。

无人机重心偏移较大时会增大某一方向机翼的转速，从而导致机翼过热，影响无人机飞行稳定性及安全性。在设备装载结束后用水平仪进行重心检测，观察设备重心是否水平。挂载设备与无人机总质量为 14.2kg，小于 M600 Pro 的推荐最大起飞质量 15.5kg。检测装置如图 3.23 所示。

图 3.23 无人机挂载单线激光雷达检测设备

4. 路基路面变形无人机巡检方案

路面沉陷病害检测方案与路面跳车检测方案类似，不同点在于激光雷达扫描位置，进行路面沉陷监测时，激光线与道路横断面平行采集道路横断面数据来进行路表曲面模型重构。路表数据采集有两种方式：第一种是激光线与道路纵断面平行；第二种是激光线与道路横断面平行。与第一种方式相比，第二种方式检测范围宽，单帧数据可以覆盖整条车道宽度，检测效率高。

无人机起飞和降落地点选择在非机动车道上的合适位置，无人机从非机动车道起飞至 8m 高度，然后保持悬停状态观察无人机飞行稳定性，通过地面端计算机观察激光雷达工作情况。调试结束后，移动无人机至行车道中间，下降无人机高度至 5m，通过远程软件控制激光雷达开始工作。无人机保持 5m 高度不变，飞行速度保持 1m/s，沿道路纵向飞行。结束飞行时，上升无人机高度至 8m 保持悬停，关闭激光雷达数据采集，移动无人机至非机动车道上空缓慢降落。无人机挂载激光雷达对路面沉陷进行检测的方案如图 3.24 所示。

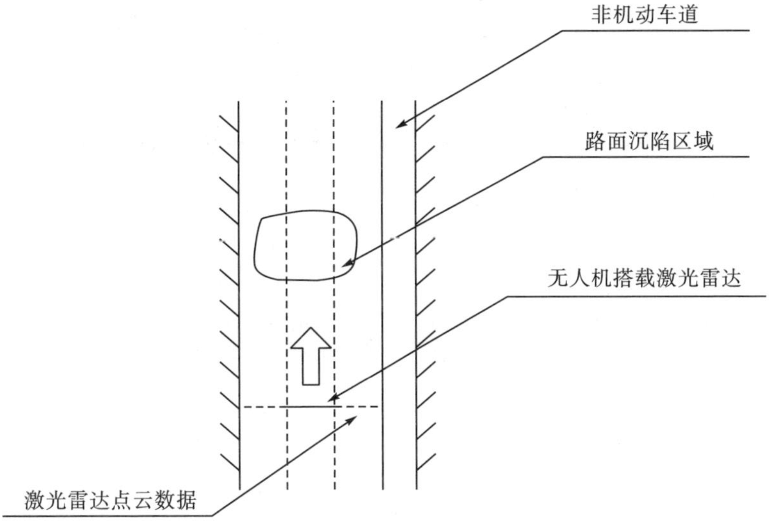

图 3.24　路面沉陷检测示意图

3.3.1.2　四旋翼无人机图像数据采集

1. 无人机图像采集设备

1) 固件设备

无人机固件设备由无人机主体、遥控器及配备的电池组成。无人机主体包括无人机旋翼、桨叶及云台。无人机依靠旋翼为飞行提供动力，云台可以控制无人机镜头的稳定性，保证拍摄清晰的图片。遥控器负责将地面操控人员的控制指令传输至无人机飞控系统，进行飞行任务的控制。一般采用便携式遥控器，易于使用、操作简单，适合目视范围的操控。同时为保证无人机的续航能力，需配备多块电池用于更换，保证无人机长时间工作性能。

为保持无人机飞行的平衡稳定，旋翼的个数一般为偶数，并且采用围绕机体重心对称的分布布局。图 3.25 所示为旋翼的工作方式。一般来说，旋翼越多，参与控制飞行的量越多，无人机的稳定性越好。但是无人机旋翼数目增加后，旋翼之间的角度变小，需增加无人机的尺寸防止旋翼之间相互碰撞。

四旋翼无人机的电机 1 和电机 3 逆时针旋转的同时，电机 2 和电机 4 顺时针旋转，进而无人机能平衡飞行，陀螺效应和空气动力扭矩效应均被抵消。六旋翼无人机的螺旋桨高速旋转产生升力，提供飞行动力。其中 3 个电机顺时针旋转，3 个电机逆时针旋转，通过这种设计方式能够相互抵消反扭矩，如图 3.25 所示。

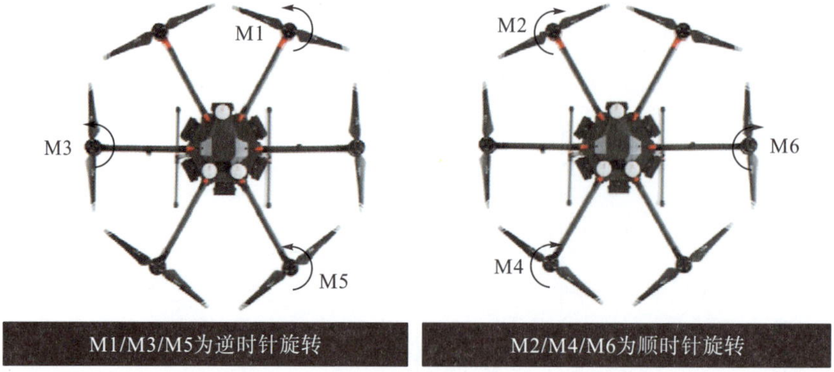

图 3.25　旋转方式

目前常见的无人机为四旋翼消费级无人机，这类无人机具有很强的便携性及灵活性。但四旋翼无人机不能满足长时间续航的需求，一次仅能装载一块电池，且一块电池续航时间为 15～20min，不能满足路面病害的连续拍摄要求。因此为平衡无人机的飞行性能以及提高无人机的续航能力，本书采用六旋翼无人机进行路面病害数据的采集。采用大疆经纬 M600 Pro 六旋翼无人机作为采集设备，如图 3.26 所示。该设备飞行速度快、抗风性好。挂载如影 RX 三轴云台，通过 DJI LightBridge2 图传路面病害图像。经纬 M600 Pro 一次可以挂载 6 块电池，无人机飞行时，只需开启其中 1 块电池，然后其余 5 块电池将会自动开启，进而提高无人机的续航能力，确保无人机具有充分的路面病害数据采集时间。搭建的无人机数据采集平台如图 3.26 所示。

六旋翼无人机　　云台及相机　　遥控器及手机

图 3.26　无人机路面病害采集平台

2) 软件设备

无人机的软件系统主要是飞控系统，保证无人机飞行的稳定性，进而灵活做出俯仰、偏航等操作，控制精准，容错性强；用于无人机的飞行及定位，使得无人机按照预先设定的轨迹飞行。飞控系统采用多冗余度进行飞行姿态的控制。冗余度是从安全角度考虑多余的一个量，这个量就是为了保障仪器、设备或某项工作在非正常情况下也能正常运转，是指无人机为了可控性，在必要的系统基础上增加了备份，当系统发生故障时，冗余配置的部件介入并承担故障部件的工作，由此减少系统的故障时间。当飞行器出现动力故障时，容错控制系统可以让飞行器自动稳定飞行姿态，保证飞行作业的稳定性及指令操作的可执行性。无人机的飞行控制系统一般主要由如下部件组成。

惯性测量单元 IMU：用于测量无人机飞行过程的三轴姿态角以及加速度。通常情况下，一个 IMU 中包括三轴陀螺仪、三轴加速度计、三轴地磁传感器和气压计。三轴陀螺仪、三轴加速度计和三轴地磁传感器可以分别计算无人机在三个坐标轴方向的倾角、加速度以及感知地磁。气压计可测得当前海拔处的大气压强，通过气压差来计算无人机当前位置高度。进而 IMU 可感知无人机在飞行过程中的姿态变化。

GPS 导航模块：为实现飞行过程中的路径规划功能，导航模块需要提供无人机实时的位置信息。无人机采用 GPS 定位给飞控系统提供位置信息，实现任务路径的规划导航。

主控单元：主控单元是无人机飞控系统的核心。为了达到无人机自主控制飞行的目的，上述所有的设备通过主控单元与飞控系统对接，完成无人机飞行过程中的实时姿态传递。

基于以上功能模块，无人机的飞行控制系统可以感知飞行器的飞行状态、实现导航功能，并向无人机发出指令，精准地控制无人机的悬停、飞行等一系列操作，获取图像的经纬度及高度信息，为后期的图像处理分析提供依据。本书采用定制 DJI A3 Pro 三余度冗余飞控系统，A3 Pro 采用全面优化的姿态解析以及多传感器融合算法，精准可靠，可以自主完成飞行路径规划。

综上所述，本书采用的 M600 Pro 无人机的具体技术参数见表 3.3。

表 3.3　大疆经纬 M600 Pro 无人机的技术参数

内容	参数
推荐最大起飞质量	15.5kg
最大旋转角速度	俯仰轴：300°/s，航向轴：150°/s
最大俯仰角度	25°
最大上升速度	5m/s
最大下降速度	3m/s
最大可承受风速	8m/s
最大水平飞行速度	65km/h（无风环境）
适配 DJI 云台	如影 RX 三轴云台
飞控系统	A3 Pro

2. 无人机飞行参数设置

道路两侧存在交通标示牌、电杆等障碍物，无人机飞行时需绕避道路障碍物。并且无人机飞行高度、飞行速度等飞行参数影响路面病害图像的成像质量，因此为实现高清路面病害数据图像的采集，需对无人机设置飞行参数，保证路面病害图像具有足够的分辨率，流程如图 3.27 所示。

1) 飞行高度

无人机飞行高度越高，拍摄范围越大，图像分辨率越低。飞行高度越低，图像分辨率越高。因此为采集具有高分辨率、全路幅范围的路面病害图像，需控制无人机的飞行高度，保证一定的飞行高度下含有全路幅的图像信息。飞行高度为无人机相对于路面的高度，即相对航高，该飞行高度不会随着路面纵坡的改变而变化[59,60]。采用凸透镜成像原理计算无人机的飞行高度如图 3.28 所示。

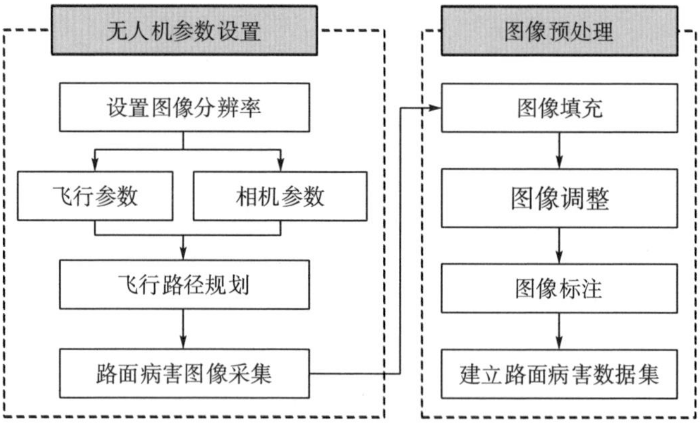

图 3.27 基于无人机设备的数据采集流程图

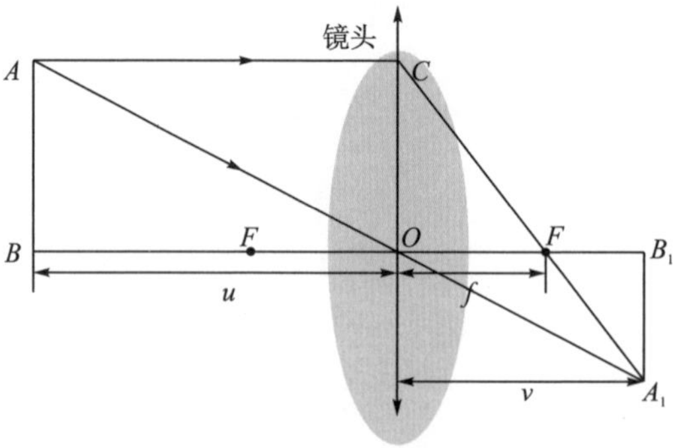

图 3.28 凸透镜成像原理

图 3.28 中，F 为焦点，f 为焦距，v 为像距，u 为物距。由于无人机进行高空飞行，像距和物距相差多个数量级，因此焦距和像距之间的差值可以忽略不计，认为 $f=v$。本书无人机飞行高度的计算如图 3.29 所示，按照式(3.1)进行计算：

$$H = \frac{f\mathrm{GSD}}{a} \tag{3.1}$$

式中，H 为飞行高度；f 为相机焦距；GSD(ground sample distance)为地面分辨率；a 为像元大小，按照式(3.2)计算：

$$a = \frac{N}{L} \tag{3.2}$$

式中，N 为相机传感器的单边尺寸；L 为图像的单边尺寸。因此在相机的参数确定后，无人机的飞行高度仅与 GSD 有关系。

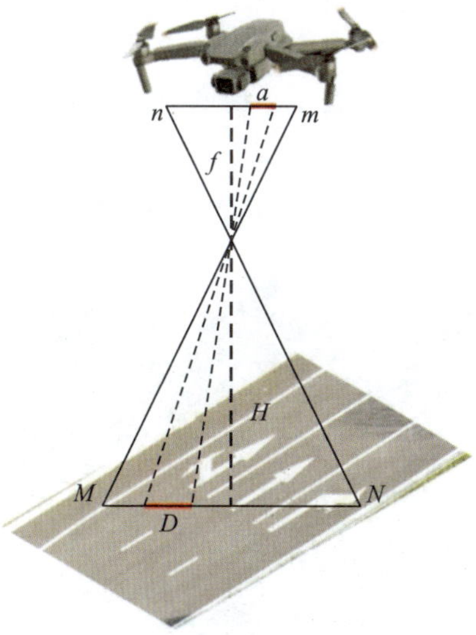

图 3.29　无人机飞行高度的计算

根据分辨率设置的飞行高度满足模型识别的要求，但无人机飞行过程中会遇到路侧的障碍物，因此还需判断计算的飞行高度是否高于绕避障碍物的飞行高度，避免道路障碍物(电杆、标示牌等)的影响。路侧相应的障碍物高度见表 3.4。

表 3.4　路侧障碍物类型及相应高度

障碍物类型	高度/m
行道树	5～8
路灯	4～12
交通路牌	2.5～7.5

续表

障碍物类型	高度/m
信号灯	5.5～7
电线杆	6～12
门架	6.8～8.5

2) 相机参数

基于无人机设备，采用两种方式搭载相机采集路面病害图像，可利用无人机自带的镜头进行图像拍摄，或者通过外接高清工业相机进行图像拍摄。本书需要进行路面病害的识别研究，识别模型的精度一定程度上取决于病害数据集的质量，路面病害在无人机航拍大尺度下具有小目标特性，因此采用外接高清工业相机进行拍摄。相机焦距决定成像的视角，焦距大，视场角就小，可观察的范围就小；反之，焦距小，则视场角大，能观察到更大的范围。按照焦距的不同可以将相机分为定焦及变焦相机，变焦相机需要手动调节焦距，无法在无人机上实现手动变焦，因此选取定焦相机作为无人机的外接拍摄装置。最终本书外接 Sony alpha 7R3 35mm 定焦相机进行路面病害图像采集。相机如图 3.30 所示，相机参数见表 3.5。

图 3.30　搭载高清相机

表 3.5　相机参数

参数	数值
传感器尺寸/(mm×mm)	35.9×24.0(CMOS)
有效像素值/10^4 像素	4240
图像大小/(像素×像素)	7952×5304
曝光速度/s	1/1200
焦距/mm	35(定焦)
感光度(ISO)范围	100～32000

此时按照式(3.2)计算像元数 $a=\frac{N}{L}=\frac{35.9}{7952}=\frac{24}{5304}\approx 0.0045(\text{mm/pixel})$。

3) 飞行速度

无人机飞行速度影响路面病害图像的重叠度，飞行速度过快，重叠度过小，会导致漏拍，降低路面图像的连续性。飞行速度过慢，飞行效率过低，不能在有限的续航能力中完成预定的路面病害图像采集工作。因此需要根据实际的采集需要计算飞行速度，并且防止产生运动模糊。

为保证采集完整、连续的路面病害图像，相邻的图像需要有一定的重叠度，避免漏拍。重叠度可以分为航向重叠度和旁向重叠度。航向重叠度是指同一航向的两相邻图片之间的重叠部分，一般取值为 75%。旁向重叠度为相邻两航线之间的重叠部分，一般取值为 60%。由于本书需要研究全幅路面的图像采集方式，因此不需要进行多航线的飞行，仅利用航向重叠度计算飞行速度，如图 3.31 所示。

图 3.31　航向重叠度

飞行速度为单位时间内通过的路程，因此飞行速度按照式(3.3)和式(3.4)进行计算：

$$v = TL(1-R) \tag{3.3}$$

$$L = \text{GSD}\times \text{Camera}_{\text{Size}} \tag{3.4}$$

式中，T 为拍摄时间间隔，即拍摄一张图片的频率，s；R 为航向重叠度；L 为航向拍摄图像长度；$\text{Camera}_{\text{size}}$ 为相机传感器在航向方向的像元数量。

在研究无人机成像的影响因素后，为实现图像质量与采集效率的平衡，本书的拍摄间隔为 1s，GSD 为 4mm/pixel，按照式(3.1)计算飞行高度为 31.11m，取值为 30m，该高度高于表 3.4 的障碍物高度，因此满足无人机绕避障碍物的要求。按照式(3.3)计算的飞行速度为 5.304m/s，采用 5m/s。综上所述，利用无人机进行路面病害采集的总参数见表 3.6。

表 3.6 飞行参数汇总

成像尺寸/(像素×像素)	镜头尺寸/(mm×mm)	焦距/mm	航向重叠率/%	飞行高度/m	飞行速度/(m/s)	拍摄范围/(m×m)
7952×5304	35.9×24	35	75	30	5	31.8×21.2

3.3.2 边坡无人机数据采集方法

3.3.2.1 无人机遥感边坡结构病害监测指标

本部分选取的主要监测指标为边坡内的高精度地面高程数据和典型边坡的三维信息；通过采集边坡的高程数据，生成高精度 DEM 这一规范化格式成果，实现对边坡结构病害的系统化高精度监测。掌握边坡结构病害潜在发生区域的三维信息能够充分了解病害的物源堆积和发育节点，结合节点分析、整体分析等方法，对病害体的孕育和发生进行详细记录和总结，以获得边坡病害发生的规律性特征，实现对边坡结构病害的综合监测。

目前，在边坡结构病害监测领域，还没有系统化定量分析方法，因此本部分针对基于无人机遥感的边坡区域监测工作，提出具体的监测指标及其对应方法。由于无人机遥感的监测尺度更加精细，因此指标选择应直接针对边坡区域的关键节点。本部分对典型边坡结构灾害监测指标的总结见表 3.7。

表 3.7 典型边坡结构灾害发育和变形共性及监测指标总结

边坡结构灾害	发育节点	变形节点	监测指标总结
滑坡	坡前地形、地表径流冲刷程度、坡度、后缘壁裂缝情况等	坡体位移，前缘、后缘、两侧出现错位、裂缝	
崩塌	周边同类灾害发生情况，崩塌体上方沟谷、裂缝、物源堆积的情况等	崩塌体出现裂缝或裂面内出现土石碎落	地质灾害潜在发生区域的地表三维信息变化
泥石流	泥石流冲淤范围、灾害物源堆积情况、河流堵塞情况、降雨情况等	无	
不稳定斜坡	物源堆积来源、坡高、坡体形变、地下水特征等	坡面中下部的形变程度	

由于典型边坡结构病害的发育和变形过程都与区域的地表三维信息关系密切，因此，本部分选取边坡结构病害潜在发生区域，即地表三维信息作为无人机遥感的精细化监测指标，通过无人机遥感对地表三维信息进行采集，并生成高精度 DEM 数据这一规范化格式成果，用多期 DEM 数据进行形变趋势分析，完成对边坡病害潜在发生区域的高危节点分析和风险评估工作，以实现基于无人机遥感的边坡结构性病害监测。

3.3.2.2　无人机遥感设计

本部分设计的无人机遥感室外系统中无人机飞行平台为六旋翼无人机，型号为 DJI M600 Pro；机载传感器为固态激光雷达，型号为 RS LiDAR M1，通过定制碳纤维悬挂杆与无人机体连接，在尽可能减轻飞行重量的同时可手动设置激光雷达测量倾角，传感器供电系统与无人机飞行电源模块相连接；飞行控制系统为 DJI 内置飞行操控系统和经改装的 Raspberry Pi 微型计算机，配合外接显示屏、移动电源和蓝牙键盘及鼠标，用于远程操控飞行过程中的传感器工作状态；通信传输系统为 DJI 内置信号传输及 GPS 定位模块。无人机室外系统如图 3.32 所示。

无人机遥感室内系统中，地面控制系统为 DJI 配套遥控设备，用于操控无人机手动巡航模式的飞行方向和飞行速度；信息可视化系统为 RS LiDAR M1 配套的简易可视化系统 RS View，可进行点云数据包的数据质量检查和单帧点云数据检索与导出；影像数据处理系统为 RS View 点云导出功能配合自行编写的 pcap 点云数据包格式转换程序；航线规划系统为 DJI 配套操控模块[61]。

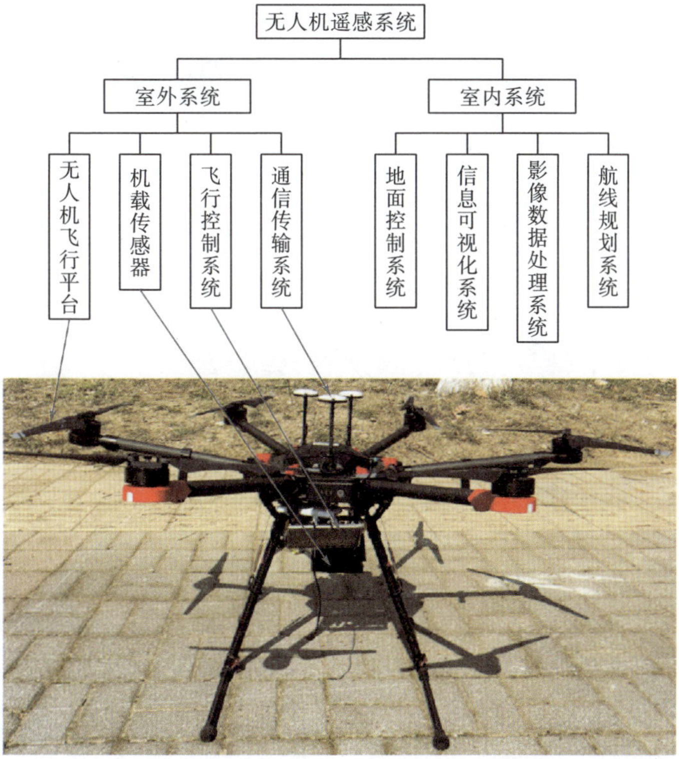

图 3.32　无人机遥感室外系统设计示意图

3.3.2.3 无人机飞行方案设计

为了获取高质量的激光雷达点云数据，需要对无人机飞行方案进行讨论，包括激光雷达安装角度、无人机飞行高度及飞行速度。具体来说，无人机飞行速度影响点云数据之间的重叠度，其他参数影响点云数据质量。

RSM1 固态激光雷达的有效测量距离为 200m，水平视角为 120°，垂直视角为 25°，角分辨率为 0.2°。在单回波模式下，能够以 10Hz 的频率每秒产生 750000 个点，图 3.33 表示了 RSM1 的扫描范围。此外，本书定义 RSM1 与水平面的倾角为 θ，无人机飞行高度为 H，理论上 θ 的范围为[0°,90°]，图 3.34 表示了在倾角为 θ 情况下的激光雷达扫描区域。具体描述如下。

(1) 由于 RSM1 垂直方向的测量角为 25°，当 $\theta \in [0°,12.5°]$时，总会有一部分点云无法到达地面，造成点云资源浪费。例如，当激光雷达水平放置，θ 为 0°时，将会有一半的点云无法到达地面。因此，本书将不会考虑 $\theta \in [0°,12.5°]$。

(2) 点云的有效性也是一个很重要的因素。RSM1 雷达的有效探测距离为 200m，当目标与激光雷达之间的距离超过 200m 时，将不能获取目标物体的点云信息。图 3.34(b) 显示，θ 越小越容易出现无效点云。此外，无人机飞行高度也将对点云的有效性产生直接影响，当无人机飞行高度过高时，也会出现如图 3.34(b) 所示的无效点云。图 3.34(c) 表示当 θ 为 90°时，地面扫描区域的范围。飞行高度 H 与水平测量角 α 及垂直测量角 β 之间的关系如下：

$$H = r\cos\left(\frac{\alpha}{2}\right)\sin\left(\theta - \frac{\beta}{2}\right) \tag{3.5}$$

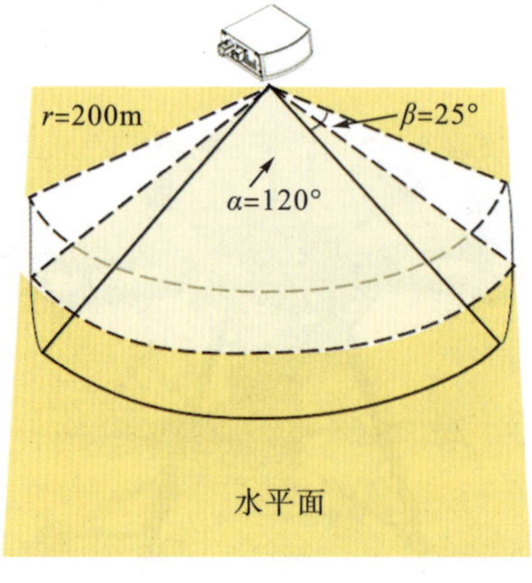

图 3.33 RSM1 扫描区域

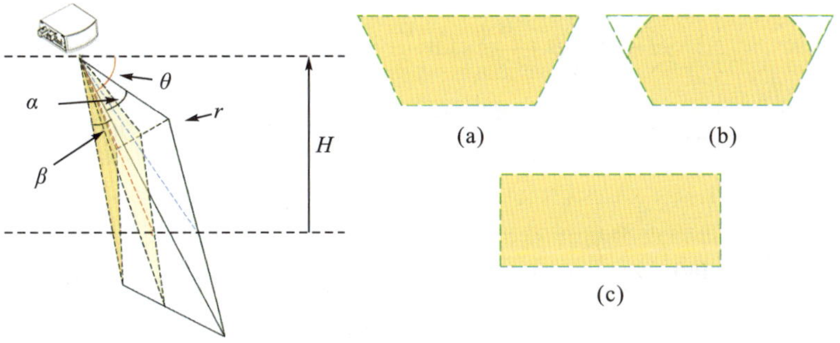

图 3.34　倾角θ下的 RSM1 扫描区域

(3) 基于上述分析，无人机飞行高度与激光雷达倾角之间存在相互影响的关系。除受有效扫描区域的影响外，无人机在飞行时应保证足够的飞行高度，避免碰撞到道路障碍物。因此，无人机飞行高度应大于 12m(表 3.4)，本书将无人机飞行高度设置为 15m，可以满足大部分道路使用场景。

(4) 根据式(3.5)的计算结果可知，最小的倾斜角为 24°，当$\theta \in [24°,90°]$时，均可满足雷达扫描需求。为了获得更优质量的点云信息，点云扫描区域在水平和垂直方向的密度应该尽量均衡，这有助于后续对点云数据的处理，保证获得的点云在各个方向上均有较多的特征点。根据 RSM1 雷达参数，它在水平和垂直方向的角分辨率均为 0.2°，表明在水平方向存在 600 个点，垂直方向存在 125 个点，图 3.35 显示了扫描区域的详细信息。

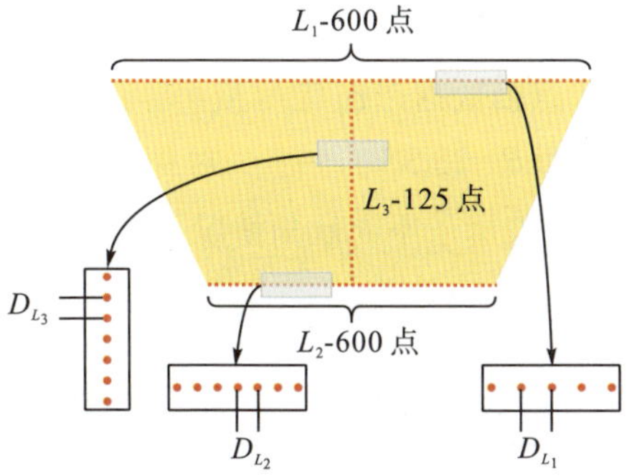

图 3.35　扫描区域详细信息

根据图 3.34、图 3.35 可计算得到 L_1、L_2、L_3 的长度，如式(3.6)～式(3.8)所示。

$$L_1 = 2 \times H \div \sin\left(\theta - \frac{\beta}{2}\right) \times \tan\frac{\alpha}{2} \tag{3.6}$$

$$L_2=\begin{cases}2\times H\div\sin\left(\theta+\dfrac{\beta}{2}\right)\times\tan\dfrac{\alpha}{2} & (21.1^\circ\leqslant\theta<77.5^\circ)\\ 2\times H\div\cos\left(\theta+\dfrac{\beta}{2}-90^\circ\right)\times\tan\dfrac{\alpha}{2} & (77.5^\circ<\theta\leqslant 90^\circ)\end{cases} \tag{3.7}$$

$$L_3=\begin{cases}H\times\left[\dfrac{1}{\tan\left(\theta-\dfrac{\beta}{2}\right)}-\dfrac{1}{\tan\left(\theta+\dfrac{\beta}{2}\right)}\right] & (21.1^\circ\leqslant\theta<77.5^\circ)\\ H\times\left[\tan\left(\theta+\dfrac{\beta}{2}-90^\circ\right)+\tan\left(90^\circ-\theta+\dfrac{\beta}{2}\right)\right] & (77.5^\circ<\theta\leqslant 90^\circ)\end{cases} \tag{3.8}$$

进一步地，计算不同方向上两点之间的距离，如式(3.9)～式(3.12)所示。

$$D_{L_1}=\frac{L_1}{600},\quad D_{L_2}=\frac{L_2}{600},\quad D_{L_3}=\frac{L_3}{125} \tag{3.9}$$

$$e_{L_1-L_3}=\frac{D_{L_1}-D_{L_3}}{D_{L_3}} \tag{3.10}$$

$$e_{L_2-L_3}=\frac{D_{L_2}-D_{L_3}}{D_{L_3}} \tag{3.11}$$

$$e_\theta=\max\left(\left|e_{L_1-L_3}\right|,\left|e_{L_2-L_3}\right|\right) \tag{3.12}$$

式中，D_{L_1} 和 D_{L_2} 表示两点在水平方向之间的距离；D_{L_3} 表示两点在垂直方向之间的距离；$e_{L_1-L_3}$ 和 $e_{L_2-L_3}$ 反映了两点在不同方向上距离的变化率；e_θ 表示 $e_{L_1-L_3}$ 和 $e_{L_2-L_3}$ 两者之间的较大值。

为了获得均匀密度的点云数据，e_θ 应尽量小。此外，还应考虑实际扫描区域的大小。根据计算结果，当 θ =23.3°时，$e_{L_1-L_3}$ 为 0；当 θ =48.4°时，$e_{L_2-L_3}$ 为 0；当 θ =36.9°时，e_θ 最小。表 3.8 表示了不同倾角情况下的扫描区域参数。本书将 RSM1 与水平面倾角设为 36.9°。

表 3.8 不同倾角 θ 下的计算结果

θ /(°)	L_1/m	D_{L_1} /m	L_2/m	D_{L_2} /m	L_3/m	D_{L_3} /m
23.3	277.3	0.46	88.8	0.15	57.8	0.46
36.9	125.8	0.21	68.4	0.11	20.2	0.16
48.4	88.6	0.15	59.5	0.10	12.4	0.10
90.0	53.2	0.09	53.2	0.09	6.7	0.05

(5) 无人机飞行速度会影响点云数据之间的重叠度，RSM1 雷达能够以 0.1s 的间隔持续生成点云数据，图 3.36 显示了无人机前进过程中的重叠情况。重叠率 r 的计算公式如下：

$$1-r=\frac{VT}{L_3}\times 100\% \tag{3.13}$$

式中，V 表示无人机飞行速度；T 表示采样间隔；L_3 表示扫描区域在垂直方向上的长度。

在本书中，最小重叠度设置为 80%，点云数据采样间隔时间为 1s，因此，无人机飞行速度为 4m/s。

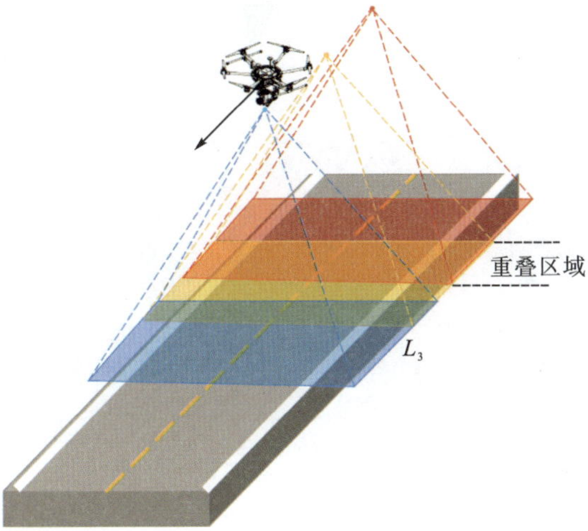

图 3.36　扫描区域重叠情况

3.3.3　桥梁无人机数据采集方法

本书使用大疆制造的六电机无人机 (M600 Pro) 进行桥梁病害图像采集。无人机底部安有一个可控的三轴云台以固定相机并允许其 360°旋转。无人机和安装的云台设置如图 3.37 所示。使用的桥梁病害数据集由无人机获取的图像和网络平台的开源数据集组成，分为桥面铺装沥青面层病害和钢筋混凝土病害两类，共 6703 幅图像。

使用 LabelImg 对桥梁病害进行标注，并按如图 3.38 所示分类为纵向裂缝 (longitudinal crack)、横向裂缝 (transverse crack)、龟裂 (alligator crack)、修补 (repair)、坑槽 (pothole)、混凝土裂缝 (concrete crack)、风化 (efflorescence)、剥落 (spalling)、钢筋外露 (exposed reinforcement)。数据集中不同类型病害的数量如图 3.39 所示。

图 3.37　图像采集设备

(a) 纵向裂缝

(b) 横向裂缝

(c) 龟裂

(d) 修补

(e) 坑槽

(f) 混凝土裂缝

(g) 风化　(h) 剥落　(i) 钢筋外露

图 3.38　桥梁病害分类

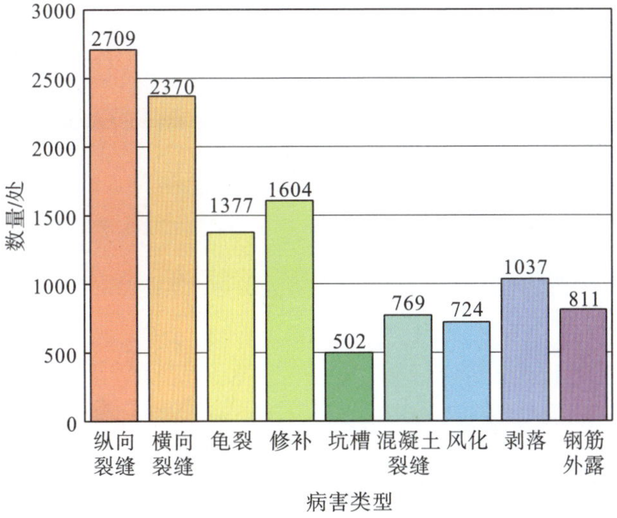

图 3.39　桥梁病害数据集中各类型病害的数量

3.4　无人机数据处理与分析

3.4.1　基于无人机点云与图像的公路路基大变形及表面病害监测

3.4.1.1　单帧点云数据提取算法研究

LMS511 激光雷达的工作频率有 25Hz、50Hz 和 100Hz 等，角度分辨率有 1°、0.5°、0.3333°、0.6667°等，工作频率和角度分辨率等参数可以在自带软件 SOPAS

ET 中进行设置。SOPAS ET 软件工作界面如图 3.40 所示。

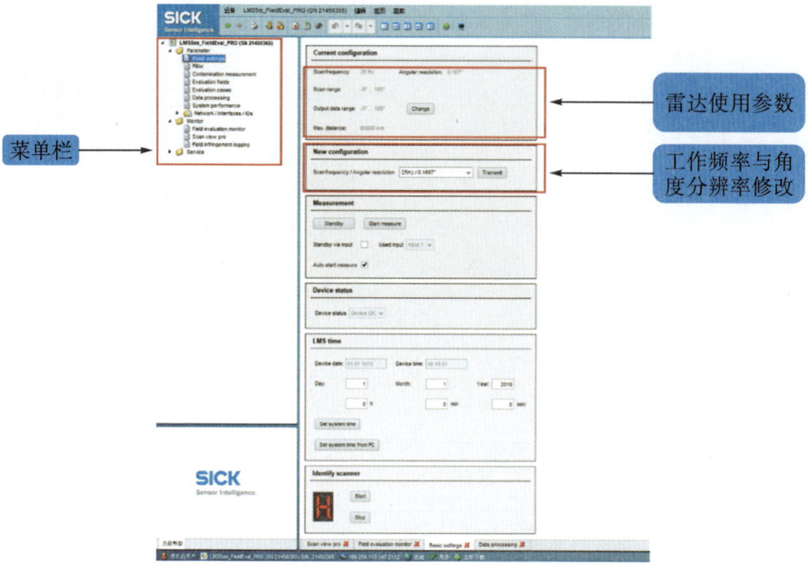

(a) 参数设置界面

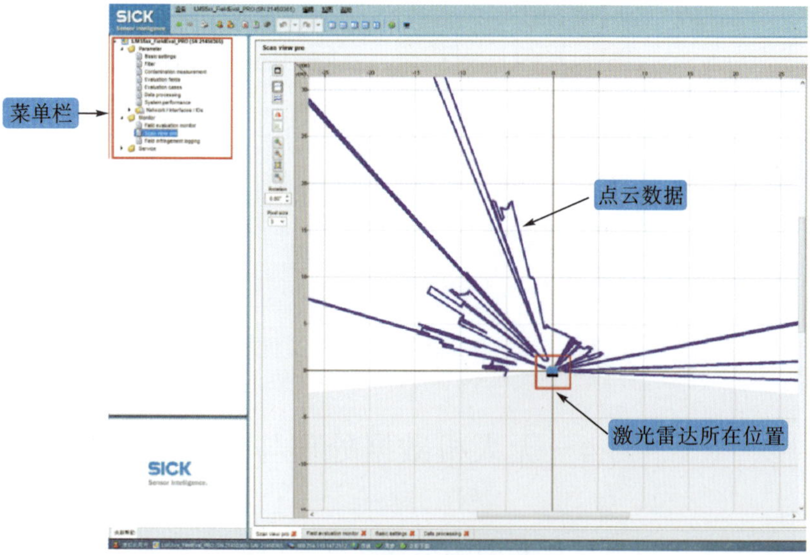

(b) 激光扫描预览画面

图 3.40　SOPAS ET 工作界面

LMS511 为连续式采集系统，激光雷达按照一定频率向目标物发射激光束，数据采集输出形式为 ASCⅡ码，以日志文件(.log)进行存储。原始输出数据包含数据扫描时间、数据帧列表、扫描频率等关键信息，数据格式如图 3.41 所示。在日志文件中每一帧采集的数据格式相同，每一帧开头为检测时间，之后是检测帧序号。


```
2021-07-14 16:04:32.891    1919    RECEIVED    1751    <02><73><53><4e><20><4c><4d><44><73><63><61><6e>
><32><20><32><37><30><31><20><32><36><35><42><20><32><35><31><45><20><32><34><36><41><20><32><34>
><20><31><31><44><38><20><31><31><41><44><20><31><31><38><31><20><31><31><35><35><20><31><31><33>
><20><43><34><44><20><43><34><32><20><43><33><42><20><43><33><33><20><43><32><39><20><43><32><34>
><20><42><45><43><20><42><46><38><20><42><46><42><20><43><30><31><20><43><30><39><20><43><31><34>
><35><41><20><31><30><37><39><20><31><30><41><34><20><31><30><43><39><20><31><30><45><46><20><31>
><35><20><32><32><45><36><20><32><33><44><34><20><32><34><43><37><20><32><35><43><42><20><32><36>
2021-07-14 16:04:32.931    1920    RECEIVED    1748    <02><73><53><4e><20><4c><4d><44><73><63><61><6e>
><31><20><32><37><31><31><20><32><36><36><38><20><32><35><32><32><20><32><34><36><46><20><32><34>
><20><31><31><44><39><20><31><31><41><42><20><31><31><38><35><20><31><31><35><34><20><31><31><33>
><20><43><34><44><20><43><34><36><20><43><33><41><20><43><32><44><20><43><32><38><20><43><31><46>
><20><42><45><45><20><42><46><31><20><42><46><44><20><43><30><31><20><43><30><35><20><43><30><44>
><35><44><20><31><30><38><31><20><31><30><41><35><20><31><30><43><38><20><31><30><46><31><20><31>
><46><20><32><32><45><39><20><32><33><44><39><20><32><34><43><42><20><32><35><43><41><20><32><36>
2021-07-14 16:04:32.971    1921    RECEIVED    1757    <02><73><53><4e><20><4c><4d><44><73><63><61><6e>
><41><20><32><37><30><45><20><32><36><36><46><20><32><35><36><37><20><32><34><36><38><20><32><34>
><20><31><31><44><44><20><31><31><41><43><20><31><31><38><37><20><31><31><35><39><20><31><31><33>
><20><43><34><44><20><43><34><31><20><43><33><41><20><43><33><31><20><43><32><36><20><43><31><42>
><20><42><45><42><20><42><46><35><20><42><46><38><20><43><30><30><20><43><30><33><20><43><31><30>
><35><37><20><31><30><37><44><20><31><30><41><33><20><31><30><43><32><20><31><30><45><45><20><31>
><31><20><32><32><44><34><20><32><33><42><46><20><32><34><42><36><20><32><35><41><38><20><32><36>
2021-07-14 16:04:33.011    1922    RECEIVED    1755    <02><73><53><4e><20><4c><4d><44><73><63><61><6e>
><37><32><31><20><32><36><36><42><20><32><35><34><35><20><32><34><36><31><20><32><34><32><46><20>
><44><39><20><31><31><41><46><20><31><31><38><36><20><31><31><35><37><20><31><31><32><45><20><31>
><46><20><43><34><32><20><43><33><41><20><43><33><31><20><43><32><39><20><43><32><30><20><43><31>
><43><20><42><46><30><20><42><46><37><20><42><46><43><20><43><30><34><20><43><30><41><20><43><31>
```


图 3.41　LMS511 数据格式

ASCⅡ码无法进行可视化预览和后续点云数据处理，需要将其转为十六进制的字符，再转为十进制。由于原始数据输出的结果有的是 3 个字节，有的是 2 个字节，有的是 1 个字节，无法通过字节大小进行数据划分，只能以空格来作为划分依据。帧结构中，每个字段之间的“＜20＞”表示空格，利用 MATLAB 对原始数据进行转换，转换代码见表 3.9。图 3.42 为某一道路横断面转换后的单帧点云数据。横坐标为道路横断面方向，纵坐标为路面与无人机上激光雷达的距离。黑色的点为点云数据，蓝色的线为采用 MATLAB 曲线拟合(curve fitting)工具箱中样条曲线(smoothing spline)拟合后的道路横断面。可以看出，该路段有 1.6%的路拱横坡。

表 3.9　利用 MATLAB 实现点云数据格式转换

	代码节选
1	angle_orign_temp = [];
2	angle_step_temp = [];
3	data_length_temp = [];
4	data_range_temp =[];
5	data_range = [];
6	data_orign = importdata('.log')；
7	[row，col]=size(data_orign)；

续表

代码节选

```
for i_frame = 1：row；
data_orign_temp1 = strcat(data_orign[i_frame，1])；%把读到的按行存储的 cell 格式转换成字符串
header_pos = findstr(data_orign_temp1，'<02>')；
data_orign_temp11= data_orign_temp1(header_pos：end)；
data_orign_temp11(find(data_orign_temp11 == '<')) = []；%去掉字符串中的空格
data_orign_temp2 = strrep(data_orign_temp11，'>'，' ')；%用空格替换>
data_orign_temp3 = regexp(data_orign_temp2，' '，'split')；%按空格将 string 分割成数组
data_orign_dec = hex2dec(data_orign_temp3)'；%进制转换
flag_postion = findstr(data_orign_dec，flag)；%寻找标志段所在位置
data_orign_use = data_orign_dec(flag_postion+8：end)；
%LMS511 以空格来区分不同字段，每个字段有各自的含义，只取有用部分
spc_location = find(data_orign_use == 32)；%找出空格字符所在的下标
%提取起始角度
for i1 = spc_location(1)+1：spc_location(2)-1
angle_orign_temp = strcat(angle_orign_temp，char(data_orign_use(i1)))；
end
if(angle_orign_temp(1) == 'F')
angle_orign = hex2dec(angle_orign_temp) - 2^32；%起始角度未负的话，用 8 位十六进制表示，最高位为 F
angle_orign = (angle_orign/10000)*pi/180；
else
angle_orign = hex2dec(angle_orign_temp)；
angle_orign = (angle_orign/10000)*pi/180；
end
%提取角度分辨率
for i2 = spc_location(2)+1：spc_location(3)-1
angle_step_temp = strcat(angle_step_temp，char(data_orign_use(i2)))；
end
angle_step = hex2dec(angle_step_temp)；
angle_step = (angle_step/10000)*pi/180；
%提取测量点数
for i3 = spc_location(3)+1：spc_location(4)-1
data_length_temp = strcat(data_length_temp，char(data_orign_use(i3)))；
end
data_length = hex2dec(data_length_temp)；
data_polar =zeros(2，data_length)；
```

续表

代码节选
data_rec =zeros(2，data_length)；
%将数据转换成有效的十进制数
for i = 1：data_length
for j = spc_location(i+3)+1：spc_location(i+4)-1
data_range_temp = strcat(data_range_temp，char(data_orign_use(j)))；
End
data_range(i) = hex2dec(data_range_temp)；
data_range_temp = [];
end
%极坐标到直角坐标的变换
for x = 1：data_length
data_rec(1，x) = cos(data_polar(1，x))*data_polar(2，x)；
data_rec(2，x) = sin(data_polar(1，x))*data_polar(2，x)；
end

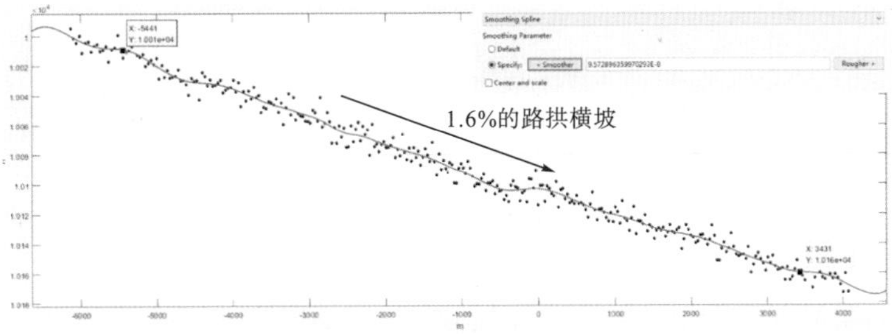

图 3.42　路面单帧点云数据

3.4.1.2　检测精度影响因素分析

1. 飞行高度对点云精度的影响

激光雷达在工作时有工作范围的限制，分为最小工作范围和最大工作范围。LMS511 的工作范围是 0.7～80m，当挂载于无人机上扫描地面时工作范围满足检测需求。在有限的工作范围内，激光雷达与待测物体的距离不同对扫描结果的精度影响不同。对于无人机机载激光雷达来说，不同的飞行高度对点云精度影响不同。在无人机与激光雷达设备组装完成后，测试不同高度下的点云扫描精度。将机载雷达测出的物体尺寸与物体实际尺寸进行比较，分析不同高度下的点云精度情况。

本书将已知尺寸的纸盒作为测试物品，在公路上沿同一横断面依次摆放三种不同尺寸的纸盒。试验如图 3.43 所示。试样 1、2、3 的尺寸分别为 440mm×350mm、355mm×325mm 和 320mm×300mm。无人机搭载激光雷达分别在 5.0m、7.5m、10.0m、12.5m 以及 15.0m 五种高度下对纸盒进行扫描，每次扫描可以包含 3 个试样的尺寸信息。LMS511 工作时扫描结果为沿横断面的位置信息以及高度方向的深度信息，分别对应纸盒的宽度和高度数据，扫描结果见表 3.10，不同高度下的扫描误差统计如图 3.44 所示。

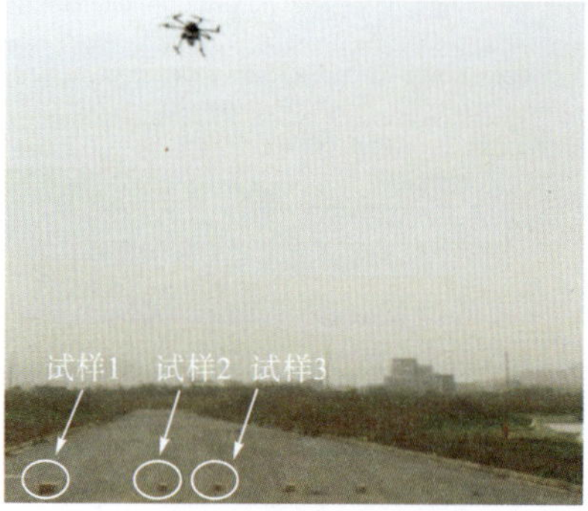

图 3.43　断面检测精度验证

表 3.10　不同高度检测误差数据

飞行高度/m	试样 1		试样 2		试样 3	
	测试尺寸/(mm×mm)	平均误差/%	测试尺寸/(mm×mm)	平均误差/%	测试尺寸/(mm×mm)	平均误差/%
5.0	411.75×327.42	6.44	331.43×303.36	6.66	300.10×281.40	6.21
7.5	390.59×310.84	11.21	311.97×285.55	12.13	279.74×262.38	12.56
10.0	377.61×300.30	14.19	306.08×280.35	13.76	274.43×257.16	14.26
12.5	369.12×293.69	16.10	297.24×272.12	16.27	269.15×252.39	15.88
15.0	355.26×282.52	19.27	286.34×262.21	19.33	258.59×242.43	19.19

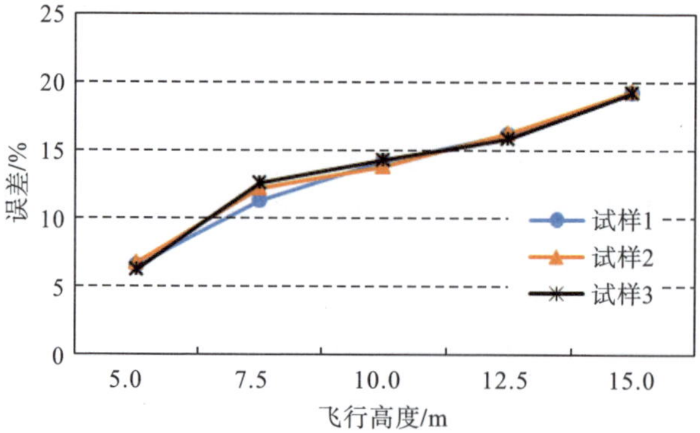

图 3.44　不同高度下的扫描误差统计

根据表 3.10 和图 3.44 可以得出以下结论：无人机飞行高度增大时，激光雷达距离待测物体表面的距离增加，测量误差也随之增大。同时，测量误差与无人机飞行高度之间是非线性关系。在相同飞行高度下，不同尺寸纸盒的扫描误差不同，表明机载激光雷达扫描误差具有随机性，不是固定的误差值。

2. 无人机振动对点云精度的影响

振动是指物体按照一定的频率偏移原始位置出现往复运动、振荡等周期性运动，运动物体在惯性作用和外界作用下很容易产生振动现象。对于振动问题的研究主要是研究能量输入、能量输出和系统动态特性之间的关系。飞机振动的影响因素主要包括飞机动力系统和外部气流，因此对于飞机振动的研究主要是建立不同参数间的运动学方程。

无人机的飞行运动是一个复杂的过程，将无人机视为刚性物体来分析振动的过程，其空间运动需要六个自由度来进行描述，包括飞行速度、升降运动、侧移运动、俯仰运动、滚转运动和航偏角运动。

飞机的飞行参数包括姿态角、航迹角、气流角、机体坐标轴系的角速度分量以及机体坐标轴系的速度分量。可以根据高度、马赫数以及飞行状态求解无人机平台角振动和线振动，进一步可以计算出对激光脚点位置的影响。

在如图 3.45 所示的坐标系下，无人机在 Y 轴和 Z 轴方向的振动对 X 轴方向定位精度影响较小，无人机角振动对水平定位精度影响较大，俯仰角和偏航角振动主要在 X 轴方向产生误差，影响 Y 轴和 Z 轴方向定位精度的因素主要为侧滚角振动。

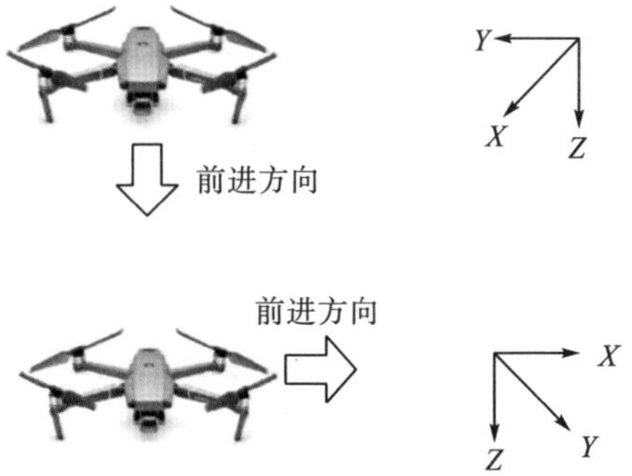

图 3.45　无人机坐标系

3.4.1.3 基于连续点云数据的路面沉陷检测算法研究

1. 点云数据预处理

1) 路面点云识别

激光雷达采集的一帧数据宽度可达 30m，其中包含有中间带、隔离带以及非机动车道等无关数据。这些数据与路面沉陷检测无关，会降低点云数据处理的效率并影响路表模型构建。因此，需要进行点云识别处理，按照划分的区域进行数据筛选。

现场实测具有显著特征区域的宽度，包括行车道、中间带、隔离带、非机动车道等宽度，根据宽度信息进行路面点云识别，识别效果如图 3.46 所示。在进行点云去噪处理前对每一帧点云数据进行处理，保留行车道宽度内的数据，删除无关数据。

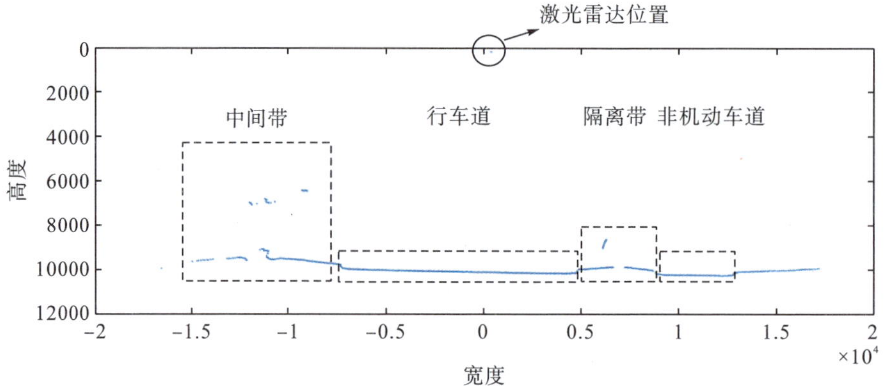

图 3.46 路面点云数据识别(单位：mm)

2) 点云去噪

在扫描对象表面粗糙程度、表面反射率、仪器性能以及扫描环境等因素影响下，激光点云数据会存在噪声点，噪声点的存在会影响建模的精度和效率，因此需要进行滤波去噪处理。

本书采用曲线检查法，对截面上的数据中的首末数据点，用最小二乘法拟合得到一条曲线，分别计算中间数据点到样条曲线的欧氏距离，去除距离大于 1mm 的点，有效去除异常点的干扰。

2. 道路基准面确定

道路基准面的作用是表征路面未发生沉陷时的原始高度，通过计算现有路面高度与原始路面高度的差值即可计算路面沉陷深度。

道路基准面通常采用平均高度来表示，道路检测车采集某一路段的高程数据然后取平均值。这种道路基准面确定方法存在问题，主要适用于路面破损较少且病害分布相对均匀的路段。然后在实际情况下，路面病害分布不均匀，多出现车辙、沉陷、坑槽等病害，这类病害的呈现形式为低于道路基准面。对于拥包病害，路面会向上突起，此时路面高程高于平整路面，但拥包病害出现较少，造成路面病害种类分布不均匀。如果采用平均高度的方法计算道路基准面，所得的基准面高度会低于实际情况，造成路面沉陷计算值与实际值相比偏大。

本书提出通过路面高度采样统计直方图来确定道路基准面的方法，路面高度信息采用路面点与激光雷达的相对距离来表征。基本原理是路面病害在一段公路中占比较少，大部分的路段为未发生病害的正常路面，使得大部分的路面点高度集中于道路基准面附近，通过绘制路面点高度的统计直方图可以直观地看出不同路面点高度值出现的频率。利用无人机挂载激光雷达对某一路段进行实测，绘制的路面高度统计直方图如图 3.47 所示。其中，横轴为路面点与激光雷达的相对高度，纵轴为相应距离的路面点统计数量。通过直方图统计，可以直观地看出高度在[5040，5060]范围内路面点统计数量最多，这个区间应为实际高度基准面所在范围。在[5020，5040]范围内取平均值代表基准面 *P*。对于路面沉陷、车辙等病害，相较于检测装置较远，在大于基准面数值的较小范围内应该有较多的路面点统计数量。对于拥包病害，由于向上突起，在低于基准面数值的较小范围内应该有较多的路面点统计数量。如图 3.47 所示，在道路基准面两侧小范围内各有一部分的路面点统计数量，基准面高度右侧指低于实际道路基准面，代表路面沉陷、车辙等病害的潜在发生；基准面左侧指高于实际道路基准面范围，代表拥包病害的潜在发生。

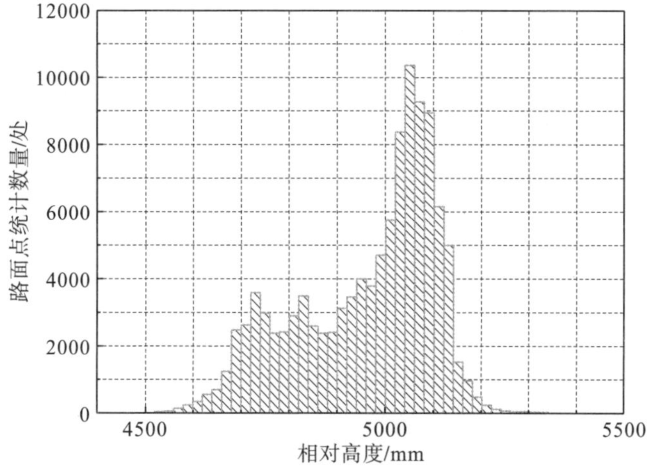

图 3.47　路面高度采样统计直方图

3. 路面三维曲面模型构建

点云数据经过提取、识别、筛选、去噪等处理后，通过 MATLAB 将不同点云断面进行拼合得到三维空间散点，每个散点包含有三个坐标的信息，包括深度信息、横坐标以及纵坐标。深度信息表示路面点与机载激光雷达的距离，横坐标表示路面点在道路横断面的位置，纵坐标表示路面点在道路纵断面的位置。

通过 MATLAB 将坐标信息导出，导入坐标信息至 Origin。在 Origin 软件内绘制三维空间散点，实现路表曲面拟合，x 轴为道路横断面方向，y 轴为道路纵断面方向，z 轴为深度信息。检测时保持无人机飞行高度恒定，深度信息可以表征路面点实际起伏状况，对 z 轴数值进行拟合得到的曲面即为路表模型。

在 Origin 中曲面拟合方法有很多种，不同的拟合方法适用的曲面类型不同，为了挑选出较好的曲面拟合函数，取某一段实验数据进行拟合筛选。测试段共有 5 帧点云数据，断面间距恒定为 40mm，依次利用 Origin 曲面拟合函数列表中的函数进行拟合，其中 Polynomial-2D 和 Fourier-2D 两种函数拟合效果较好，优选 Polynomial-2D 和 Fourier-2D 两种函数并进一步比较。Polynomial-2D 和 Fourier-2D 两种函数的曲面拟合效果如图 3.48 所示。对比两种方法，Polynomial-2D 拟合后曲面与原始点云更为接近。

Polynomial-2D 拟合曲面函数为 $F(x,y)$，如式(3.14)所示。

$$z = F(x,y) = z_0 + A_1x + A_2x^2 + A_3x^3 + A_4x^4 + A_5x^5 + B_1y + B_2y^2 + B_3y^3 + B_4y^4 + B_5y^5 \tag{3.14}$$

其中，系数采用 Levenberg-Marquardt 迭代算法优化，在多次迭代后收敛满足卡方容差值。

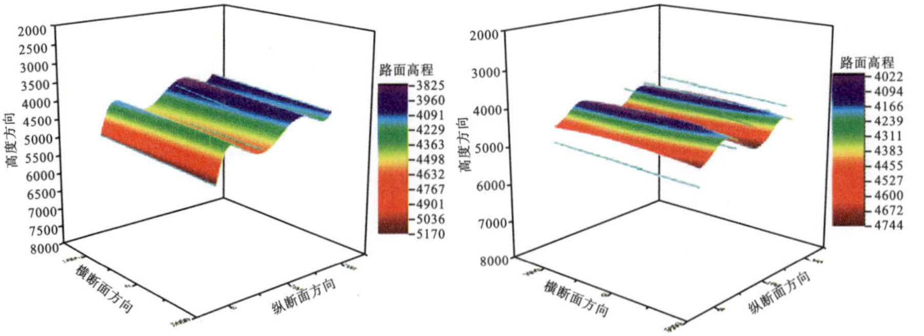

(a) Polynomial-2D拟合效果 (b) Fourier-2D拟合效果

图 3.48 曲面拟合效果对比(单位：mm)

4. 路面沉陷检测算法

路面沉陷部分低于道路基准面，通过计算基准面下方区域点到平面的距离 d_i，找出最大距离即为该处区域的沉陷值 d，路面沉陷检测算法示意图如图 3.49 所示。对计算出的沉陷值与现有评价标准进行比较，判断路面是否存在沉陷以及严重程度。当 $d \leqslant 10\text{mm}$ 时，不存在沉陷问题；当 $10\text{mm} < d \leqslant 25\text{mm}$ 时，路面存在轻度沉陷问题；当 $d > 25\text{mm}$ 时，存在重度沉陷问题。对于路面沉陷计算不用考虑路拱横坡的影响。基准面 P 的方程为 $z = B$，拟合后的曲面点至基准面的距离为 $B - z_i$，即

$$d_i = B - z_i \tag{3.15}$$

式中，d_i 为路段范围内 i 点处曲面点与基准面的距离。

$$d = \max\{d_i\} \tag{3.16}$$

式中，d 为路段范围内曲面上的点与基准面的最大距离，即为沉陷值。

$$\begin{aligned} F(x,y,z,\varphi) = B - z + \varphi(z_0 + A_1x + A_2x^2 + A_3x^3 + A_4x^4 + A_5x^5 \\ + B_1y + B_2y^2 + B_3y^3 + B_4y^4 + B_5y^5 - z) \end{aligned} \tag{3.17}$$

式中，$F(x,y,z,\varphi)$ 为利用拉格朗日乘数法计算在条件 $z = F(x,y)$ 下 $B - z$ 的最大值。分别对 x、y、z、φ 求导，令导数均为零联立解得极值点。

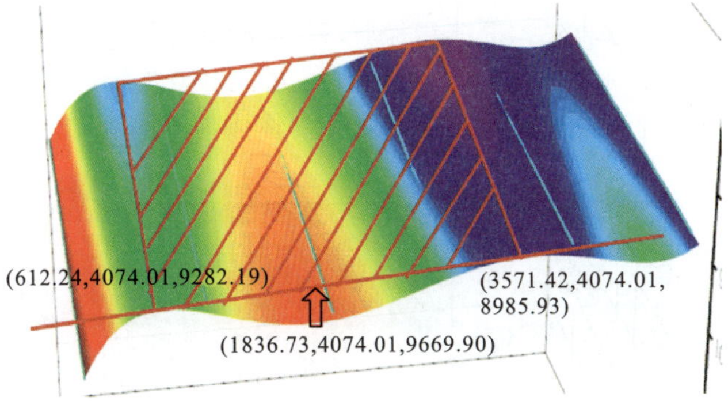

图 3.49　路面沉陷检测算法示意图

5. 准确性验证

由于本书的研究开展期间无法到天巉公路进行实测，但是对路面沉陷病害的检测方法是一致的，因此，本书选择南京市江宁区宁丹大道某路段进行路面沉陷实测，以验证搭建的检测算法的准确性。宁丹大道上由于重载车辆较多，路面多处出现不同程度的损坏，沉陷、车辙、裂缝等病害较为严重，严重降低了行车舒适性，同时也不利于行车安全。

图 3.50 所示为路面沉陷病害实例。沉陷区域由于路面凹陷，在下雨后容易产生积水问题，通过观察下雨后路面是否存在积水可以判断是否存在路面沉陷病害。

(a) 晴天时路面沉陷情况　　(b) 积水时路面沉陷情况

图 3.50　路面沉陷实例

利用无人机机载激光雷达检测设备对该路段进行检测。该处路段上空有高压电线，高度约为 15m，无人机飞行时需远离高压电线和电线杆。按照前文所述路面沉陷检测方案，无人机从非机动车道起飞，保持 8m 高度悬停，通过地面端计算机观察激光雷达工作情况。设备检查完成后，移动无人机至检测路段起点，此时无人机位于行车道正上方。远程控制激光雷达开始数据采集后，无人机沿道路纵向飞行，飞行高度保持 5m 不变，飞行速度保持 1m/s。

提取点云数据，经过点云滤波去噪后，绘制路面高度采样统计直方图，发现高度在[5020,5040]范围内路面点高程统计数量最大，取平均值 5030mm 代表道路基准面。绘制路面等高线图，如图 3.51 所示。图中，不同的颜色表示路面点与激

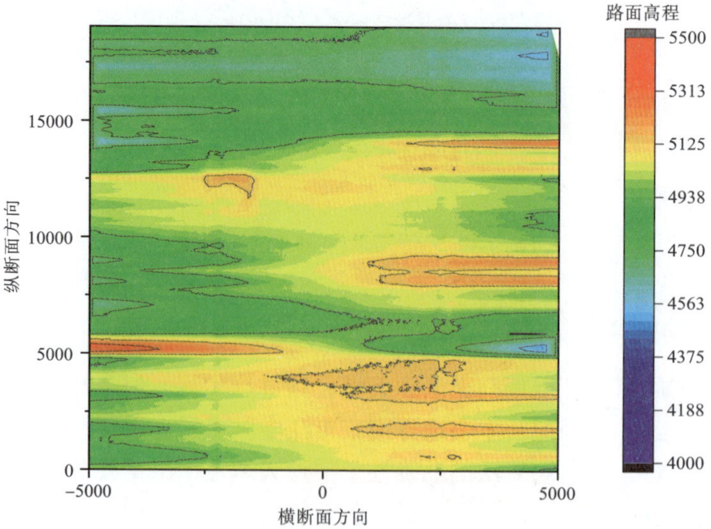

图 3.51　检测路段数据等高线图(单位：mm)

光雷达的相对距离，横轴为道路横断面方向，纵轴为道路纵断面方向，检测时无人机飞行方向与纵轴正向一致。通过等高线图可以看出该处路段共有两处明显沉陷区域，在图 3.51 中为黄色区域。

利用 Polynomial-2D 函数进行路表曲面重构，如图 3.52 所示。其中，式(3.15)中的系数采用 Levenberg-Marquardt 迭代算法优化，在多次迭代后满足 1×10^{-9} 的 Chi-sqr 容差值。经迭代收敛得到拟合参数，见表 3.11。利用本书构建的路面沉陷检测算法计算该处路段沉陷值为 22.16mm，为轻度沉陷病害。

表 3.11　试验路段曲面拟合参数

拟合参数	拟合结果	拟合参数	拟合结果
A_1	0.203860	B_1	0.00687
A_2	-8.26×10^{-5}	B_2	-7.52×10^{-6}
A_3	1.22×10^{-8}	B_3	9.34×10^{-10}
A_4	-7.42×10^{-13}	B_4	2.04×10^{-13}
A_5	1.58×10^{-17}	B_5	-4.66×10^{-17}
z_0	4966.82988		

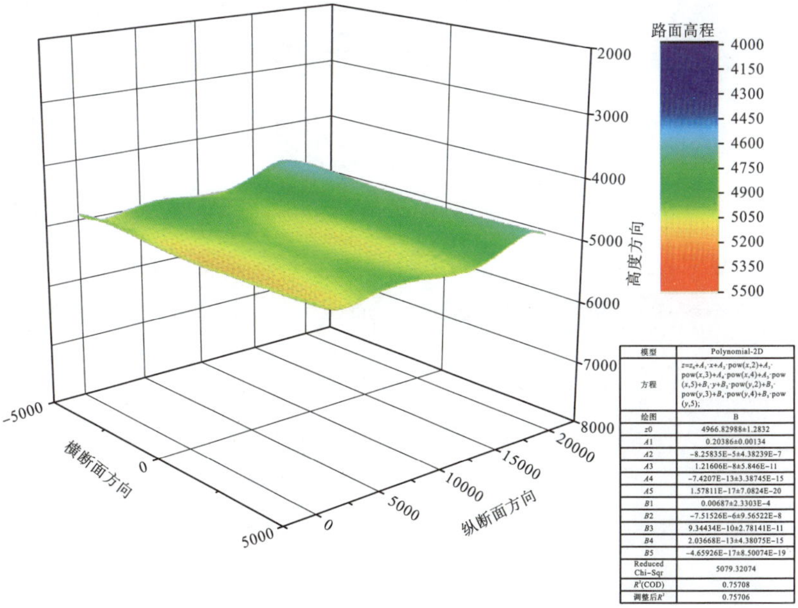

图 3.52　路表曲面拟合图(单位：mm)

验证方法采用全站仪测量沉陷处与正常路面的高度差。利用全站仪高程测量功能，在仪器中设置棱镜实际高度，将棱镜立在控制点，棱镜杆对准整平，此时测出的数据置零，即相对高程为零。将棱镜杆立在沉陷区域，对中整平，此时仪器测出的数据为相对高差。为减少人为测量误差，两次测量取平均值。实测该处路面沉陷值为 20.58mm，与路面沉陷算法计算结果差值为 7.68%，本书搭建的路面沉陷检测算法的准确性满足检测要求。

3.4.1.4 公路表面病害检测

1. 路面病害数据集构建及预处理

1)路面图像采集

在确定无人机飞行参数后，在不同地点进行道路表面病害采集，共采集 4833 幅图像作为公路路面病害数据集，通过 LabelImg 对数据集进行标注，并分类为纵向裂缝(longitudinal crack)、横向裂缝(transverse crack)、龟裂(alligator crack)、修补(repair)、坑槽(pothole)，如图 3.53 所示。各类型路面病害在数据集中的数量如图 3.54 所示。

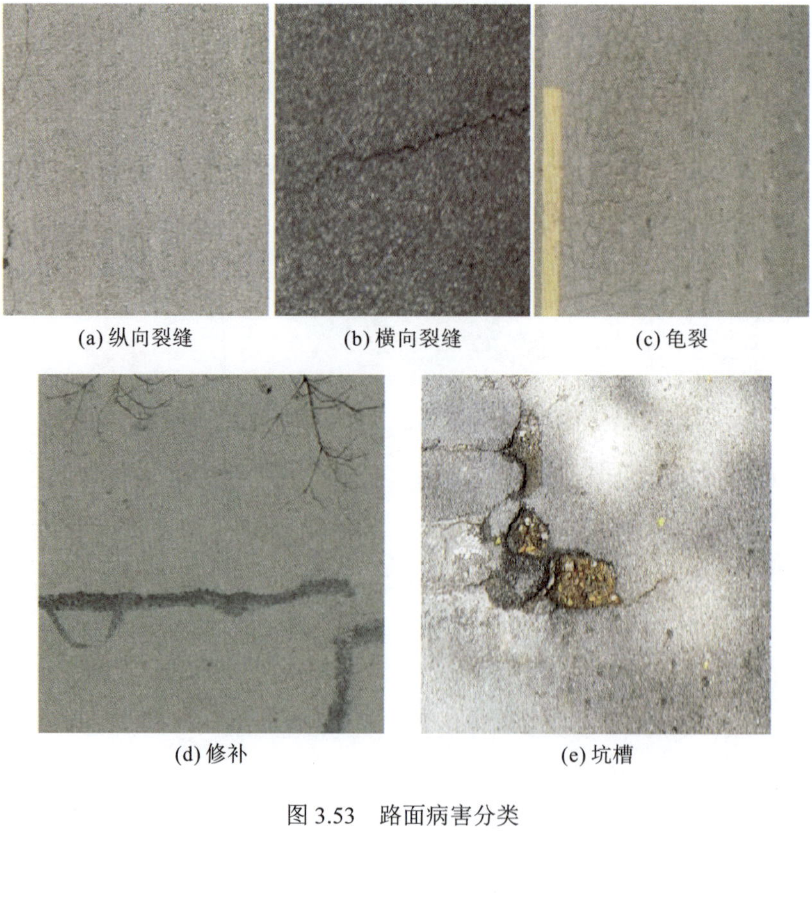

(a) 纵向裂缝　(b) 横向裂缝　(c) 龟裂

(d) 修补　(e) 坑槽

图 3.53　路面病害分类

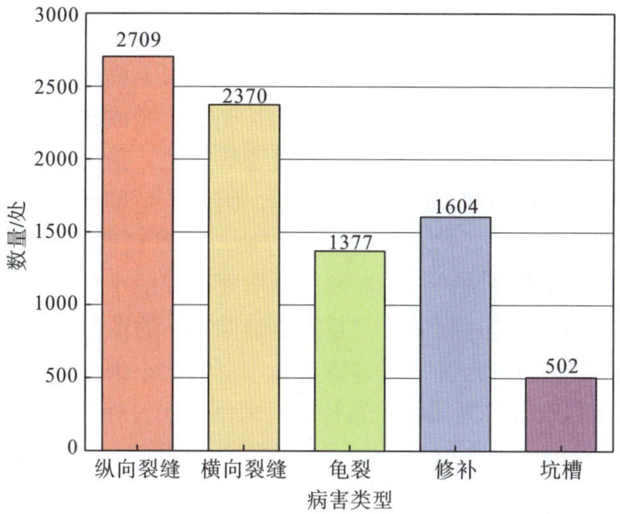

图 3.54　路面病害数据集中各类型病害的数量

2) 图像边缘填充

完成数据集采集后，由于部分路面病害尺度较小且较为分散，易被漏检，并且由于硬件设备计算资源的限制，需进行数据预处理才能将图像输入网络模型。根据经验可知 512×512 大小的图像既能满足病害识别分辨率要求，又能满足算力要求，因此需将获取的大尺寸图像裁剪为该尺寸。由于原图像的尺寸为 7952×5304，不能被 512 整除，为防止图像裁剪时出现失真的现象，需对原图像加上黑边进行填充调整，将图片大小调整为 5632×3584，进而完成路面图像的采集工作，得到新尺度下的路面病害图。通过边缘加上 padding 进行黑边填充的方式保持原始图片的高宽比，同时能够被 512 整除。结果如图 3.55 所示。

(a) 处理前　　(b) 填充后

图 3.55　图像预处理

3）小目标图像增强

由于路面病害种类不平衡，路面常见的病害主要为横向及纵向裂缝，且路面病害种类较少，需要进行路面病害数据集的扩充进而完成建立路面病害数据集。一般的图像增强方法包括图像几何变换、镜像等方法，最后增加了路面病害图像的数量，但是不会特意增强不同尺度的目标，因此不适用于无人机尺度下的路面病害数据集增强。不同于一般的图像增强方法，可以利用复制-粘贴（copy-paste）的方式进行路面病害数据的扩充，需要判断需要增强的小目标大小，然后在图中截取小目标图像，随机进行粘贴，但是需要确保粘贴的图像不会覆盖原有目标。

COCO 数据的小目标定义：通过物体标注框的大小来进行判断，见表 3.12，但是表 3.12 不能判定极限高宽比的目标尺度范围，如目标具有较小的长度，具有较大的宽度，则不能用表 3.12 中的矩形范围进行尺度的判定。

表 3.12　COCO 数据集目标尺度分类

目标尺度	最小矩形范围	最小矩形范围
小目标（small object）	0×0	32×32
中目标（medium object）	32×32	96×96
大目标（large object）	96×96	∞×∞

本书按照相对于原图的比例，即计算面积比来对比，目的是可进行极限标注框的增强，如拥有极端高宽比的路面横、纵向裂缝等，按照式（3.18）计算尺度：

$$\text{relative scale}=\frac{\text{Width}_{\text{gt}}\times\text{Height}_{\text{gt}}}{\text{Width}_{\text{image}}\times\text{Height}_{\text{image}}} \tag{3.18}$$

式中，Width_{gt}、$\text{Height}_{\text{gt}}$ 为人工标注框的宽和高；$\text{Width}_{\text{image}}$、$\text{Height}_{\text{image}}$ 为整个图像的宽和高，当相对尺寸达到 10%时被认为是小目标病害，需要进行小目标病害图像增强。进而对无人机获取的路面小目标病害区域进行提取。采用 copy-paste 的方式进行增强，但是要确保粘贴的图片不会覆盖原目标。对截取的小目标区域部分进行随机变换，然后贴图，用于增强，提取的小目标路面病害区域如图 3.56 所示。

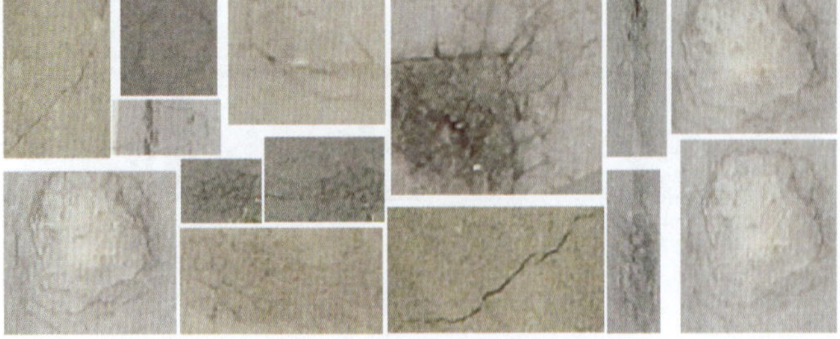

图 3.56　小目标区域提取

然后将提取的小目标区域图像随机粘贴至路面原图像，如图 3.57 所示。图中红色框表示为原图像病害区域，绿色区域为增强后裂缝图像，并且通过原有路面病害标签进行占位运算，防止粘贴的图像覆盖原图像区域[62]。

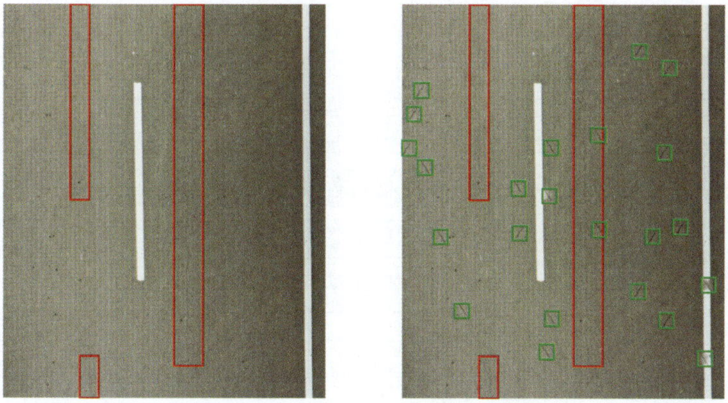

图 3.57　路面病害小目标增强

4) 路面病害图像裁剪

通过小目标增强后，实现了路面病害小目标病害的扩充，进而由于硬件计算设备的限制，需要进行路面病害数据的裁剪，加快模型训练速度。裁剪后的图像如图 3.58 所示。

图 3.58　裁剪后的路面图像

2. YOLOv4 目标识别模型构建

1) 主体结构

本书的 YOLOv4 结构如图 3.59 所示。结构和 YOLOv4 类似，但是在特征提取网络部分加入了四组不同大小的池化结构，用于扩充模型的感受野，使得主干提取部分的特征层也能进行一部分的特征融合工作。采用 13×13、9×9、5×5、1×1 四种大小的池化核池化，并使用 padding 填充，因此池化后的输出尺寸仍然是 16×16。目的就是充分利用不同尺度的信息，同时提高大、小尺寸目标的检测准确率[63]。

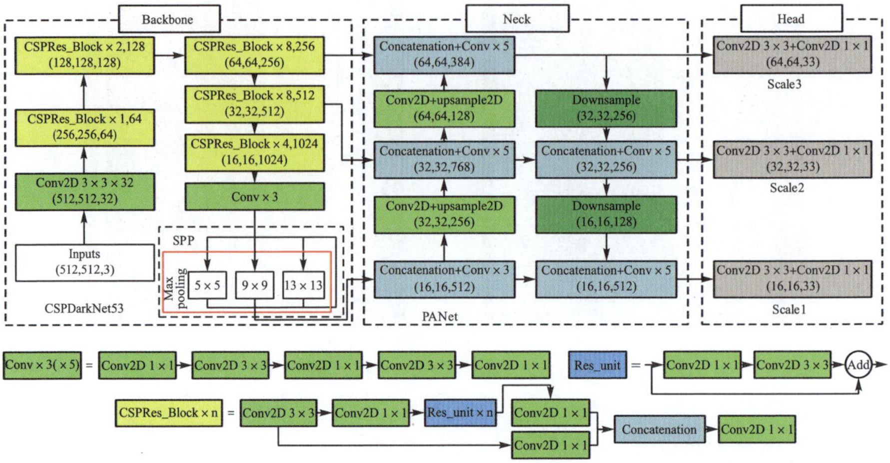

图 3.59　本书 YOLOv4 结构示意图

2）损失函数

采用 CIoU 计算回归损失：

$$L_{\mathrm{CIoU}} = 1 - \mathrm{CIoU} = 1 - \left[\mathrm{IoU} - \frac{D^2_{\text{n角n}}}{D^2_{\text{中n}}} - \frac{v^2}{(1-\mathrm{IoU})+v} \right] \tag{3.19}$$

$$v = \frac{4}{\pi^2}\left(\arctan\frac{w_{\mathrm{GT}}}{h_{\mathrm{GT}}} - \arctan\frac{w_{\mathrm{Pr}}}{h_{\mathrm{Pr}}} \right)^2 \tag{3.20}$$

3）anchor 尺寸

YOLOv4 采用多尺度的预测方式，不同尺度的特征图需要匹配不同大小的 anchor，anchor 尺寸的大小会影响识别的精度，因此本书研究不同尺度的 anchor 来进行对比分析。采用大型数据集回归分析的 anchor 尺寸作为默认大小，并对比分析使用 K 均值聚类算法生成聚类 anchor 的识别精度，选出最优的锚框组合参数。

YOLOv4 中 Head 结构采用三种尺度的特征图进行预测，特征图对应的先验框大小见表 3.13。

表 3.13　先验框在特征图上的分布

特征图尺寸	感受野	先验框
16×16	大	[116×90],[156×198],[373×326]
32×32	中	[30×61],[62×45],[59×119]
64×64	小	[10×13],[16×30],[33×23]

4) K 均值聚类框生成方法

在基于 anchor 的目标检测算法中，anchor 一般都是通过人工设计的。例如，在 Faster-RCNN 中，设计了 9 个不同大小和宽高比的 anchor。然而，通过人工设计的 anchor 并不能保证它们一定能很好地适合数据集，如果 anchor 的尺寸和目标的尺寸差异较大，则会影响模型的检测效果。

使用 K 均值聚类来代替人工设计，通过对训练集的 bounding box（目标框）进行聚类，自动生成一组更加适合数据集的 anchor，可以使网络的检测效果更好。聚类算法为一种无监督学习方法，需要一定的评价标准来完成目标聚类，一般聚类算法采用欧氏距离来进行相似度判定，但是对于目标检测任务来说，采用矩形框需要用交并比来进行。因为只需要确定框的大小，不用确定中点位置，所以设真实框 BBox（Bounding Box）的坐标为 (x_i, y_i, w_b, h_b)，anchor 的坐标为 (x_i, y_i, W_a, H_a)，此时两个框之间的交并比 IoU 按照式(3.21)计算：

$$\mathrm{IoU(BBox,\ anchor)} = \frac{\min(w_b, W_a)\min(h_b, H_a)}{w_b h_b + W_a H_a - \min(w_b, W_a)\min(h_b, H_a)} \tag{3.21}$$

IoU 的取值范围为 0～1，IoU 越接近于 1，聚类程度越好，此时度量距离的公式为

$$D(\mathrm{BBox,\ anchor}) = 1 - \mathrm{IoU(BBox,\ anchor)} \tag{3.22}$$

具体步骤如下：

(1) 获取真实框的坐标 (x_i, y_i, w_b, h_b)。

(2) 给定 k 个聚类框 (W_a, H_a)，这里的 W_a 和 H_a 是 anchor 的宽和高。由于锚框的位置不确定，因此这里只有宽和高。

(3) 计算每个真实框与每一个聚类框的距离。计算时每个聚类框的中点都和真实框的中点重合，计算 IoU[(x_i, y_i, w_b, h_b)，(x_i, y_i, W_a, H_a)]。这样一个真实框就可以确定一个最好的聚类框。

(4) 遍历完所有的真实框后，计算 K 均值聚类框用于更新聚类中心点，重复(3)、(4)步，直到聚类中心不再改变。

采用上述算法，计算出四组聚类框尺度，结果见表 3.14。

表 3.14 *K* 均值聚类计算

IoU	不同尺度		
	大小 1	大小 2	大小 3
0.6356	[23,65],[24,125],[35,209]	[57,399],[64,20],[103,101]	[140,29],[252,225],[301,49]
0.6401	[21,80],[29,169],[53,329]	[60,18],[69,70],[138,26]	[144,117],[283,265],[302,47]
0.6405	[21,78],[28,168],[53,325]	[63,20],[76,81],[143,29]	[157,130],[317,285],[329,48]
0.6328	[22,78],[29,170],[39,16]	[53,338],[77,21],[104,101]	[147,29],[250,225],[303,49]

选取 IoU 最大的一组结果作为 YOLOv4 的 anchor 尺寸，此时的尺寸为[21,78]，[28,168]，[53,325]；[63,20]，[76,81]，[143,29]；[157,130]，[317,285]，[329,48]，用以与默认 anchor 尺寸的识别结果进行对比。

3. 模型训练及评价

1) 训练参数设置

实验在配备 NVIDIA GeForce RTX2080 Ti 显卡、Inteli9-10900X 处理器、CUDA12.2、Python3.10 和 Pytorch1.12 的计算机上进行。桥梁病害数据集按 8∶1∶1 的比例划分为训练集、验证集及测试集。

使用 UM-YOLO 对数据集进行训练，设置早停迭代次数为 50，经过多次实验，模型基本在迭代 250 次后开始收敛，最多迭代 350 次后因指标未显著提升而停止，最终选择模型参数如下：epoch=300，batch=32，workers=16，选择 SGD 优化器，学习率为 0.01，动量为 0.9，权重衰减为 0.0005。

2) 评价指标

本书使用精度(precision)、召回率(recall)、平均精度(AP)、均值平均精度(MAP)评估模型检测性能[64]，具体表示如下：

$$\text{precision} = \frac{\text{TP}}{\text{TP}+\text{FP}} \tag{3.23}$$

$$\text{recall} = \frac{\text{TP}}{\text{TP}+\text{FN}} \tag{3.24}$$

$$\text{AP} = \int_0^1 P(R)\mathrm{d}R \tag{3.25}$$

$$\text{MAP} = \frac{1}{n}\sum_{i=1}^{n}\text{AP} \tag{3.26}$$

本书选择 IoU 阈值为 0.5。TP 代表检测结果大于 0.5 且分类正确的数量，FP 代表检测结果小于 0.5 或者分类不正确的数量，FN 代表存在实际边框而未被检测出的数量，n 代表类别数量。其中，AP 通过对不同召回率点上的准确率进行平均，计算 Precision-Recall(P-R) 曲线面积得到；MAP 表示对所有类别的 AP 值求平均值，能够反映整个模型的准确率。

3）实验结果分析

由于本书使用的数据集中各类别数目较不均衡，采用 P-R 曲线能够更好地反映出在正例类别中的精确度和召回率的变化，更准确地反映出模型在少数类别中的性能。图 3.60(a)表示了 YOLOv4 模型在路面病害数据集上的训练结果，图 3.60(b)表示了桥梁病害识别的 P-R 曲线。模型对各类公路路面病害图像的检测结果见表 3.15。

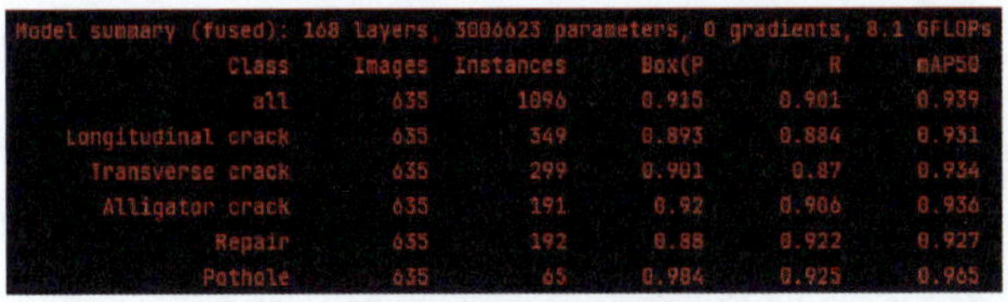
Model summary (fused): 168 layers, 3006623 parameters, 0 gradients, 8.1 GFLOPs

Class	Images	Instances	Box(P	R	mAP50
all	635	1096	0.915	0.901	0.939
Longitudinal crack	635	349	0.893	0.884	0.931
Transverse crack	635	299	0.901	0.87	0.934
Alligator crack	635	191	0.92	0.906	0.936
Repair	635	192	0.88	0.922	0.927
Pothole	635	65	0.984	0.925	0.965

(a) 公路表面病害数据集

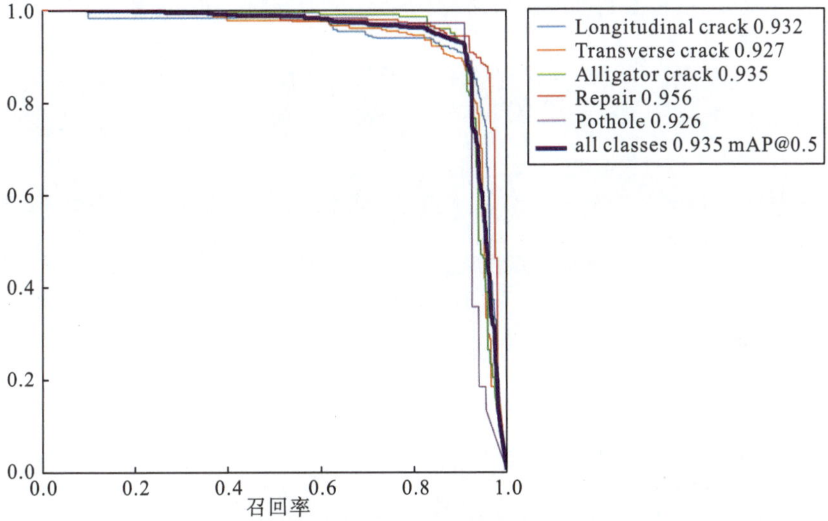

(b) 公路表面病害 P-R 曲线

图 3.60　YOLOv4 公路表面病害识别结果

表 3.15　公路路面病害图像检测结果

病害类别	精度	召回率	MAP50
全部	0.925	0.896	0.935
纵向裂缝	0.911	0.892	0.932
横向裂缝	0.897	0.879	0.927
龟裂	0.947	0.879	0.935
修补	0.924	0.921	0.956
坑槽	0.946	0.910	0.926

根据表 3.15 的结果，实验采用的目标检测模型对各类型病害的检测效果基本相同，但综合各类型病害占比来看，在病害数据集中数量较少的龟裂、修补和坑洞识别能到达与纵向裂缝和横向裂缝相近的识别效果，说明 YOLOv4 对面积较大、特征明显的病害识别效果更好。

总体来看，YOLOv4 对公路路面病害的检测 MAP 达到 93.5%，对各类型病害的检测均值平均精度均达到 90%以上，证明该模型能够实现对公路路面病害的有效检测。

4) 测试

测试识别结果如图 3.61 所示。对识别结果进行分析，表明 YOLOv4 目标检测模型对于纵向裂缝、横向裂缝、龟裂、修补和坑槽均具有较高的识别精度，同时对修补和坑槽等大尺度的路面病害具有更好的识别效果。YOLOv4 能够很好地区分出裂缝和其他线状阴影，具有很强的病害特征提取能力。同时 YOLOv4 具有较强的鲁棒性，可以在路面阴影、路侧树木以及道路标线的影响下提取路面病害。

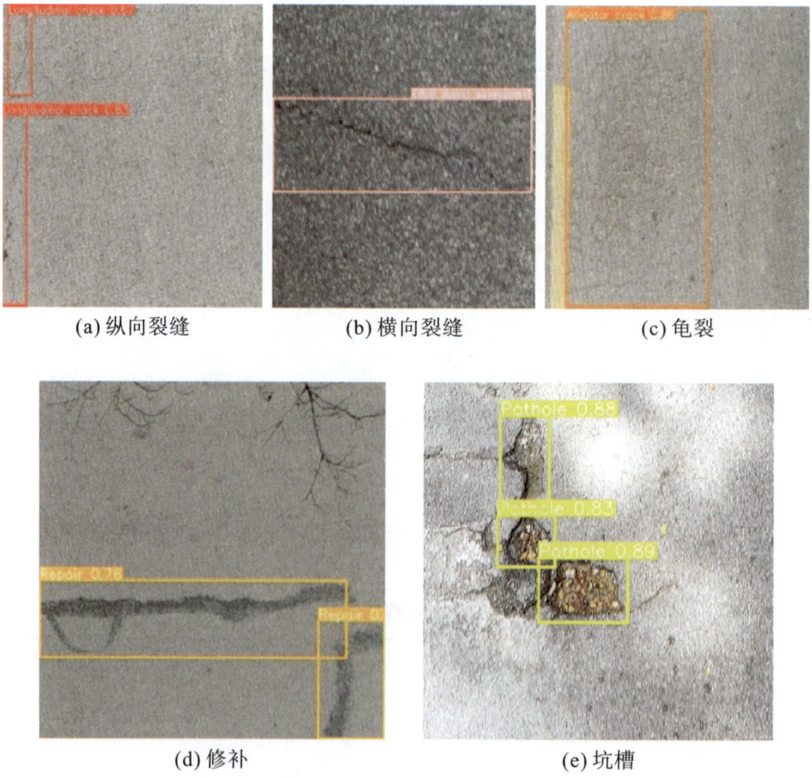

(a) 纵向裂缝　(b) 横向裂缝　(c) 龟裂

(d) 修补　(e) 坑槽

图 3.61　YOLOv4 测试识别结果

3.4.2 无人机激光点云边坡位移分析

3.4.2.1 基于 ICP 的道路三维模型重建

点云数据采集后，需要对采集的数据进行拼接，反映出靶向区域真实的表面信息，本书引入迭代最近点(iterative closest point，ICP)算法[65]构建点云三维模型，通过对比不同时期的点云模型，实现靶向区域变化识别。具体来说，整个点云配准过程包括点集确定、计算变换矩阵、刚度变换、计算平均距离、迭代确定收敛等(图 3.62)。

(1)点集确定。如图 3.62(a)所示，给定空间 A 中的点云 P 和空间 B 中的点云 Q，配准过程旨在将 P 和 Q 对准在同一空间中。

(2)计算变换矩阵。将 A 定义为对齐空间，那么点云配准的整个过程是找到一个将 Q 与 P 能够对齐的变换矩阵 $\boldsymbol{T}$。在这种情况下，P 被称为目标点云并保持静止，不进行任何变换，而 Q 被称为源点云。因此，将点云 P 和 Q 进行对齐，等价于计算一个变换矩阵 $\boldsymbol{T}$，使得 P 与 Q 之间的误差最小，即

$$\hat{T} = \underset{T}{\operatorname{argmin}}(\operatorname{error}(T(Q), P)) \tag{3.27}$$

式中，$T(Q)$表示对源点云 Q 进行变换。

设 M=match(P,Q)，其中 $\operatorname{match}(P,Q) = \{(P,Q)\text{: } p \in P, q \in Q\}$ 是 P 和 Q 之间对应关系的子集，误差函数如下：

$$\operatorname{error}(P,Q) = \frac{1}{n} \sum_{(p,q)\in M} d(p,q) \tag{3.28}$$

其中，$d(p,q) = p - q_2$。

(3)刚度变换。如图 3.62(b)所示，在实践过程中，变换通常是几何函数的组合，如旋转、平移、均匀缩放、非均匀缩放、剪切和投影。在本书中，采用刚度变换，它是旋转和平移的结合。

(4)计算平均距离。如图 3.62(c)所示，刚度变换完成后，需要计算经过旋转和平移的点云与目标点云的平均距离，用以评价本次变换的效果。计算平均距离的方法有很多，包括计算点到点的距离，点到平面的距离，考虑目标点云局部结构的面到面的距离，综合考虑点到点、点到面、面到面的距离，以及考虑局部点云法向量和曲率的距离。本书计算点到面的距离，其计算方式为计算每个源点与对应目标点切平面的距离的平方和。具体来说，将点云 P 和 Q 以向量形式进行表达，假定 $\boldsymbol{S}_i=(S_{ix}, S_{iy}, S_{iz},1)^{\mathrm{T}}$ 为源点，$\boldsymbol{d}_i=(d_{ix}, d_{iy}, d_{iz},1)^{\mathrm{T}}$ 为对应的目标点，$\boldsymbol{n}_i=(n_{ix}, n_{iy}, n_{iz},1)^{\mathrm{T}}$ 是 $\boldsymbol{d}_i$ 处的单位法向量，则点与面的距离 L 如下：

$$L_i = \left[(\boldsymbol{T} \times \boldsymbol{S}_i - \boldsymbol{d}_i) \times \boldsymbol{n}_i\right]^2 \tag{3.29}$$

(5)迭代确定收敛。如图 3.62(d)所示，计算平均距离后，可以得到源点云与目标点云之间的距离，人为设定距离阈值和最大迭代次数，直到满足收敛条件，此时可以得到最优的刚度变换矩阵 $\boldsymbol{T}_{\text{opt}}$ 和最小的平均距离：

$$\boldsymbol{T}_{\text{opt}} = \underset{\boldsymbol{T}}{\arg\min} \sum_i [(\boldsymbol{T} \times \boldsymbol{S}_i - \boldsymbol{d}_i) \times \boldsymbol{n}_i]^2 \tag{3.30}$$

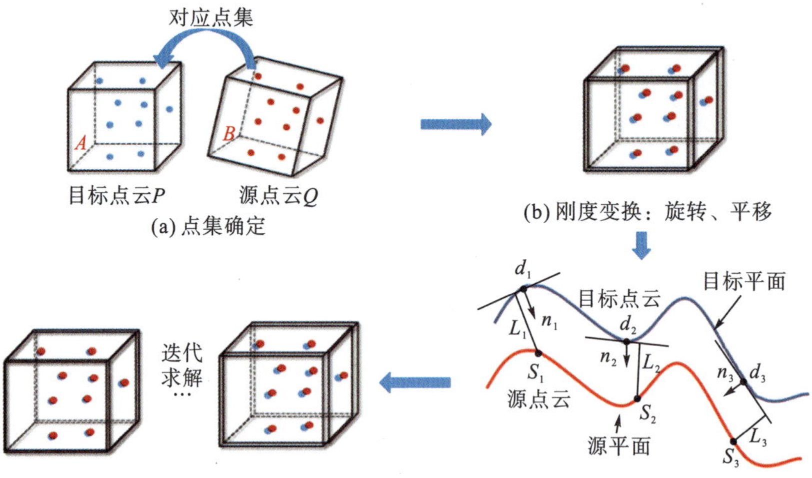

图 3.62　ICP 算法流程

3.4.2.2　点云地面点提取

点云配准后，包含了大量从地表或地物反射回来的离散、密集、精确且细节丰富的三维点云。因此，要在这些无序点云中找到从地表返回的点云，排除地物对路基变形区域判定的影响。本书采用渐进式不规则三角网加密滤波算法[progressive triangulated irregular network (TIN) densification，PTD]对地面点云进行提取。针对 PTD 算法不能很好地反映地形陡峭地区地表信息的问题[66]，采用点云分割的方法将整个研究区域进行分块处理，对每一个区域分别进行地面点提取，最终对每个区域的分割结果进行合并得到研究区域完整的地面点云信息。其具体步骤包括剔除异常值、参数设定、种子点选取并构建 TIN、迭代加密 TIN 模型。

(1)剔除异常值。对点云三维模型中存在的远超于表面的测量值进行筛除，数据中的异常值很可能导致地面点云滤波失败。本书对构建好的点云高程信息进行可视化，确定研究区域高程阈值，通过高程分布对点云进行初步处理，对远高于及低于研究区域范围的点云进行过滤。

(2)参数设定。PTD 算法所需的参数包括：最大建筑尺寸 m，m 是长度阈值，用于处理长度小于该阈值的建筑物并定义网格单元的大小；最大地形坡度 t，通过设定坡度阈值，判断该点是否为镜像点，如果某个点所在的三角面坡度大于 t，则设置一个镜像点进行判断，否则直接判断；最大角度 θ，θ 是三角面与某点和最近的三角网顶点连线之间的最大角度，若角度大于 θ，则为地物点，反之为地面点；最大距离 d，d 表示某点与三角面之间的最大距离，若距离大于 d，则为地物点，反之为地面点；最小边长 l，l 是 TIN 模型中三角形的最大边长的最小阈值，当所有三角形的边长都小于 l 时，则停止加入地面点，有助于避免地面模型中点密度过高。

(3) 种子点选取并构建 TIN。对于给定的点云数据，设置一个特殊的边界框，提取研究区域点云中左上角和右下角的坐标，宽度为 w，高度为 h，并将边界框的四个角点定义为种子点，通过上述定义的变量，以最大建筑尺寸 m 为尺度将整个区域划分为 N_{row} 行、N_{column} 列的格网，如式(3.31)所示，其中 ceil 函数为向上取整。

$$\begin{aligned} N_{\text{row}} &= \text{ceil}\left(\frac{h}{m}\right) \\ N_{\text{column}} &= \text{ceil}\left(\frac{w}{m}\right) \end{aligned} \tag{3.31}$$

根据格网划分结果，将每个格网内的最低点设置为种子点，即初始地面点，如图 3.63(a)所示。

(4) 迭代加密 TIN 模型。初始三角网模型构建好后，已经获取了一些地面点，为了获得更多的地面点信息，此时就要通过(2)中设定的阈值参数对每个点进行迭代判断，直到满足要求，具体步骤如下。

①确定潜在地面点 $P_{\text{potential}}$ 的位置，该点可以位于所在三角形 T_{triangle} 的内部、边缘或顶点上。

②计算三角平面的坡度 S_{triangle}，若 S_{triangle} 小于最大地形坡度 t，则进行第③步，否则进行第④步。

③如图 3.63(b)所示，计算 $P_{\text{potential}}$ 与三角面的距离 P_{distance}，以及与种子点连线的夹角 α，并与(2)中设定的最大距离 d 和最大角度 θ 进行比较，若均小于则定义为新的种子点，反之则认为是地物点。

④如图 3.63(c)所示，针对三角平面坡度 S_{triangle} 大于最大地形坡度 t 的点，找到该点所在三角形区域内高程最大的顶点 $P_{\text{vertex}}(X_v, Y_v, Z_v)$，通过式(3.32)计算镜像点的坐标。对镜像点同样进行步骤③的操作，判断是否为地面点和非地面点。该步骤的作用是保证在某些断裂处或坡度变化剧烈的区域也能识别出地面点。

$$\begin{cases} X_{\text{mirror}} = 2X_v - X_p \\ Y_{\text{mirror}} = 2Y_v - Y_p \\ Z_{\text{mirror}} = Z_p \end{cases} \tag{3.32}$$

⑤每次迭代后，将新添加的种子点与之前确定的种子点进行组合，重新构建 TIN 模型。不断迭代，直到不会有新的种子点产生，此时所有种子点即为地面点。

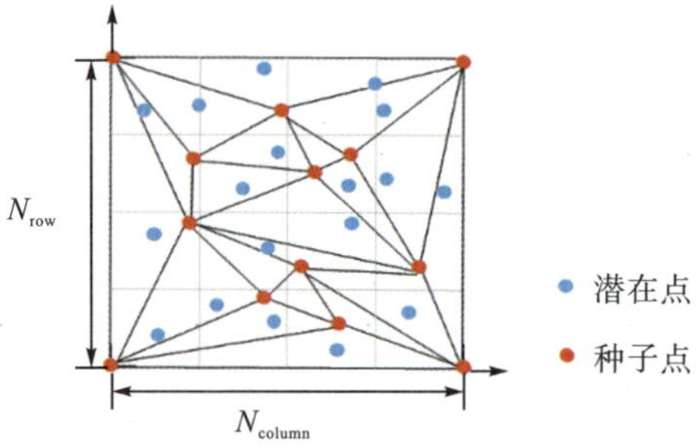

(a) 种子点选取并构建TIN

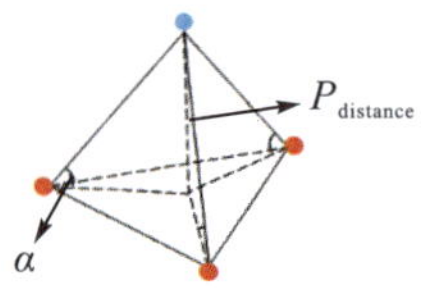

(b) 种子点判定

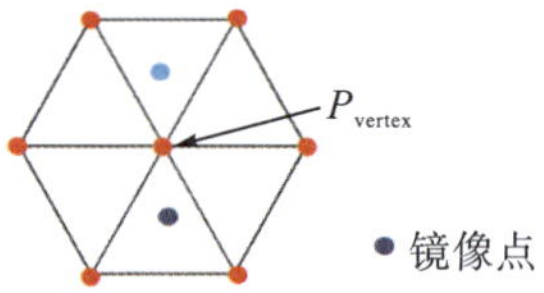

(c) 镜像点确定

图 3.63 PTD 算法关键步骤示意图

3.4.2.3 多尺度模型到模型点云对比方法

不同时期地面点云提取后，若要识别出路基变形节点及变形值，还需要对获得的点云模型进行对比分析。本书采用多尺度模型到模型点云对比(multiscale model to model cloud comparison，M3C2)方法[67]进行对比分析，该方法通过计算沿法线表面方向的两个点云之间的局部距离，来跟踪表面方向的三维变化。其具体步骤包括核心点计算、三维法线曲面计算、点云距离计算、空间变量置信区间确定。

(1)核心点计算。如图 3.64(a)所示，将原始不规则点云进行下采样，获得更低、更均匀空间分辨率的点云，加快计算速度，缩短计算时间。

(2)三维法线曲面计算。如图 3.64(b)所示，核心点 P_{core} 获得后，在核心点 $D/2$ 的范围内，均可与领域内其他点云数据拟合成一个平面，通过拟合平面确定点云局部法向量 $\boldsymbol{N}$，计算 $D/2$ 邻域范围内所有点到最佳拟合平面的距离并以粗糙度 $\sigma(D)$ 表示标准差，如式(3.33)所示：

$$\sigma(D)=\sqrt{\frac{\sum_{i=1}^{M}(a_i-\overline{a})^2}{M}} \tag{3.33}$$

式中，M 表示邻域内点云个数；$\overline{a}$ 表示邻域内所有点的平均距离；a_i 表示邻域内第 i 个点到最佳拟合平面的距离。

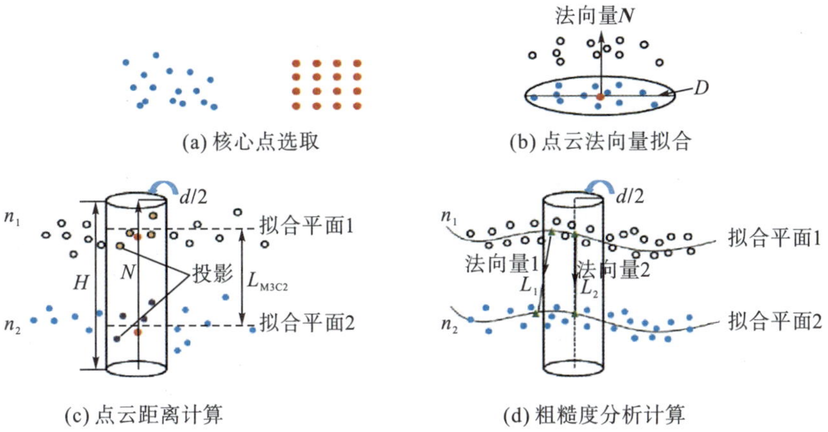

图 3.64　M3C2 算法流程

(3) 点云距离计算。如图 3.64(c) 所示，以核心点 P_{core} 为圆心，沿拟合平面构建一个以 $d/2$ 为投影半径，H 为最大计算深度，法向量 $\boldsymbol{N}$ 为轴线且与两期点云相交的圆柱体。搜索圆柱体内所有的点云 n_1、n_2，并沿法向量 $\boldsymbol{N}$ 分别计算两期点云 n_1、n_2 在柱体内的平均位置 M_1、M_2，得到两期点云在柱体内平均位置之间的差值，即间距 L_{M3C2}，即点云在 P_{core} 点发生变化的距离。对整个点云进行迭代运算，遍历所有点，获得整个目标区域的点云变化情况。

根据上述分析可知，法向量半径 $D/2$、投影半径 $d/2$、最大计算深度 H 为影响算法计算精度的重要参数。如图 3.64(d) 所示，假设 L_2 为点云实际距离，法向量半径过大将导致所有核心点处法向量差异较小，不能有效地识别出变形区域，法向量半径过小将导致两期点云拟合平面波动较大，最终导致 L_1 计算结果偏大，对变形区域造成误判；投影半径过大将导致投影点云变化较小，不能很好地识别出路基变形区域，投影半径过小将导致所选点云不能很好地反映实际地形信息，影响计算准确性；最大计算深度 H 过大会影响计算效率，过小将不能包裹住两期点云，影响计算精度。因此，参数均应该根据实际地形进行设定，保证点云距离计算的准确性。

(4) 空间变量置信区间确定。参数设定能够在一定程度上提高点云距离计算的精度，但同时还需要进一步确定空间变量置信区间，降低误判的概率。由于点云定位和配准的误差在空间中不容易建模，因此，采用基于高斯统计的参数估计，当 n_1、n_2 均大于 30 时，基于 Z-双尾差异显著性检验计算置信度在 0.95 以上的置信区间，如式(3.34)所示：

$$\mathrm{LOD}_{0.95}(d)=\pm 1.96\left(\sqrt{\frac{\sigma_1(d)^2}{n_1}+\frac{\sigma_2(d)^2}{n_2}}+\mathrm{REG}\right) \tag{3.34}$$

$$\mathrm{REG}=\sqrt{(\mathrm{RMSE}_1)^2+(\mathrm{RMSE}_2)^2}$$

式中，n_1、n_2为投影半径下核心点的个数；σ_1、σ_2为两期点云的粗糙度；REG 为点云配准误差；$\mathrm{LOD}_{0.95}(d)$为置信度在 0.95 以上时置信区间内的最小变化距离；RMSE_1为原点云的均方根误差；RMSE_2为对比点云的均方根误差。

当n_1、$n_2 \in (4,30)$时，采用 t-双尾差异显著性检验计算置信区间，自由度 DF 如式(3.35)所示，当n_1、n_2均小于 4 时，无须计算置信区间。

$$\mathrm{DF}=\frac{\dfrac{\sigma_1(d)^2}{n_1}+\dfrac{\sigma_2(d)^2}{n_2}}{\dfrac{\dfrac{\sigma_1^4}{n_1-1}}{n_1}+\dfrac{\dfrac{\sigma_2^4}{n_2-1}}{n_2}} \tag{3.35}$$

3.4.2.4 基于无人机遥感的路基边坡监测

1. 点云数据采集

由于路基变形的发育和发生都是长期过程，需要经过数月至数年的定期监测才能对路基变形发育情况及其带来的风险进行分析[68]，因此，需要定期使用无人机获取靶向区域的地表三维信息，建立基于时间序列的高精度点云模型数据集，对路基变形的发育程度和变形值进行长期监测。本书在卫星遥感的基础上，利用无人机高的机动性对靶向区域进行精细化巡检。针对不同类型的靶向区域，建议每隔 2 个月对重度沉降区进行整体巡检；每隔 4 个月对中度及轻度沉降区内的桥梁、隧道及道路结合处进行巡检[69]。

出于飞行安全考虑，本书选择位于 K12+512—K19+307 之间的红屯 1 号隧道，此隧道处包含桥梁、边坡等不同类型的道路基础设施，处于轻度沉降区内，具有较好的代表性。2023 年 4 月 18 日采集了红屯 1 号隧道口第 1 期点云数据，2023 年 8 月 21 日采集了第 2 期点云数据。图 3.65(a)所示为无人机现场飞行路线，无人机整体飞行高度为 15m，飞行速度为 4m/s，激光雷达与水平面的夹角为 36.9°，采集边坡时，无人机应考虑边坡坡率变化情况，保证相对高度为 15m 左右。图 3.65(b)所示为无人机现场采集。

(a) 红屯1号隧道　　(b) 无人机现场采集

图 3.65　现场数据采集

2. 红屯 1 号隧道口三维模型

对两期采集的点云信息进行处理，其中，第 1 期共采集 9872 帧点云，第 2 期共采集 10020 帧点云，依据基于 ICP 的道路三维模型进行重建，对所有点云进行筛选，最终以三维实景点云表示两期红屯 1 号隧道口，以高程 Z 值进行着色，如图 3.66 所示。

图 3.66　红屯 1 号隧道三维实景模型(第 1 期)

如图 3.66 所示，为了验证模型精度，对点云模型中的两个建筑物进行提取，以建筑物的长、宽、高实测值为真值，以点云模型中各点的欧氏距离为测量值，对比结果见表 3.16。此外，利用均方根误差对点云模型三个维度的精度误差进行计算，以表征模型精度，X、Y、Z 三个方向的精度计算公式如式(3.36)～式(3.38)所示，计算结果见表 3.17。

表 3.16 道路三维实景模型精度验证

物体	尺寸	地面真值/m	第 1 期测量值/m	第 2 期测量值/m
建筑物 1	长	7.717	7.724	7.730
	宽	5.233	5.230	5.238
	高	4.415	4.398	4.402
建筑物 2	长	11.548	11.532	11.532
	宽	2.412	2.421	2.402
	高	2.506	2.494	2.509

$$S_X=\sqrt{\frac{\sum_{i=1}^{N}\left(X_i-X_i'\right)^2}{N}} \tag{3.36}$$

$$S_Y=\sqrt{\frac{\sum_{i=1}^{N}\left(Y_i-Y_i'\right)^2}{N}} \tag{3.37}$$

$$S_Z=\sqrt{\frac{\sum_{i=1}^{N}\left(Z_i-Z_i'\right)^2}{N}} \tag{3.38}$$

式中，X_i、Y_i、Z_i 分别表示建筑物长、宽、高的地面真值；X_i'、Y_i'、Z_i' 分别表示不同时期建筑物点云长、宽、高的测量值；N 为建筑物个数。

表 3.17 道路三维实景模型建筑物均方根误差

时间	均方根误差/cm			
	X	Y	Z	三维
第 1 期	1.23	0.68	1.47	2.03
第 2 期	1.46	0.79	0.94	1.91

由表 3.17 可知，X、Y、Z 三个方向的均方根误差最大可达 1.47cm，这主要是激光雷达本身的局限性以及建筑物小部分区域存在空白造成的。两期模型的三维精度分别为 2.03cm 和 1.91cm，相差 0.12cm，这主要是环境因素造成的。表明通过对两期三维点云模型进行对比，能够在一定程度上减小激光雷达的精度造成的测量误差。

3. 地面点提取

点云地面点提取的目的是消除植被及道路附属设施对路基变形区域判定的影响，依据 3.4.2.2 节进行点云地面点提取，对构建好的道路点云三维模型进行处理。

图 3.67(a)表示对红屯 1 号隧道整体进行地面点提取，地面点云稀疏，且存在大量的空洞，无法满足路基变形监测需求。本书针对这一问题，将点云模型按照地形变化特征分为四个区域[图 3.67(b)]，分别对每一个区域按照各自的地形起伏情况设置合理的参数(表 3.18)，提取地面点。

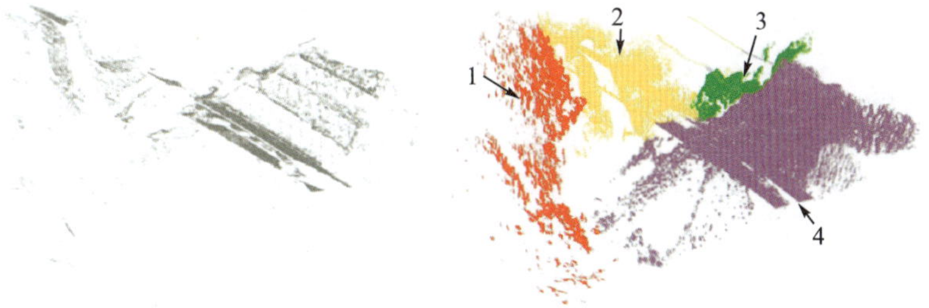

(a)整体地面点提取　　(b)区域划分

图 3.67　红屯 1 号隧道路基变形监测区域划分

表 3.18　PTD 算法参数设定

区域	m/m	t/(°)	θ/(°)	d/m	l/m	地面点个数/个
1	5	50	30	0.2	0.5	59259
2	5	88	30	0.2	1.0	302581
3	5	70	30	0.2	0.5	76121
4	12	30	20	0.2	1.0	1798065

由表 3.18 可知，在区域 4 内存在两个建筑物，因此，将最大建筑物长度 m 设定为 12m，其余各区域不存在建筑物，研究区域植被直径设定为 5m；最大地形坡度 t 和最大角度 θ，根据各区域三维实景模型中点云曲率及实地地形变化情况设定；最大距离 d 统一设定为 0.2m；最小边长 l 依据不同区域内的点云密度进行设定，对于点云密度较大的区域，取值应大，反之则小，本书对于区域 1、3 取值为 0.5m，区域 2、4 取值为 1.0m，至此，完成参数设定。

图 3.68 左侧表示对不同区域点云进行地面点提取，图 3.68 右侧表示将不同区域地面点进行拼接的结果。与图 3.67(a)相比，地面点云数量有了明显的提升，但将地面建筑物及植被剔除后，地面点云会出现一些点云空洞，为了获得能够反映真实地面情况的点云信息，本书采用构建的 TIN 模型模拟生成地面点对点云空洞进行填充，如图 3.69(a)所示。整体地面点云模型如图 3.69(b)所示，共包含 2189015 个点，极大地保留了原始地面特征。

图 3.68 红屯 1 号隧道地面点提取

(a) 点云空洞填充

(b) 地面点云模型

图 3.69 红屯 1 号隧道地面点云模型(第 1 期)

4. 路基变形监测

本书假设桥梁部分不会发生变形，以桥梁为基准，对两期地面点云进行对齐与裁剪，利用 M3C2 算法对两期点云变形区域进行识别。对第 2 期点云以 5cm 间隔进行降采样，投影半径设为 10cm，最大计算深度设为 15cm，以 10cm 为初始值，1cm 为步长，30cm 为终值求取法向量最佳拟合半径，变形监测结果如图 3.70 所示。

图 3.70　红屯 1 号隧道变形监测

对 M3C2 算法结果进行分析，整个红屯隧道共有 9 处沉降区、7 处抬升区，广泛分布于路基边坡、隧道口与地面衔接处。如图 3.70 所示，灰色表示没有发生变形的区域；深蓝色表示抬升最大的区域；深红色表示沉陷最大的区域；区域 1 表示路基边坡变形监测结果；区域 2 表示隧道口变形监测结果；区域 3 表示路基边坡左侧区域变形监测结果。其中，最大沉降值可达 1.8cm，位于路基边坡左侧，此区域没有做边坡防护，最大抬升值可达 2.3cm，位于隧道口右下方，未来应对明显发生变形的区域进行持续跟踪监测，防止灾害发生。

5. 三维建模结果验证

为了验证本书基于点云建模边坡变形监测方法的有效性，对比分析了基于倾斜摄影建模的边坡变形监测方法[70]。试验地点为南天高速的岗岭隧道，该隧道位于轻度沉降区内。DJI M600 Pro 无人机搭载激光雷达采集岗岭隧道点云信息，DJI Mavic 2 无人机采集岗岭隧道图像信息。2023 年 4 月 19 日采集了岗岭隧道口第 1 期点云及图像数据，2023 年 8 月 22 日采集了第 2 期点云及图像数据。分别利用本书方法及运动恢复结构(structure from motion，SFM)和多视图立体匹配(multi-view stereo，MVS)算法对岗岭隧道口进行三维重建。岗岭隧道不同类型点云模型的构建过程如图 3.71 所示。两种点云模型精度的对比见表 3.19。

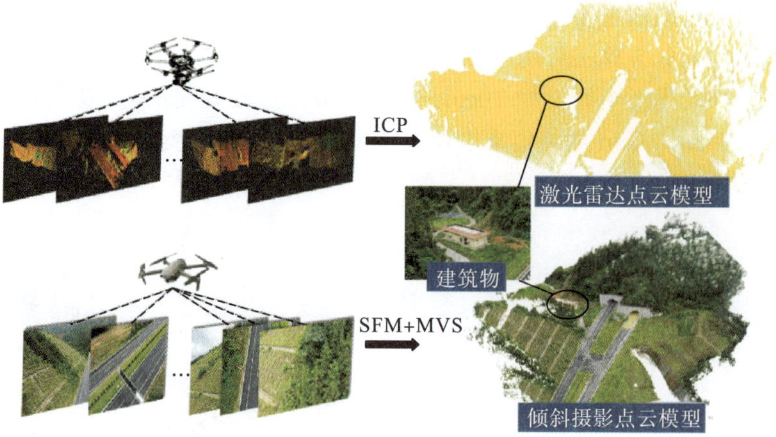

图 3.71 岗岭隧道三维点云模型

表 3.19 岗岭隧道点云模型精度对比

物体	点云类型	尺寸	地面真值/m	第 1 期测量值/m	第 2 期测量值/m
建筑物	激光雷达点云	长	28.673	28.668	28.691
		宽	7.603	7.612	7.61
		高	6.502	6.51	6.484
	倾斜摄影点云	长	28.673	28.652	28.669
		宽	7.603	7.610	7.621
		高	6.502	6.489	6.485

对比建筑物第 1 期、第 2 期及地面真值的测量值，采用式(3.36)～式(3.38)计算不同类型点云模型在 X、Y、Z 及三维方向的均方差。其中，激光雷达点云模型在 X 方向的均方差为 1.32cm，在 Y 方向为 0.8cm，在 Z 方向为 1.39cm，在三维方向为 2.17cm；倾斜摄影点云模型在 X 方向的均方差为 1.51cm，在 Y 方向为 1.36cm，在 Z 方向为 1.51cm，在三维方向为 3.22cm。因此，激光雷达点云模型在单方向及三维方向的精度均优于倾斜摄影点云模型。无人机倾斜摄影具有效率高、操作简便的优点，但它在受到图像分辨率及天气影响时，构建出来的模型精度较低。

根据岗岭隧道实际地形对两个点云模型进行分割，采用 PTD 算法提取地面点，M3C2 算法计算路基变形区域，图 3.72(a)所示为激光雷达点云模型计算结果，图 3.72(b)所示为倾斜摄影点云模型计算结果。对 M3C2 算法结果进行分析，采用激光雷达的方法共监测出 3 处路基沉降区、3 处路基抬升区，大多分布于路基边坡及山体表面，最大沉降值为 3.2cm，最大抬升值为 2.8cm；采用倾斜摄影的方法共监测出 3 处路基沉降区、4 处路基抬升区，最大沉降值为 3.5cm，最大抬升值为 2.4cm，变形区域分布位置与激光雷达监测结果相似，但由于倾斜摄影点云模型所包含的范围较大，因此，多识别出一个路基抬升区。

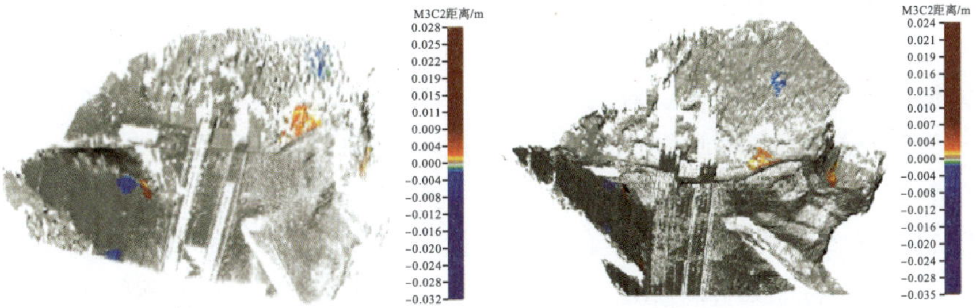

(a) 激光雷达点云模型　　(b) 倾斜摄影点云模型

图 3.72　岗岭隧道口路基变形监测

3.4.3 基于无人机图像的桥梁病害识别

3.4.3.1 轻量化多目标识别模型 UM-YOLO

对于公路路面及桥梁病害相关的监测，现阶段普遍使用卷积神经网络提取特征并进行分类。本书针对无人机公路日常巡检背景下目标数量多、种类繁杂、尺度多样的问题，提出了一种有效的目标监测改进算法 UM-YOLO，该算法可以更好地应对公路路面及桥梁日常病害监测任务。UM-YOLO 的主干网络基于 YOLOv8 模型，是一种针对多目标、多尺度对象的改进算法，UM-YOLO 的主要改进如下：首先，在 Backbone 端使用高效多尺度注意力（efficient multi-scale attention，EMA）机制增强了 C2f 模块，以增强模型的特征提取能力，提升模型对小目标和多尺度特征的学习能力；其次，在 Neck 端采用双向特征金字塔网络（Bi-FPN）融合机制，高效快速地处理多尺度特征，从而在减少模型参数的同时保留更多原始数据；最后，引入 GSConv 卷积法优化 Neck 端的 C2f 模块，从而在不影响精度的情况下减少模型参数和计算复杂度。

1. 基于高效多尺度注意力机制的特征提取结构优化方法

注意力机制被证明是能在一定程度上提高计算机视觉任务性能的有效改进方法。针对 YOLOv8 对公路路面及桥梁病害目标识别特征提取能力不足导致监测准确性较低的问题，本书引入高效多尺度注意力机制[71]对算法进行改进。加入注意力机制的目的是让网络更多地关注当前任务的目标信息。目前，主流的注意力机制分为通道注意力机制和空间注意力机制两种。主流应用的注意力机制包括 SE[72]（squeeze and excitation）、CBAM[73]（convolutional block attention module）和

CA[74](coordinate attention)。SE是经典的通道注意力机制之一，其通过权重矩阵，从通道域的角度赋予图像不同位置不同的权重，得到更重要的特征信息，但是由于其只考虑通道内部的信息而忽略了位置信息，目标边界框回归效果不佳。在应用中，为了提高模型检测多个目标的能力，有必要同时考虑通道维度和空间维度的注意力。CBAM比SE多了一个空间通道，通过计算通道和空间两个维度的权重，能够在一定程度上提高精度，但其没有考虑空间和通道间全局尺度的交互，对跨维度特征信息的表征能力不足。CA 是一种同时考虑通道和空间的注意力模块，但它需要很高的计算开销。

EMA和CA有一个相似的概念，即利用跨信道信息将空间位置信息纳入信道注意力图，以改进特征聚合。EMA的主要思想包括特征分组、并行子网络和跨空间学习。首先，采用特征分组法将输入特征图沿信道维度分为两个一维特征码和一个三维特征码。通过这种划分，可以在三个不同的空间方向上聚合目标特征。随后，两个并行分支的输出特征通过跨维交互进行聚合，捕捉像素级的成对关系。同时，第三个分支通过编码全局信息，重新校准每个并行分支中的通道权重。最后，通过跨空间学习，利用从并行分支中学习到的注意力图权重来聚合原始的中间特征图，从而为高级特征图带来更好的像素级注意力。EMA注意力机制的结构如图3.73所示。

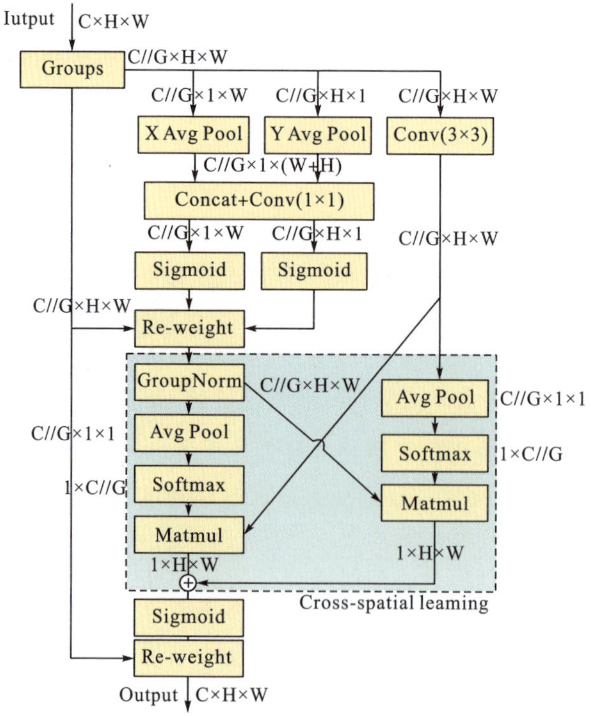

图3.73 EMA注意力机制结构图

本书提出了在 YOLOv8n 骨干结构中插入 EMA 模块对原 C2f 模块进行改进，形成新的 C2fEMA 结构。C2fEMA 模块进一步增强了模型的感受野，提高了对背景模糊和难以检测特征的目标的特征提取能力。集成的 C2fEMA 模块如图 3.74 所示。

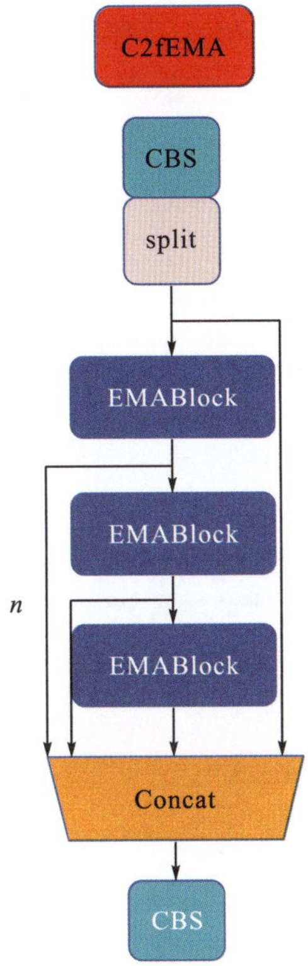

图 3.74 C2fEMA 模块结构图

2. 基于 Bi-FPN 的多尺度特征融合机制

无人机捕获的图像中目标大小差异很大，而卷积神经网络单层的特征图通常表征能力有限。双向特征金字塔网络(Bi-FPN)[75]和自适应空间特征融合(ASFF)[76]等特征金字塔结构已被许多研究人员采用，并被证明对多目标识别有效[77]。因此，有效地进行特征融合处理和改进多尺度特征是必要的。为了从图像中提取更深层次的信息，本书将原始的特征提取网络 PANet 替换为 Bi-FPN 结构，以增强其特征融合能力。Bi-FPN 的优势有两个：一是增加了从高分辨率到低分辨率的路径，使其在特征融合过程中比原始 FPN 结构融合得更充分；二是其删除了只从单个节点获得输入信息的节点，使得 Bi-FPN 比 PANet 更高效、权重更轻。图 3.75 展示了 PANet 和 Bi-FPN 特征融合方式的对比。

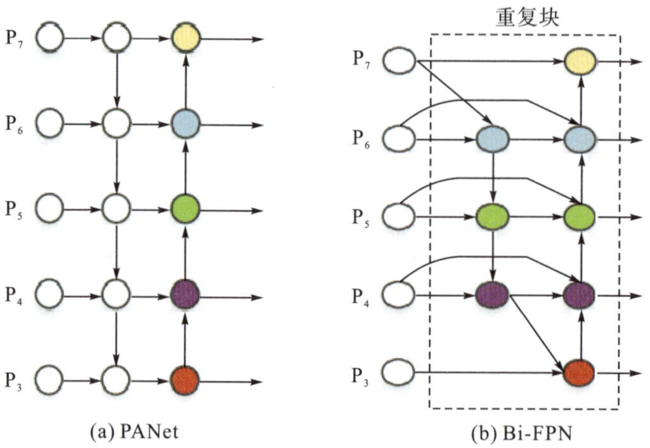

图 3.75 PANet 和 Bi-FPN 特征融合方式对比图

图 3.75 中，Bi-FPN 网络将每个双向路径(自上而下和自下而上)作为一个特征网络层进行处理，并通过加权特征融合(学习不同输入特征的重要性)对不同特征进行差异化融合，从而提高了处理路径中的特征融合水平。Bi-FPN 采用快速归一化融合法融合加权特征，其定义如式(3.39)所示：

$$0=\sum_{i}\frac{w_i}{\varepsilon+\sum_{i}w_i}I_i \tag{3.39}$$

式中，w_i是可学习的权重，可以是一个标量(每个特征)、一个向量(每个通道)或一个多维张量(每个像素)，通过在每个w_i后应用一个 Relu 来保证$w_i\geqslant 0$；$\varepsilon=0.0001$，是一个避免数值不稳定的小参数。

以第 i 层为例，Bi-FPN 的两个融合特征公式如式(3.40)、式(3.41)所示：

$$P_i^{\text{td}}=\text{Conv}\left(\frac{w_1P_i^{\text{in}}+w_2\text{Rwsize}\left(P_{i+1}^{\text{in}}\right)}{w_1+w_2+\varepsilon}\right) \tag{3.40}$$

$$P_i^{\text{out}}=\text{Conv}\left(\frac{w_1'P_i^{\text{in}}+w_2'P_i^{\text{td}}+w_3'\text{Resize}\left(P_{i-1}^{\text{out}}\right)}{w_1'+w_2'+w_3'+\varepsilon}\right) \tag{3.41}$$

式中，P_i^{td}代表自上而下路径上第 i 层的中间过渡特征；P_i^{out}代表自下而上路径上第 i 层的最后输出特征；w_1、w_2分别是计算中间转换特征所需的当前层输入和下一层输入的权重参数；w_1'、w_2'、w_3'分别表示当前层输入的权重、当前层过渡单元输出的权重和上一层输出的权重。

3. 基于 GSConv 的轻量化卷积方法

在使用无人机进行公路及桥梁日常巡检的过程中，无人机在快速飞行时会实时传输大量的高质量视频文件，消耗较高的计算资源，此时如果使用原 YOLOv8n 模型进行公路异常识别，则会占用大量的显存和内存，降低检测速度，且会带来卡顿、崩溃等问题。因此，在设计 UM-YOLO 时，模型的检测速度是不得不考虑的重要因素之一。为了提高模型的检测速度，一些有效的轻量级网络模型，如 MobileNet[78]、Ghost-Net[79] 等可通过深度可分离卷积(depth-wise separable convolution，DConv)提高模型检测速度。然而，试验表明，尽管这些现有方法显著减小了模型大小，但当应用于实际数据集时准确率较低。这一问题背后的主要原因是，深度可分离卷积在计算过程中分离了信道信息，舍弃了信道之间的信息交互，将输入特征图的信道信息分离，信道间的信息交换被削弱，而在卷积神经网络中，信道间的信息交互对于模型理解和识别图像中的复杂模式至关重要。为了解决这个问题，本书用新型卷积方式 GSConv[80]代替普通卷积运算来改进 Neck，该卷积方式的主要原理是使用均匀混合(shuffle)操作来增强信道间的信息交互。具体而言，它尝试将标准卷积生成的信息与深度可分离卷积生成的信息进行融合，保持模型效率，提升模型对信道间信息的利用能力。

GSConv 的主要结构如图 3.76(a)所示。本书在 GSConv 的基础上形成 GSBottleneck 和 C2fGS 模块，如图 3.76(b)和图 3.76(c)所示。在 Neck 端使用 GSConv 代替普通卷积操作，用 C2fGS 模块代替原来的 C2f 模块，再降低模型的计算复杂度，减少推理时间，保持模型的准确性。

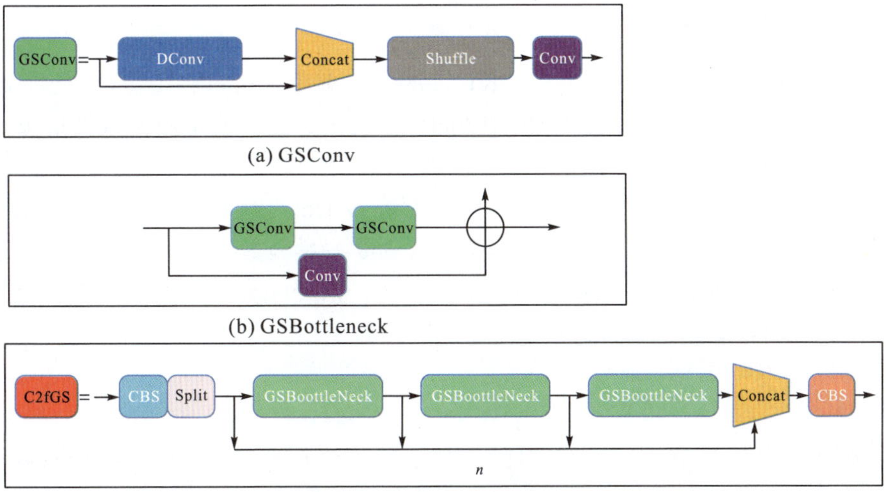

(a) GSConv

(b) GSBottleneck

(c) C2fGS

图 3.76　模型轻量化模块结构图

4. UM-YOLO

在 YOLOv8 的基础上添加 EMA 模块，引入双向特征金字塔网络(Bi-FPN)，以及采用 GSConv 卷积方法替换原有卷积方法，建立适用于无人机公路及桥梁病害日常检测的算法：UM-YOLO[81]。UM-YOLO 的网络结构如图 3.77 所示。

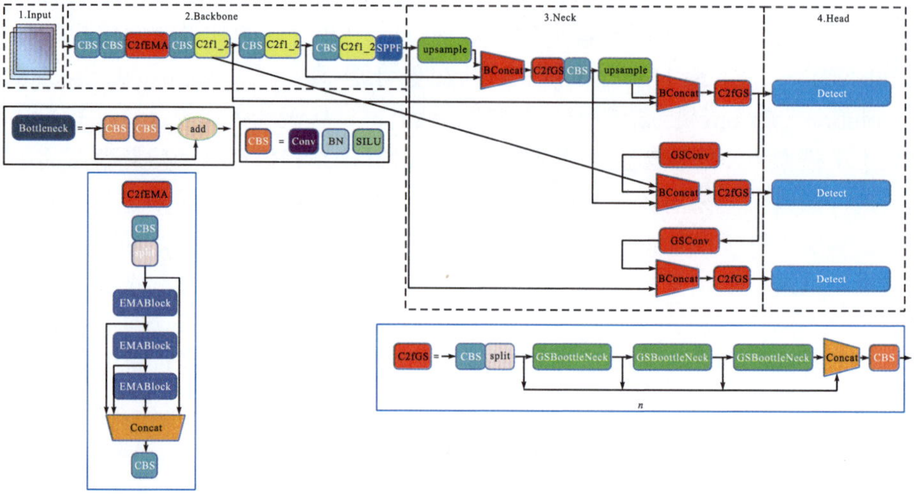

图 3.77 UM-YOLO 的网络结构图

3.4.3.2 UM-YOLO 模型训练及评价

1. 训练参数设置

实验在配备 NVIDIA GeForce RTX2080 Ti 显卡、Inteli9-10900X 处理器、CUDA12.2、Python3.10 和 Pytorch1.12 的计算机上进行。桥梁病害数据集按 8∶1∶1 的比例划分为训练集、验证集及测试集。

使用 UM-YOLO 对数据集进行训练，设置 patience 为 50，经过多次实验，模型基本在迭代 250 次后开始收敛，最多迭代 350 次后因指标未显著提升而停止，最终选择模型参数如下：epoch=300，batch=32，workers=16，选择 SGD 优化器，学习率为 0.01，动量为 0.9，权重衰减为 0.0005。

2. 评价指标

本书使用精度(precision)、召回率(recall)、平均精度(AP)、均值平均精度(MAP)评估模型检测性能，如式(3.42)～式(3.45)所示。

$$\text{precision}=\frac{\text{TP}}{\text{TP+FP}} \tag{3.42}$$

$$\text{recall}=\frac{\text{TP}}{\text{TP+FN}} \tag{3.43}$$

$$\text{AP}=\int_0^1 P(R)\mathrm{d}R \tag{3.44}$$

$$\text{MAP}=\frac{1}{n}\sum_{i=1}^{n}\text{AP} \tag{3.45}$$

本书选择 IoU 阈值为 0.5。TP 代表检测结果大于 0.5 且分类正确的数量，FP 代表检测结果小于 0.5 或者分类不正确的数量，FN 代表存在实际边框而未被检测出的数量，n 代表类别数量。其中，AP 通过对不同召回率点上的准确率进行平均，计算 precision-recall (P-R) 曲线面积得到；MAP 表示对所有类别的 AP 值求平均值，能够反映整个模型的准确率。

3. 实验结果分析

由于本书使用的数据集中各类别数目较不均衡，采用 P-R 曲线能够更好地反映出在正例类别中的精确度和召回率的变化，更准确地反映出模型在少数类别上的性能。图 3.78 (a) 所示为 UM-YOLO 模型在桥梁病害数据集上的训练结果，图 3.78 (b) 所示为桥梁病害识别的 P-R 曲线。模型对各类桥面铺装沥青面层病害和钢筋混凝土病害的图像检测结果见表 3.20。

由表 3.20 可知，模型在对龟裂和修补病害进行检测时表现出较高的精度、召回率和 AP，具有较高的预测性，说明模型能够准确有效地实现对这两类病害的特征提取。而坑槽、混凝土裂缝、风化和钢筋外露的平均精度明显低于 MAP，可能是这些病害的数据量相对较少，导致模型对病害特征学习不足，致使模型检测时产生更多的错检或漏检。

Model summary (fused): 168 layers, 3007403 parameters, 0 gradients, 8.1 GFLOPs

Class	Images	Instances	Box(P	R	mAP50
all	814	1413	0.917	0.892	0.939
Longitudinal crack	218	319	0.894	0.878	0.93
Transverse crack	225	289	0.916	0.927	0.951
Alligator crack	131	171	0.94	0.923	0.97
Repair	142	204	0.923	0.951	0.964
Pothole	36	53	0.937	0.887	0.927
Concrete crack	78	88	0.926	0.859	0.925
Efflorescence	78	94	0.902	0.885	0.912
Spalling	93	108	0.923	0.883	0.949
Rebar	60	87	0.89	0.837	0.921

(a) 桥梁病害数据集

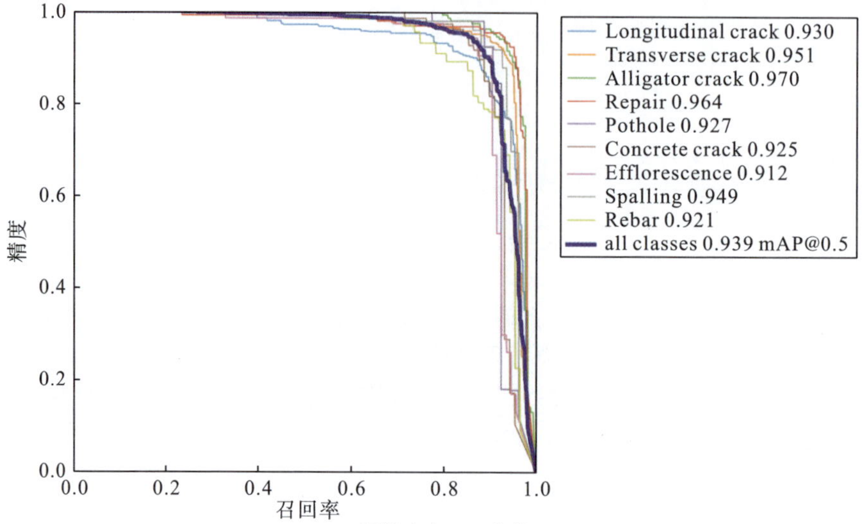

(b) 桥梁病害 P-R 曲线

图 3.78 UM-YOLO 桥梁病害识别结果

表 3.20 桥梁病害图像检测结果

病害类别	精度	召回率	MAP50
全部	0.917	0.892	0.939
纵向裂缝	0.894	0.878	0.930
横向裂缝	0.916	0.927	0.951
龟裂	0.940	0.923	0.970
修补	0.923	0.951	0.964
坑槽	0.937	0.887	0.927
混凝土裂缝	0.926	0.859	0.925
风化	0.902	0.885	0.912
剥落	0.923	0.883	0.949
钢筋外露	0.890	0.837	0.921

总体来看，UM-YOLO 对桥梁病害的检测 MAP 达到 93.9%，对各类别病害的检测均值平均精度均达到 90%，证明该模型能够实现对桥梁病害的有效检测。

综上可知，本书所提出的方法已满足项目要求的无人机协同巡检识别病害准确率不低于 90%。

3.4.3.3 测试

使用 UM-YOLO 对桥梁病害进行检测的结果如图 3.79 所示。结果显示，纵向裂缝、横向裂缝、龟裂、修补和坑槽得到有效分类。同时，坑槽、剥落、风化与钢筋外露等特征明显的桥梁病害均被准确检测，并得到较高的置信度值，表明模型能够提取病害特征并实现对病害的精确检测。如图 3.79(b)～图 3.79(e)所示，在路面标线、路侧设施及光影的影响下，模型依然能够正确识别出存在的桥面病害，证明模型在不同场景下具有鲁棒性。

(a) 纵向裂缝　(b) 横向裂缝　(c) 龟裂

(d) 修补　(e) 坑槽　(f) 混凝土裂缝

(g) 风化　(h) 剥落　(i) 钢筋外露

图 3.79　UM-YOLO 测试识别结果

第 4 章　交通基础设施结构表面监测

近年来公路路基、边坡滑坡灾害导致事故频发，轻则导致交通受阻，重则造成重大经济损失和人员伤亡。边坡是交通基础设施中最为脆弱的部分，有效的边坡监测技术应用是准确判别边坡危险性的重要手段之一。目前边坡运营安全监测应用主要是通过卫星导航系统进行变形监测。本章介绍基于北斗导航卫星系统的交通基础设施表面监测方法和交通基础设施监测数据处理方法，阐述北斗卫星载波相位和伪码测距信号构成以及绝对定位和相对定位的数学模型，重点分析在交通基础设施表面三维形变中的数据处理方法。

4.1　基于北斗导航卫星系统的交通基础设施表面监测方法

2022 年北斗三号导航卫星系统完成全球组网，北斗导航卫星系统在交通安全监测领域广泛应用，进而诞生了新一代交通基础设施安全监测预警系统。该系统主要包括北斗/GNSS 卫星导航定位、InSAR 卫星遥感、卫星天基通信、无线智能感知和 AI 大数据处理等模块，是点面结合、天地一体、全方位感知的智能监测体系，赋予交通基础设施强大的安全监管能力。

在解算物体空间位置时，需考虑电离层、对流层、多路径和相对论效应等因素对定位精度的影响。目前已有模型和方法可消除或降低这些误差源的影响。变形监测对位置精度要求较高，通常采用差分定位或精密单点定位方法进行精确位置解算，定位精度可达到厘米级甚至毫米级。基于此，通过布设北斗接收终端接收精确卫星定位信号，可实现目标的连续实时形变监测[82]。

北斗高精度定位技术可定点对交通基础设施周边的地灾点、边坡，以及桥梁、隧道、铁路等进行全天候、全自动的形变位移监测，精度可达毫米级(水平优于 2.5mm+1ppm，竖向优于 5mm+1ppm)。采用新一代低功耗、低成本、易安装、易维护的无线智能传感设备，获取更精准、更全面的交通基础设施状态信息。通过卫星物联网星座，补充无人区地面网络“盲区”，实现监测数据天基传送，为交通基础设施公共安全突发事件和自然灾害灾后通信中断后的抢险救援提供应急通信保障。

本技术具有基于力学模型+AI 数据驱动的“双核”引擎，对北斗卫星和地面无线智能感知获取的“空天地”多维数据进行专业分析和处理。监测系统将结构状态和预警信息实时反馈和推送到交通基础设施管理、应急管理等部门。解决了交通基础设施灾害风险科学评估、精准预测、应急决策的难题，实现交通基础设施安全风险隐患早发现、早预警、早处置。

(1) 结合卫星北斗、遥感和地面物联监测设备，构建了“空天地”感知网络，形成了周期性与实时性相结合、重要交通基础设施与路线点面相结合的监测体系。

(2) 研发高集成、低功耗、一体化的北斗监测装备和无线智能传感监测装备，提高了复杂环境下交通基础设施监测设备的生存能力和服役性能，降低了监测系统的建设成本和安全维护的难度。

(3) 研发集群大数据融合和 AI 智能评估分析的智慧管养平台，构建交通基础设施安全运行“监测监控—预警评估—应急处置—管养决策”的高效服务链条，实现交通基础设施监管养一体化管控的在线可感、可视、可控、可服务。

监测设备主要为北斗监测仪。北斗监测仪主要由天线、太阳能电池板、主机箱三部分组成。整个监测仪布置在现场浇筑的水泥墩上，水泥墩埋入地下 60cm，露出地面 20cm，可以防止因设备安装不稳导致的测量误差，同时可以减小下雨时雨水汇集对设备的损害。设备安装如图 4.1 所示。最顶端为天线，用来接收北斗定位信号。往下是太阳能电池板，太阳能电池板下面为主机箱，主机箱内包括蓄电池、北斗定位模块、数据传输模块和数据天线等。数据传输模块内置一张 4G 的 SIM 卡，与数据天线协同作用，对监测数据进行无线传输。

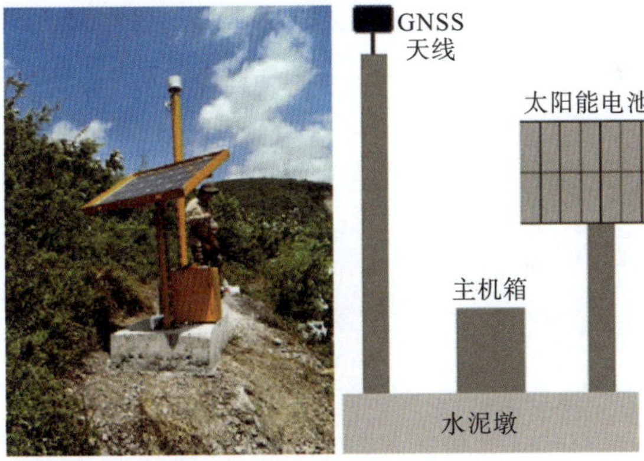

图 4.1　监测设备及安装图

4.1.1　北斗卫星信号构成

北斗卫星系统是我国自主研发的全球导航卫星系统，由北斗导航卫星、地面控制站和用户设备组成。信号构成是该系统的核心部分之一，直接影响到其定位精度和服务质量。

北斗卫星信号由多个频段的信号组成，主要包括导航信号、定位信号和辅助信号。这些信号经过精确的设计和调试，以确保在不同环境和使用场景下都能提供准确可靠的定位和导航服务。

导航信号是北斗卫星的主要信号之一，用于提供全球定位服务(GPS)和时间信息。导航信号通常分为公开服务信号和授权服务信号两种类型。公开服务信号可供全球用户免费接收和使用，而授权服务信号则针对特定应用提供更高精度和安全性。

定位信号是指卫星向用户发送的用于计算位置的信号。北斗卫星系统提供多种定位信号，包括标准精度定位信号和高精度定位信号。这些信号通过复杂的算法和时序处理，使得用户能够在各种环境条件下获得精确的位置信息。

辅助信号包括各种辅助数据和服务信号，用于增强定位的精度和速度。例如，卫星时钟校正信号、卫星状态信息以及差分信号等，这些信号对提高卫星导航系统的整体性能至关重要。

北斗卫星系统在设计时考虑了多种频段和信号特征，以应对不同的应用需求和信号传播环境。北斗卫星信号覆盖了多个频段，包括L1、L2和L5等频段。每个频段具有不同的特性和应用场景，如L1频段主要用于公众服务信号，而L5频段则主要用于高精度定位和安全应用。北斗卫星系统各信号观测值见表4.1。

表4.1 北斗卫星系统各信号观测值

波段/频率	频码	观测值			
		伪矩	载波相位	多普勒频移	信号强度
B1-2/1561.098	I	C2I	L2I	D2I	S2I
	Q	C2Q	L2Q	D2Q	S2Q
	I+Q	C2X	L2X	D2X	S2X
B1/1575.42 (BDS-3 Signals)	Data	C1D	L1D	D1D	S1D
	Pilot	C1P	L1P	D1P	S1D
	Data+Pilot	C1X	L1X	D1X	S1X
	B1A	C1A	L1A	D1A	S1A
	Codeless		L1N	D1N	S1N
B2a/1176.45 (BDS-3 Signals)	Data	C5D	L5D	D5D	S5D
	Pilot	C5P	L5P	D5P	S5P
	Data+Pilot	C5X	L5X	D5X	S5X
B2b/1207.140 (BDS-2 Signals)	I	C7I	L7I	D7I	S7I
	Q	C7Q	L7Q	D7Q	S7Q
	I+Q	C7X	L7X	D7X	S7X
B2b/1207.140 (BDS-3 Signals)	Data	C7D	L7D	D7D	S7D
	Pilot	C7P	L7P	D7P	S7P
	Data+Pilot	C7X	L7X	D7Z	S7Z

续表

波段/频率	频码	观测值			
		伪矩	载波相位	多普勒频移	信号强度
B2 (B2a+B2b) /1191.795 (BDS-3 Signals)	Data	C8D	L8D	D8D	S8D
	Pilot	C8P	L8P	D8P	S8P
	Data+Pilot	C8X	L8X	D8X	S8X
B3/1268.52	I	C6I	L6I	D6I	S6I
	Q	C6Q	L6Q	D6Q	S6Q
	I+Q	C6X	L6X	D6X	S6X
	B3A	C6A	L6A	D6A	S6A

不同频段的信号具有不同的带宽、功率、调制方式和编码方式。这些特征决定了信号的传输速率、抗干扰能力和接收灵敏度，从而直接影响定位精度和服务质量的提升。

北斗第三代卫星导航系统中，现阶段主要有 B1I、B1C、B2a 和 B3I 信号被用于民事领域。这些导航信号主要由测距码、数据码和载波三部分组成，其中数据码通过测距码进行扩频，扩频后的信号由载波进行调制形成导航信号，这些信号的本质是一个直接序列扩频模型。以(B1 频点 I 支路)信号为例进行研究，该信号的表达式如下：

$$S_{\mathrm{a}}(t)=\sqrt{p}C(t)D(t)\cos(2\pi(f_{\mathrm{F}}+f_{\mathrm{d}})t+\varphi) \tag{4.1}$$

式中，p 表示 B1I 信号的功率；$C(t)$ 表示测距码；$D(t)$ 表示数据码；f_{F} 表示 B1I 信号的载波中频，其值为 1561.098MHz；f_{d} 表示多普勒频移；φ 为载波初始相位。B1I 支路信号生成的原理图如图 4.2 所示。

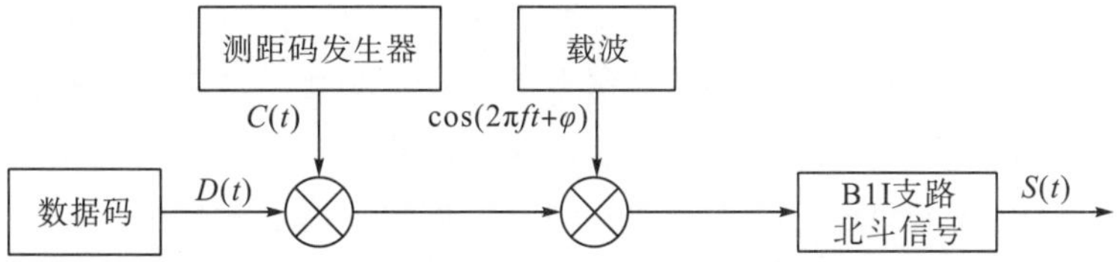

图 4.2　B1 频点 I 支路信号生成原理示意图

数据码是载有导航电文的二进制码。导航电文包含 D1 和 D2 两类，它们是通过彼此之间结构与速率的区别进行划分的。由 MEOIGSO 卫星发送的 B1I 信号采用的是 D1 导航电文，其速率为 50bit/s，周期为 20ms，即一个完整的数据码由 20 个周期的测距码进行扩频。由 GEO 卫星发送的 B1I 信号采用的是 D2 导航电文，其速率为 500bit/s，周期为 2ms，即一个完整的数据码由 2 个周期的测距码进行扩频。

R1I 支路信号是经过扩频的信号进行二进制相移键控调制得到的。它的载波频率是 1561.098MHz，但是北斗信号由接收机天线接收到之后，会通过射频(radio frequency，RF)前端将其下变频到一定的频率，之后经下变频得到的模拟信号由模数转换器(analog to digital converter，ADC)进行转换，得到数字中频信号。

北斗卫星导航信号传输过程中，由于接收终端与卫星存在相对运动效应，接收端解调信号频率与卫星发射源频率将产生显著偏移，这种现象在卫星导航领域称为多普勒频移效应。北斗系统星座由中圆地球轨道(MEO)、地球静止轨道(GEO)和倾斜地球同步轨道(IGSO)三类卫星构成，不同轨道类型的卫星具有差异化运动特性：MEO 卫星轨道高度约为 21500km，运行角速度达 4°/min；GEO 卫星相对地面静止，角速度接近零。这种轨道动力学特性导致不同类型卫星产生的多普勒频移量级差异可达数十千赫兹。尤其是对于搭载在高速航空器、弹道载具等动态平台上的接收机，其自身运动引发的附加多普勒频移可能超过±10kHz。因此，在工程实现中需构建多普勒频移预测模型，通过卫星星历数据推算轨道运动分量，结合惯性导航系统(INS)数据补偿载体运动分量，并采用动态门限调整算法实现频移搜索区间的自适应优化，典型参数设置需满足±15kHz 的动态覆盖范围，以确保在复杂运动场景下仍能维持稳定的信号跟踪性能。

4.1.2 北斗定位基本原理

北斗卫星导航接收机输出的观测参数体系包含伪距观测值、多普勒频移、载波相位、信噪比以及周跳标记等核心要素。值得注意的是，由于各芯片厂商在硬件设计层面的差异性，不同型号接收机在观测值的噪声特性、精度等级等技术指标上存在显著区别。从误差控制的角度分析，每类观测值均受到电离层延迟、对流层折射、卫星钟差、接收机钟差、多路径效应等多重误差源的复合影响。为实现高精度定位，需依据各类误差的量级特征，分别构建系统误差模型和随机误差模型，通过差分校正、滤波估计等手段实现误差补偿。

卫星定位的基本原理是基于空间几何定位理论，通过测量用户接收机与多颗卫星之间的几何距离实现位置解算。接收机通过对卫星导航信号进行捕获跟踪，利用扩频码相关技术获取伪距测量值，结合载波相位观测形成复合观测数据。当前北斗三号全球系统已完成 35 颗在轨卫星的星座部署，采用中圆地球轨道、地球静止轨道和倾斜地球同步轨道混合构型，确保全球任意位置用户可同步接收 4 颗以上的卫星所发出的信号。基于空间后方交会原理，通过建立四元非线性方程组并采用最小二乘法进行解算，即可确定接收机在 WGS-84 坐标系下的三维空间坐标(X,Y,Z)和接收机钟差参数。根据得到的 4 颗卫星的位置，利用三维坐标系点之间的距离公式可得

$$L=\sqrt{(x_s-x_u)^2+(y_s-y_u)^2+(z_s-z_u)^2} \tag{4.2}$$

式中，x_u、y_u、z_u为用户当前时刻所在位置；x_s、y_s、z_s为卫星坐标；L为卫星到用户的距离。

然而，在实际计算过程中，用户的时钟精度并不是完全相等于卫星自带的原子钟精度。因此，在计算时，只有三个参数并不能得到用户的精确位置。此时就需要引入另外一个未知数辅助计算，从而得出用户终端的位置信息。接收机定位非线性方程组表示为

$$\begin{aligned}
\rho_1&=\sqrt{(x_{s1}-x_u)^2+(y_{s1}-y_u)^2+(z_{s1}-z_u)^2}+\Delta t_u\\
\rho_2&=\sqrt{(x_{s2}-x_u)^2+(y_{s2}-y_u)^2+(z_{s2}-z_u)^2}+\Delta t_u\\
\rho_3&=\sqrt{(x_{s3}-x_u)^2+(y_{s3}-y_u)^2+(z_{s3}-z_u)^2}+\Delta t_u\\
\rho_4&=\sqrt{(x_{s4}-x_u)^2+(y_{s4}-y_u)^2+(z_{s4}-z_u)^2}+\Delta t_u
\end{aligned} \tag{4.3}$$

式中，ρ为卫星到用户的距离；Δt_u为纠正钟差。北斗卫星发射信号中包含有发送时间、钟差以及坐标等参数，地面用户终端在接收到卫星信号后，对其进行解算处理，得到其中的时间信息。然后根据时间差，在距离公式的基础上，就可以通过计算得到卫星和地面用户的距离，从而清楚地知道用户终端的具体位置。

1. 北斗非差观测模型

北斗伪距、载波、多普勒观测模型如下所示：

$$P_i=\rho+c\left(\mathrm{dt}^{\mathrm{BDS}}-\mathrm{dT}^{\mathrm{BDS}}\right)+I_i+T+b_{\mathrm{r},P_i}-b_{P_i}^{\mathrm{s}}+m_{P_i}+\varepsilon_{P_i} \tag{4.4}$$

$$\varphi_i=\rho+c\left(\mathrm{dt}^{\mathrm{BDS}}-\mathrm{dT}^{\mathrm{BDS}}\right)-I_i+T+N\lambda_i+b_{\mathrm{r},\varphi_i}-b_{\varphi_i}^{\mathrm{s}}+m_{P_i}+\varepsilon_{P_i} \tag{4.5}$$

$$D_i=\dot{\rho}+c\left(\dot{\mathrm{d}}\mathrm{t}^{\mathrm{BDS}}-\dot{\mathrm{d}}\mathrm{T}^{\mathrm{BDS}}\right)+\dot{I}_i+\dot{T}+m_{P_i}+\varepsilon_{P_i} \tag{4.6}$$

其中，P_i、φ_i、D_i分别代表伪距(m)、载波相位(m)、多普勒频移(m/s)在每个频率上的观测值；ρ为几何距离量，为卫星位置和估计位置初值的距离；$\dot{\rho}$为伪距率量，由卫星速度和估计速度初值计算；c为电磁波传播速度，c=299792458.0m/s；$\mathrm{dt}^{\mathrm{BDS}}$与$\mathrm{dT}^{\mathrm{BDS}}$分别为相对于参考时间系统的接收机和卫星钟差；$\dot{\mathrm{d}}\mathrm{t}^{\mathrm{BDS}}$与$\dot{\mathrm{d}}\mathrm{T}^{\mathrm{BDS}}$分别为相对于参考时间系统的接收机和卫星钟漂；$I_i$为第$i$频率上的电离层延迟；$\dot{I}_i$为第$i$频率上的电离层延迟变化速率；$T$为对流层延迟；$\dot{T}$为对流层延迟变化率；$b_{\mathrm{r},P_i}$和$b_{P_i}^{\mathrm{s}}$分别为伪距观测值的接收机硬件延迟和卫星钟硬件延迟；b_{r,φ_i}和$b_{\varphi_i}^{\mathrm{s}}$分别为载波相位观测值的接收机硬件延迟和卫星钟硬件延迟；m_{P_i}为多路径延迟量；ε_{P_i}为建模的其他参与误差。

对于硬件延迟项，一般独立于频率、卫星与接收机，常采用两种模型：①将其放入钟差中考虑，每一个频率上的每一个观测值都将拥有不同的钟差项，即同一信号上的伪距和载波钟差都将不同；②采用统一的钟差，在观测项中添加硬件

延迟项。

2. 北斗单差、双差模型

电离层、对流层误差具有空间、时间相关，而硬件延迟、钟差具有类似的性质。采用差分定位的方式可以消除相应的误差项。北斗三代的发射使得卫星信号充足。对于BDS观测值，其站间单差模型为

$$\Delta_{u,r}P_1 = \rho_u - \rho_r + c\left(\mathrm{dt}_u - \mathrm{dt}_t\right) + b_{u,P_1} - b_{r,P_1} + m_{\Delta_{u,r}P_1} + \varepsilon_{\Delta_{u,r}P_1} \tag{4.7}$$

$$\begin{aligned}\Delta_{u,r}\varphi_1 = \rho_u - \rho_r + c\left(\mathrm{dt}_u - \mathrm{dt}_t\right) + b_{u,\varphi_1} \\ -b_{r,\varphi_1} + (N_u - N_r)\lambda_1 + m_{\Delta_{u,r}\varphi_1} + \varepsilon_{\Delta_{u,r}\varphi_1}\end{aligned} \tag{4.8}$$

$$\Delta_{u,r}D_1 = \dot{\rho}_u - \dot{\rho}_r + c\left(\dot{\mathrm{d}}\mathrm{t}_u - \dot{\mathrm{d}}\mathrm{t}_t\right) + m_{\Delta_{u,r}D_1} + \varepsilon_{\Delta_{u,r}D_1} \tag{4.9}$$

式中，u和r分别代表用户(user)和参考站(reference)；$\Delta_{u,\ r}$为单差算子。为了消除硬件延迟以及钟差，采用双差方程进行解算：

$$\Delta\nabla P_1 = \Delta\nabla\rho + m_{\Delta\nabla P_1} + \varepsilon_{\Delta\nabla P_1} \tag{4.10}$$

$$\Delta\nabla\varphi_1 = \Delta\nabla\rho + \Delta\nabla N\lambda_1 + m_{\Delta\nabla\varphi_1} + \varepsilon_{\Delta\nabla\varphi_1} \tag{4.11}$$

$$\Delta\nabla D_1 = \Delta\nabla\dot{\rho} + m_{\Delta\nabla D_1} + \varepsilon_{\Delta\nabla D_1} \tag{4.12}$$

式中，$\Delta\nabla$为双差算子，表示在站间、星间做差，其余项含义同前文所述。

4.1.3 北斗定位模型

常用的北斗定位模型包括单点定位、伪距差分定位以及实时动态差分定位。在城市环境下，由于观测条件和硬件成本的限制，仅利用载波差分难以获得最优结果，通常需要综合各种模型以获取鲁棒性最高的结果。在单点定位的基础上联合伪距差分定位和实时动态差分定位的结果。但在观测值数量较小、质量较差的情况下，无法得到最简单的结果，因此需要选择质量较好的观测值进行滤波更新，从而在“没有结果”的情况下得到鲁棒性较高的结果。

1. 北斗单点定位

单点定位即伪距非差模式，采用经典最小二乘法即可得到相应结果。通过模型改正相应延迟可以得到观测向量，具体方程如下：

$$\begin{bmatrix} P_G - \rho_0 - c\Delta t - I - T - \varepsilon \\ D_G - \dot{\rho}_0 - c\Delta\dot{t} - \varepsilon \end{bmatrix} = \begin{bmatrix} \boldsymbol{E} & & 1 & \\ & \boldsymbol{E} & & 1 \end{bmatrix} \begin{bmatrix} \Delta X \\ \Delta V \\ c\Delta t \\ c\Delta\dot{t} \end{bmatrix} \tag{4.13}$$

对于BDS系统模型，只需添加一个系统间钟差参数，如下所示：

$$\begin{bmatrix} P_{\mathrm{G}} - \rho_0 - c\Delta t - I - T - \varepsilon \\ P_{\mathrm{B}} - \rho_0 - c\Delta t_{\mathrm{B-G}} - I - T - \varepsilon \\ D_{\mathrm{G}} - \dot{\rho}_0 - c\Delta\dot{t} - \varepsilon \\ D_{\mathrm{B}} - \dot{\rho}_0 - c\Delta\dot{t} - \varepsilon \end{bmatrix} = \begin{bmatrix} \boldsymbol{E} & & 1 & & \\ \boldsymbol{E} & & 1 & 1 & \\ & \boldsymbol{E} & & & 1 \\ & \boldsymbol{E} & & & 1 \end{bmatrix} \begin{bmatrix} \Delta X \\ \Delta V \\ c\Delta t \\ c\Delta t_{\mathrm{B-G}} \\ c\Delta\dot{t} \end{bmatrix} \tag{4.14}$$

式中，$\boldsymbol{E}$ 为方向向量；$c\Delta t_{\mathrm{B-G}}$ 为系统间时钟偏差改正数。

根据观测方程，采用平差经典理论最小二乘法可以得到未知数的解：

$$\Delta X = \left(\boldsymbol{B}^{\mathrm{T}}\boldsymbol{PB}\right)^{-1}\left(\boldsymbol{B}^{\mathrm{T}}\boldsymbol{P}l\right) \tag{4.15}$$

2. 北斗伪距差分定位

伪距差分定位相对于载波差分定位鲁棒性更高，适用性更广，且比单点定位更为可靠，由于基站坐标速度皆为已知，可以得出以下双系统差分定位方程：

$$\begin{bmatrix} \nabla(P_{\mathrm{rb,G}} - \rho_{\mathrm{rb,G}}) \\ \nabla(P_{\mathrm{rb,B}} - \rho_{\mathrm{rb,B}}) \\ \nabla(D_{\mathrm{rb,G}} - \dot{\rho}_{\mathrm{rb,G}}) \\ \nabla(D_{\mathrm{rb,B}} - \dot{\rho}_{\mathrm{rb,B}}) \end{bmatrix} = \begin{bmatrix} \boldsymbol{E} & \\ \boldsymbol{E} & \\ & \boldsymbol{E} \\ & \boldsymbol{E} \end{bmatrix} \begin{bmatrix} \Delta X \\ \Delta V \end{bmatrix} \tag{4.16}$$

同理，采用最小二乘法/卡尔曼滤波即可得到未知数的解。

3. 北斗载波差分定位

北斗载波差分定位即 RTK 定位技术，载波双差方程如下所示：

$$\begin{bmatrix} \nabla(\varphi_{\mathrm{rb,G}} - \rho_{\mathrm{rb,G}} + E_{\mathrm{r}}X_{\mathrm{r0}} - T_{\mathrm{G}}) \\ \nabla(P_{\mathrm{rb,G}} - \rho_{\mathrm{rb,G}} + E_{\mathrm{r}}X_{\mathrm{r0}} - T_{\mathrm{G}}) \\ \nabla(\varphi_{\mathrm{rb,B}} - \rho_{\mathrm{rb,B}} + E_{\mathrm{r}}X_{\mathrm{r0}} - T_{\mathrm{B}}) \\ \nabla(P_{\mathrm{rb,B}} - \rho_{\mathrm{rb,B}} + E_{\mathrm{r}}X_{\mathrm{r0}} - T_{\mathrm{B}}) \end{bmatrix} = \begin{bmatrix} \nabla E & -\gamma\nabla M & \nabla M_{\mathrm{r}} & -\nabla M_{\mathrm{b}} & \lambda_{\mathrm{G}}\nabla & \\ \nabla E & -\gamma\nabla M & \nabla M_{\mathrm{r}} & -\nabla M_{\mathrm{b}} & & \\ \nabla E & -\gamma\nabla M & \nabla M_{\mathrm{r}} & -\nabla M_{\mathrm{b}} & & \lambda_{\mathrm{B}}\nabla \\ \nabla E & -\gamma\nabla M & \nabla M_{\mathrm{r}} & -\nabla M_{\mathrm{b}} & & \end{bmatrix} \begin{bmatrix} X \\ I \\ T_{\mathrm{r}} \\ T_{\mathrm{b}} \\ N_{\mathrm{rb,G}} \\ N_{\mathrm{rb,B}} \end{bmatrix} \tag{4.17}$$

其中，$-\gamma\nabla M$、∇M_{r}、∇M_{b} 分别为电离层、参考站对流层和流动站对流层延迟投影参数。参数设置方法众多，但大多数效果类似。考虑到实际应用以及连续运行参考站技术(CORS)的普及，往往采用短基线甚至超短基线。因而不需要估计电离层、对流层等空间相关性较高的参数，使其在双差方程中给予消除，从而得到如下方程：

$$\begin{bmatrix} \nabla(\varphi_{\text{rb,G}} - \rho_{\text{rb,G}} + E_{\text{r}} X_{\text{r0}} - T_{\text{G}}) \\ \nabla(P_{\text{rb,G}} - \rho_{\text{rb,G}} + E_{\text{r}} X_{\text{r0}} - T_{\text{G}}) \\ \nabla(\varphi_{\text{rb,B}} - \rho_{\text{rb,B}} + E_{\text{r}} X_{\text{r0}} - T_{\text{B}}) \\ \nabla(P_{\text{rb,B}} - \rho_{\text{rb,B}} + E_{\text{r}} X_{\text{r0}} - T_{\text{B}}) \end{bmatrix} = \begin{bmatrix} \nabla E & \lambda_{\text{G}}\nabla & \\ \nabla E & & \\ \nabla E & & \lambda_{\text{B}}\nabla \\ \nabla E & & \end{bmatrix} \begin{bmatrix} X \\ N_{\text{rb,G}} \\ N_{\text{rb,B}} \end{bmatrix} \tag{4.18}$$

与上述伪距双差方程不同的是，模糊度参数是未知的，且在无周跳的情况下保持不变，因而采用卡尔曼滤波的方法。

4. 北斗与 5G 联合定位模型

在北斗与 5G 联合定位系统中，通过误差模型对电离层延时、对流层延时、卫星钟差以及相对论效应进行校正，可以显著提高定位精度。同时，5G 基站之间的时钟误差可通过基站间的同步校正技术进行调整，从而实现更精确的时间同步。基于上述校正机制，修正后的伪距观测方程为

$$\rho_{\text{c}}^{(n)} = r^{(n)} + \Delta t_{\text{u}}^{\text{BD}} + \Delta t_{\text{u}}^{\text{5G}} + \varepsilon_{\text{p}}^{(n)} \tag{4.19}$$

式中，n 为北斗或 5G 基站的编号，$n=1,2,\cdots,N$；$\rho_{\text{c}}^{(n)}$ 为定位源到接收机的伪距；$r^{(n)}$ 为定位源到接收机的距离；$\Delta t_{\text{u}}^{\text{BD}}$ 为接收机与北斗卫星的钟差；$\Delta t_{\text{u}}^{\text{5G}}$ 为接收机与 5G 基站的钟差；$\Delta t_{\text{u}}^{\text{BD}}$ 和 $\Delta t_{\text{u}}^{\text{5G}}$ 二者选择其一，由观测值的来源决定；$\varepsilon_{\text{p}}^{(n)}$ 为伪距测量噪声。

将伪距观测方程线性化，可获得由 n_1 个北斗卫星和 n_2 个 5G 基站组成的观测方程组，其矩阵形式为

$$\boldsymbol{H}\Delta x = \boldsymbol{b} + \boldsymbol{\varepsilon}_p \tag{4.20}$$

$$\boldsymbol{H} = \begin{bmatrix} h_x^{(1)} & h_y^{(1)} & h_z^{(1)} & k^{(1)} & l^{(1)} \\ h_x^{(2)} & h_y^{(2)} & h_z^{(2)} & k^{(2)} & l^{(2)} \\ \vdots & \vdots & \vdots & \vdots & \vdots \\ h_x^{(n)} & h_y^{(n)} & h_z^{(n)} & k^{(n)} & l^{(n)} \end{bmatrix} \tag{4.21}$$

式中，$h_x^{(n)} = -\dfrac{x^{(n)} - x_u}{r^{(n)}}, h_y^{(n)} = -\dfrac{y^{(n)} - y_u}{r^{(n)}}, h_z^{(n)} = -\dfrac{z^{(n)} - z_u}{r^{(n)}}$ 分别表示第 n 个定位源到接收机的单位观测矢量在 x 轴、y 轴、z 轴上的分量；k 和 l 分别表示北斗卫星和 5G 基站的选择系数，取值为 1 或 0。可以看出，雅可比矩阵 $\boldsymbol{H}$ 只与接收机与定位源的几何位置有关。

$$\Delta\boldsymbol{x} = \begin{bmatrix} \Delta x_{\text{u}} & \Delta y_{\text{u}} & \Delta z_{\text{u}} & \Delta t_{\text{u}}^{\text{BD}} & \Delta t_{\text{u}}^{\text{5G}} \end{bmatrix}^{\text{T}} \tag{4.22}$$

式中，Δx_{u}、Δy_{u}、Δz_{u} 表示接收机的真实位置 $(x_{\text{u}}, y_{\text{u}}, z_{\text{u}})$ 与估计位置 $(\hat{x}_{\text{u}}, \hat{y}_{\text{u}}, \hat{z}_{\text{u}})$ 之间的偏差：

$$\boldsymbol{\varepsilon}_{\text{p}} = \begin{bmatrix} \varepsilon_{\text{p}}^{(1)} & \varepsilon_{\text{p}}^{(2)} & \cdots & \varepsilon_{\text{p}}^{(n)} \end{bmatrix}^{\text{T}} \tag{4.23}$$

$$\boldsymbol{b}=\begin{bmatrix}\rho_{\mathrm{c}}^{(1)}-r^{(1)}-\Delta t_{\mathrm{u}}^{\mathrm{BD}}-\Delta t_{\mathrm{u}}^{\mathrm{5G}}\\ \rho_{\mathrm{c}}^{(2)}-r^{(2)}-\Delta t_{\mathrm{u}}^{\mathrm{BD}}-\Delta t_{\mathrm{u}}^{\mathrm{5G}}\\ \vdots \\ \rho_{\mathrm{c}}^{(n)}-r^{(n)}-\Delta t_{\mathrm{u}}^{\mathrm{BD}}-\Delta t_{\mathrm{u}}^{\mathrm{5G}}\end{bmatrix} \tag{4.24}$$

考虑到不同定位源的伪距测量误差之间不相关，故采用加权最小二乘法，其权重矩阵如下：

$$\boldsymbol{W}=\begin{bmatrix}w_1 & & & \\ & w_2 & & \\ & & \ddots & \\ & & & w_n\end{bmatrix} \tag{4.25}$$

式中，权重 w_n 取值为相应观测方程测量误差标准差的倒数，即 $w_n=\dfrac{1}{\sigma_n}$，则有

$$\boldsymbol{WH}\Delta\boldsymbol{x}=\boldsymbol{Wb}+\boldsymbol{W}\boldsymbol{\varepsilon}_{\mathrm{p}} \tag{4.26}$$

其最小二乘解为

$$\Delta\boldsymbol{x}=(\boldsymbol{H}^{\mathrm{T}}\boldsymbol{W}^{\mathrm{T}}\boldsymbol{WH})^{-1}\boldsymbol{H}^{\mathrm{T}}\boldsymbol{W}^{\mathrm{T}}\boldsymbol{Wb} \tag{4.27}$$

4.1.4　卡尔曼滤波

1. 卡尔曼滤波基本原理

卡尔曼滤波(Kalman filtering)是一种利用线性系统状态方程，通过系统输入输出观测数据，对系统状态进行最优估计的算法。由于观测数据中包括系统中的噪声和干扰的影响，所以最优估计也可看作是滤波过程。卡尔曼滤波是大量导航应用最基本的解算方法，它的应用范围包括卫星定轨、INS 对准、INS 校准、GNSS 解算、组合导航解算等。在多传感器融合导航中，卡尔曼滤波也是提供最优解的优先选择。

卡尔曼滤波的推导方法众多，其中最常用的方法基于贝叶斯理论，它推导涉及运动模型、测量模型，以及状态量、状态方差、运动模型过程噪声、量测方差等变量，包括时间更新和量测更新两个步骤，更新的频率依据具体的应用而不同。卡尔曼滤波公式如下：

$$\bar{\boldsymbol{X}}_k=\boldsymbol{\Phi}_{k,\ k-1}\hat{\boldsymbol{X}}_{k-1} \tag{4.28}$$

$$\Sigma_{\bar{X}_k}=\boldsymbol{\Phi}_{k,\ k-1}\Sigma_{\hat{X}_{k-1}}\boldsymbol{\Phi}_{k,\ k-1}^{\mathrm{T}}+\Sigma_{w_k} \tag{4.29}$$

$$\bar{\boldsymbol{V}}_k=\boldsymbol{A}_k\bar{\boldsymbol{X}}_k-\boldsymbol{L} \tag{4.30}$$

$$\Sigma_{\bar{V}_k}=\boldsymbol{A}_k\Sigma_{\bar{X}_k}\boldsymbol{A}_k^{\mathrm{T}}+\Sigma_k \tag{4.31}$$

$$\boldsymbol{K}_k = \boldsymbol{\Phi}_{k,\ k-1}\boldsymbol{A}_k \Sigma_{\bar{V}_k}^{-1} \tag{4.32}$$

$$\hat{\boldsymbol{X}}_k = \boldsymbol{\Phi}_{k,\ k-1}\hat{\boldsymbol{X}}_{k-1} - \boldsymbol{K}_k\bar{\boldsymbol{V}}_k \tag{4.33}$$

$$\Sigma_{\hat{X}_k} = (I - \boldsymbol{K}_k\boldsymbol{A}_k)\Sigma_{\bar{X}_{k-1}}(\boldsymbol{I} - \boldsymbol{A}_k^{\mathrm{T}}\boldsymbol{K}_k^{\mathrm{T}}) + \boldsymbol{K}_k\Sigma_k\boldsymbol{K}_k^{\mathrm{T}} \tag{4.34}$$

其中，$\bar{\boldsymbol{X}}_k$ 为状态预测向量；$\boldsymbol{\Phi}_{k,\ k-1}$ 为状态转移矩阵；$\hat{\boldsymbol{X}}_{k-1}$ 为上一个历元的滤波估值；$\Sigma_{\bar{X}_k}$ 为预测方差；$\Sigma_{\hat{X}_{k-1}}$ 为预测状态噪声；Σ_{w_k} 为过程噪声向量；$\bar{\boldsymbol{V}}_k$ 为新息向量；$\boldsymbol{A}_k$ 为构造矩阵；$\boldsymbol{L}$ 为观测向量；$\Sigma_{\bar{V}_k}$ 为新息方差；Σ_k 为测量噪声；$\boldsymbol{K}_k$ 为增益矩阵；$\hat{\boldsymbol{X}}_k$ 为验后滤波估值；$\Sigma_{\hat{X}_k}$ 为验后状态方差。

2. 卡尔曼滤波的性质

(1) 卡尔曼滤波是一个算法，它适用于线性、离散和有限维系统。每一个有外部变量的自回归移动平均系统（ARMAX）或可用有理传递函数表示的系统都可以转换成用状态空间表示的系统，从而能用卡尔曼滤波进行计算。

(2) 任何一组观测数据都无助于消除 $x(t)$ 的确定性。增益 $K(t)$ 与观测数据无关。

(3) 当观测数据和状态联合服从高斯分布时，用卡尔曼递归公式计算得到的是高斯随机变量的条件均值和条件方差，因此卡尔曼滤波公式给出了计算状态的条件概率密度的更新过程及线性最小方差估计。

3. 卡尔曼滤波的应用

卡尔曼滤波主要的工作就是将两个误差大的数据融合以得到误差更小的数据。例如，将两个正态分布的变量 $\hat{x}_k$ 和 y_k，组合得到方差更小的估计值 $\hat{x}_k$。设目标的真实位置为 z，GPS 测量得到的位置为 z_1，加速度计测量得到的位置为 z_2。这两个传感器都受到一些噪声的影响，不失一般性地，让两个测量信号的误差都是正态分布：

$$e_1 \sim N(0, \sigma_1^2) \tag{4.35}$$

$$e_2 \sim N(0, \sigma_2^2) \tag{4.36}$$

我们希望通过组合两个测量值来得到真实值的最优估计：

$$\hat{z} = z_1 + K(z_2 - z_1) \tag{4.37}$$

式中，K 是需要确定的权重因子。为了找到最优的 K，我们可以尝试最小化估计误差的方差。真实位置为 K，那么估计误差为

$$\hat{e} = \hat{z} - z \tag{4.38}$$

估计误差的方差为

$$\sigma_{\mathrm{est}}^2 = \mathrm{Var}(e) = \mathrm{Var}(\hat{z} - z) \tag{4.39}$$

展开方差：

$$\sigma_{\mathrm{est}}^2 = \mathrm{Var}(z_1 + K(z_2 - z_1) - z) \tag{4.40}$$

由于 z_1 和 z_2 是独立的，因此有

$$\sigma_{\text{est}}^2 = K^2 \text{Var}(z_2 - z_1) + \text{Var}(z_1 - z) \tag{4.41}$$

为了最小化方差，对 K 求导数并令其等于零：

$$\frac{\mathrm{d}\sigma_{\text{est}}^2}{\mathrm{d}K} = -2(1-K)^2\sigma_1^2 + K^2\sigma_1^2 = 0 \tag{4.42}$$

从中解得最优的 K 值：

$$K = \frac{\sigma_1^2}{\sigma_2^2 + \sigma_1^2} \tag{4.43}$$

这就是最小方差估计的最优权重因子 K 的表达式。使用这个 K 值，可以通过 $\hat{z} = z_1 + K(z_2 - z_1)$ 计算得到最优的估计值，此时估计值与真实值误差的方程要比两个测量值的方差更小，从而得到最优值。

4.1.5　抗差估计

抗差估计(robust estimation)，实际是在粗差(outlier)不可避免的情况下，选择适当的估计方法使未知量估值尽可能减小粗差的影响，得出正常模式下的最佳估值。当一个估计方法在其依据的模型与实际模型有微小差异时，其性能只受到微小的影响，则称该估计方法具有一定的“稳定性”。否则，针对理论模型假设下的估值的优良性不仅没有实际意义，还可能导致使用者理解错误。估计方法抗差性是指当观测样本中混入少量粗差时，估计量的数值受其影响不大，即估计方法具有一定的“抗干扰性”。否则，极少的观测粗差都可能导致估计量面目全非。

这种既能抵制模型偏差又能抗拒异常观测扰动的估值方法称为抗差估计法。从一定意义上说，上述抗差性的两种含义是相通的。因为当数据受到粗差污染时，该数据可被视为来自另一个总体，其分布与原始模型中有所不同。

抗差估计应具备两大特点：一是它能消除和削弱粗差对参数估值的影响；二是它基本上具备经典估计的一些优良特性。前者是主要的，因为一个不可靠的估计量很难保证其估值是有效的。有两种方式排除粗差对估值的干扰：一种是完全排除一部分可疑的观测值；另一种是只对一些观测值加以限制，削弱它们对估值的影响程度。后者在排除粗差方面比前者要缓和一些，其目的是避免损失一些还可以利用的信息。鉴别粗差的方法有多种，基本上都是根据余差绝对值的大小来判定。因此在处理粗差之前，要事先对观测数据进行“前期”平差计算来获得余差。若要通过余差正确地发现粗差，则需要寻找一种抗差能力很强的平差模型。前期平差的目的是获得可靠的余差，并不十分强调估值的效率。

在抗差最小二乘法中顾及误差方程，M 估计准则为

$$\sum_{i=1}^{n} p_i \rho(v_i) = \sum_{i=1}^{n} p_i \rho(b_i \hat{\boldsymbol{X}} - \boldsymbol{l}_i) = \min \tag{4.44}$$

则 M 估计的法方程为

$$\boldsymbol{B}^{\mathrm{T}}\bar{\boldsymbol{P}}\boldsymbol{B}\hat{\boldsymbol{X}}=\boldsymbol{B}^{\mathrm{T}}\bar{\boldsymbol{P}}\boldsymbol{l} \tag{4.45}$$

式中，$\bar{\boldsymbol{P}}$ 为等价权元，即

$$\bar{\boldsymbol{P}}=\boldsymbol{P}\boldsymbol{W}=\begin{pmatrix} p_1 & & & \\ & p_2 & & \\ & & \ddots & \\ & & & p_n \end{pmatrix}\begin{pmatrix} w_1 & & & \\ & w_2 & & \\ & & \ddots & \\ & & & w_n \end{pmatrix}=\begin{pmatrix} p_1w_1 & & & \\ & p_2w_2 & & \\ & & \ddots & \\ & & & p_nw_n \end{pmatrix} \tag{4.46}$$

由此得参数的抗差解为

$$\hat{\boldsymbol{X}}=(\boldsymbol{B}^{\mathrm{T}}\bar{\boldsymbol{P}}\boldsymbol{B})^{-1}\boldsymbol{B}^{\mathrm{T}}\bar{\boldsymbol{P}}\boldsymbol{l} \tag{4.47}$$

一般而言等价权函数有几种取法，其中 IGG 法是由周文江教授最初提出的，对测量抗差估计比较有效的方法。其等价权因子取为

$$\omega_i=\begin{cases} 1, & |v|<k_0 \\ \dfrac{k_0}{|v|}, & k_0\leqslant|v|<k_1 \\ 0, & |v|\geqslant k_1 \end{cases} \tag{4.48}$$

式中，k_0、k_1 为常数，可根据实际情况确定。

4.1.6 抗差自适应滤波

自适应滤波一般包括单因子自适应滤波和多因子自适应滤波，其目的是减少状态方程不足以补偿实际运动的部分，而抗差则是为了解决观测值中没有在其随机模型中展示出来的异常部分。本节针对本书的算法，介绍在 GNSS/INS 紧组合中的抗差自适应滤波算法，并扩展自适应因子的概念。

1. 单因子自适应滤波

类似标准卡尔曼滤波，可以直接给出单因子自适应卡尔曼滤波的增益矩阵公式，具体如下：

$$\boldsymbol{K}_k=\frac{1}{\alpha_k}\boldsymbol{\Phi}_{k,\ k-1}\boldsymbol{A}_k\left(\frac{1}{\alpha_k}\boldsymbol{A}_k\Sigma_{\bar{X}_k}\boldsymbol{A}_k^{\mathrm{T}}+\Sigma_k\right)^{-1} \tag{4.49}$$

式中，α_k 为自适应因子，取值范围为$(0,1]$。

2. 多因子自适应滤波、选权滤波以及分类自适应滤波

多因子自适应滤波即分别计算每个状态量的自适应因子，计算方法类似单因子自适应滤波。

选权滤波即将滤波状态分类为直接观测参数和非直接观测参数，对于

GNSS/INS，位置和速度即为直接参数，可以计算 α_k 来补偿。需要注意的是，任一状态的扰动都将造成系统整体的扰动，因而其他参数的 α_k 全部取 1 在某种程度上不被认为是最优的选择，可以采用类似部分反馈的思想，给出在[0,1]之间的更合理的系数。

分类自适应滤波即按类别(位置、速度等)对自适应因子给定一个合适的 α_k，一般和选权滤波结合使用。

3. 自适应因子计算

基于状态不符值的自适应因子，首先给出最小二乘抗差解：

$$\tilde{\boldsymbol{X}}_k = \left(\boldsymbol{A}^{\mathrm{T}}\bar{\boldsymbol{P}}_k\boldsymbol{A}\right)^{-1}\boldsymbol{A}^{\mathrm{T}}\bar{\boldsymbol{P}}_k\boldsymbol{L}_k \tag{4.50}$$

式中，$\bar{\boldsymbol{P}}_k$ 为等价权矩阵，其他定义同前文所述。

根据最小二乘抗差解 $\tilde{\boldsymbol{X}}_k$ 和预报向量 $\bar{\boldsymbol{X}}_k$ 构造自适应因子统计量，具体如下：

$$\Delta\tilde{\boldsymbol{X}}_k = \frac{\left\|\tilde{\boldsymbol{X}}_k - \bar{\boldsymbol{X}}_k\right\|}{\sqrt{\mathrm{tr}(\Sigma_{\bar{X}_k})}} \tag{4.51}$$

式中，tr 表示求迹。则两段式的自适应因子表示为

$$\alpha_k = \begin{cases} 1, & \left|\Delta\tilde{\boldsymbol{X}}_k\right| \leqslant c \\ \dfrac{c}{\left|\Delta\tilde{\boldsymbol{X}}_k\right|}, & \left|\Delta\tilde{\boldsymbol{X}}_k\right| > c \end{cases} \tag{4.52}$$

也可以表示为指数形式：

$$\alpha_k = \begin{cases} 1, & \left|\Delta\tilde{\boldsymbol{X}}_k\right| \leqslant c \\ \mathrm{e}^{-(\left|\Delta\tilde{X}_k\right|-c)^2}, & \left|\Delta\tilde{\boldsymbol{X}}_k\right| > c \end{cases} \tag{4.53}$$

基于状态不符值的自适应因子要求必须有抗差解，其对粗差有效，但对模型误差敏感，且对量测噪声过度放大，可以适当提高 c 值或者将量测噪声纳入统计量中考虑。

基于预测残差的自适应因子，预测残差的表达式为

$$\bar{\boldsymbol{V}}_k = \boldsymbol{A}_k\bar{\boldsymbol{X}}_k - \boldsymbol{L} \tag{4.54}$$

基于预测残差的自适应因子统计量为

$$\Delta\bar{\boldsymbol{V}}_k = \left(\frac{\bar{\boldsymbol{V}}_k^{\mathrm{T}}\bar{\boldsymbol{V}}_k}{\mathrm{tr}(\Sigma_{\bar{V}_k})}\right)^{1/2} \tag{4.55}$$

其中，tr 代表求迹；$\Sigma_{\bar{V}_k}$ 表示新息方差，其自适应因子的计算和基于状态不符值相同。

该方法在卫星数不足时仍可使用，量测方差的存在使统计量也相对稳定，但仍然不能避免观测噪声较大、模型构建不完善，而将观测噪声误判为是运动模型

不准确的问题。此外，该方法无法避免粗差，这在低成本城市环境下的导航中显然是不合适的。

4. 扩展自适应滤波算法

扩展自适应滤波即扩展自适应因子 α_k 的取值范围，使其不仅能够降低状态模型权重，还可以增加状态模型权重。在城市北斗交通基础设施监测情况下，经常性地出现遮挡、周跳、失锁等复杂情况，可以根据 PDOP(位置精度衰减因子)值进行判断。也就是说，在满足一定条件的情况下，降低模型权重，提升导航精度。

$$\alpha_k = \begin{cases} \exp\left(\left(\dfrac{\text{PDOP}}{k}\right)^2 - 1\right), & \text{PDOP} \geqslant k \text{且} n \geqslant 4 \\ \exp\left(\left(\dfrac{\text{PDOP}_{\max}}{k}\right)^2 - 1\right), & \text{PDOP} > k \text{且} n < 4 \end{cases} \tag{4.56}$$

式中，k 为 PDOP 阈值，如取 10。根据上式分析可知：

(1)当 PDOP$<k$ 时，根据前文所述正常计算，根据状态不符值计算自适应因子。

(2)当 PDOP$\geqslant k$ 且 $n\geqslant 4$ 时，卫星几何条件一般，利用 PDOP 适当增加状态模型权重。

(3)当 PDOP$>k$ 且 $n<4$ 时，卫星几何条件差，继续增加状态模型权重。

除 PDOP 条件外，还有很多条件可以作为增加或减少状态模型权重的依据，如单点定位连续无解、树林下没有载波观测值、高架桥下有反射信号载噪比却很糟糕等，其都将作为增加状态模型方差的依据。

4.1.7 电离层估计

基于 GNSS 观测数据计算电离层误差，本质上是利用 GNSS 技术进行电离层反演，即通过 GNSS 实测数据获取电离层误差观测值，然后采用一定的函数模型进行拟合建模。

在不考虑电离层对 GNSS 信号影响高阶项的情况下，即仅考虑电离层一阶项时，GNSS 观测方程可以表示为

$$P_{\mathrm{r},j}^{\mathrm{s}} = \rho_{\mathrm{r}}^{\mathrm{s}} + \left(\Delta t_{\mathrm{r}} - \Delta t^{\mathrm{s}}\right)c + I_{\mathrm{r},j}^{\mathrm{s}} + T_{\mathrm{r}}^{\mathrm{s}} + \left(d_{\mathrm{r},j} - d_j^{\mathrm{s}}\right)c \tag{4.57}$$

$$L_{\mathrm{r},j}^{\mathrm{s}} = \rho_{\mathrm{r}}^{\mathrm{s}} + \left(\Delta t_{\mathrm{r}} - \Delta t^{\mathrm{s}}\right)c + \lambda_j N_{\mathrm{r},j}^{\mathrm{s}} - I_{\mathrm{r},j}^{\mathrm{s}} + T_{\mathrm{r}}^{\mathrm{s}} + \left(b_{\mathrm{r},j} - bt_j^{\mathrm{s}}\right)\lambda_j \tag{4.58}$$

式中，P、L 分别为伪距观测值和载波相位观测值；s、r 分别为卫星和接收机；I 和 T 分别为电离层误差和对流层延迟误差；$d_{\mathrm{r},j}$、d_j^{s} 分别表示接收机和卫星在频率 j 的伪距硬件延迟；$b_{\mathrm{r},j}$、bt_j^{s} 分别表示接收机和卫星在频率 j 的相位硬件延迟。

在上述方程中，电离层误差、硬件延迟和整周模糊度等与频率相关。在利用多频观测值定位时，另一个频率的观测方程为

$$P_{\mathrm{r},i}^{\mathrm{s}}=\rho_{\mathrm{r}}^{\mathrm{s}}+\left(\Delta t_{\mathrm{r}}-\Delta t^{\mathrm{s}}\right)c+I_{\mathrm{r},i}^{\mathrm{s}}+T_{\mathrm{r}}^{\mathrm{s}}+\left(d_{\mathrm{r},i}-d_{i}^{\mathrm{s}}\right)c \tag{4.59}$$

$$L_{\mathrm{r},i}^{\mathrm{s}}=\rho_{\mathrm{r}}^{\mathrm{s}}+\left(\Delta t_{\mathrm{r}}-\Delta t^{\mathrm{s}}\right)c+\lambda_{i}N_{\mathrm{r},i}^{\mathrm{s}}-I_{\mathrm{r},i}^{\mathrm{s}}+T_{\mathrm{r}}^{\mathrm{s}}+\left(b_{\mathrm{r},i}-bt_{i}^{\mathrm{s}}\right)\lambda_{i} \tag{4.60}$$

将相同卫星不同频率间的观测值相减，可以得到电离层误差观测值：

$$P_{\mathrm{r,GF}}^{\mathrm{s}}=\mathrm{DCB}_{\mathrm{r}}-\mathrm{DCB}^{\mathrm{s}}+\mathrm{STEC}\left(\frac{1}{f_{i}^{2}}-\frac{1}{f_{j}^{2}}\right)+\varepsilon_{\mathrm{P,GF}} \tag{4.61}$$

$$L_{\mathrm{r,GF}}^{\mathrm{s}}=\mathrm{DCB}_{\mathrm{r}}-\mathrm{DCB}^{\mathrm{s}}-\mathrm{STEC}\left(\frac{1}{f_{i}^{2}}-\frac{1}{f_{j}^{2}}\right)-\left(\lambda_{i}N_{\mathrm{r},\ i}^{\mathrm{s}}-\lambda_{j}N_{\mathrm{r},\ j}^{\mathrm{s}}\right)+\varepsilon_{\mathrm{L,GF}} \tag{4.62}$$

式中，$\mathrm{DCB}_{\mathrm{r}}$和$\mathrm{DCB}^{\mathrm{s}}$分别表示接收机端和卫星端的硬件延迟偏差之差；$\varepsilon_{\mathrm{P,GF}}$和$\varepsilon_{\mathrm{L,GF}}$分别为无几何伪距和载波相位观测值对应的噪声。

式(4.62)为利用无几何组合观测值获取电离层误差的基础方程。无几何伪距和载波相位观测值中，伪距观测值$P_{\mathrm{r,GF}}^{\mathrm{s}}$精度较低，载波相位观测值$L_{\mathrm{r,GF}}^{\mathrm{s}}$由于包含整周模糊度，无法获取准确的绝对电离层误差量。忽略电离层高阶项影响，只考虑一阶项，伪距和载波相位的电离层误差大小相等、符号相反，在观测值没有发生周跳的连续观测时段里，整周模糊度组合$\lambda_{i}N_{\mathrm{r},i}^{\mathrm{s}}-\lambda_{j}N_{\mathrm{r},j}^{\mathrm{s}}$是一个常量。另外，一般认为$\mathrm{DCB}_{\mathrm{r}}$和$\mathrm{DCB}^{\mathrm{s}}$在一段时间内也较为稳定，也按照常量来处理。因此，通过对无几何伪距和载波相位观测值之和求平均，可得

$$\left\langle P_{\mathrm{r,GF}}^{\mathrm{s}}+L_{\mathrm{r,GF}}^{\mathrm{s}}\right\rangle=2\left(\mathrm{DCB}_{\mathrm{r}}-\mathrm{DCB}^{\mathrm{s}}\right)-\left(\lambda_{i}N_{\mathrm{r},i}^{\mathrm{s}}-\lambda_{j}N_{\mathrm{r},j}^{\mathrm{s}}\right) \tag{4.63}$$

式中，〈〉表示取均值，电离层斜向电子含量(slant total electron conent，STEC)和DCB 的观测方程如下：

$$\mathrm{STEC}=\frac{P_{\mathrm{r,GF}}^{\mathrm{s}}+L_{\mathrm{r,GF}}^{\mathrm{s}}-\left(\mathrm{DCB}_{\mathrm{r}}-\mathrm{DCB}^{\mathrm{s}}\right)-L_{\mathrm{r,GF}}^{\mathrm{s}}}{\dfrac{1}{f_{i}^{2}}-\dfrac{1}{f_{j}^{2}}} \tag{4.64}$$

利用连续弧段的观测值，通过载波相位平滑伪距的方法即可实时获取 STEC，常用的平滑方法有 Hatch 滤波和卡尔曼滤波等。伪距观测值本身的精度不高，但随着平滑弧段长度的增加，组合观测值的精度逐渐提高，对于 30s 采样间隔的观测数据，一般需要 20min 左右即可使无几何组合模糊度参数取得收敛。获取电离层误差 STEC 后，基于投影函数可将 STEC 转换至天顶方向。

常用的几种电离层拟合模型各有优缺点。多项式模型形式简单，但函数不正交使得该模型的高阶扩展较难，不太适合大范围建模。格网模型在一定范围内划分规则的格网，模型参数数量取决于格网划分的分辨率，假设格网分辨率为5°×2.5°，经度范围为±180°，纬度范围为±87.5°，则需要 5112 个格网点，播发的数据量太

大。球谐函数模型具有良好的数学结构，可用来表述全球范围内的电离层参数变化，假设球谐函数模型阶数为 15 阶，则每个历元有 256 个待估参数，参数的数量远小于格网模型。利用球谐函数进行电离层建模可对电离层参数进行拟合和外推，并可采用不同阶数实现不同范围的电离层垂直方向电子含量(vertical total electron conent，VTEC)建模。

首先，进行实时数据准备。接收多站观测数据流，对各站观测类型的完整性进行分析。利用伪距相位组合，对观测数据进行质量分析，完成周跳探测和标识。根据国际 GNSS 服务组织发布的 DCB 参数，对伪距的硬件延迟进行改正。利用已知基准站坐标和精密轨道，采用上节的方法计算得到每个基准站-卫星观测穿刺点的电离层误差，并将斜向电离层误差投影至天顶方向。根据电离层时间变化周期和全球分布的规律性，选择球谐模型作为电离层模型，中国区域采用 5 阶球谐函数模型，利用观测网内的电离层误差，拟合和更新电离层模型系数。结合克里金方法改善建模区域边缘的精度，进行格网点处的估计。按照播发要求，对差分服务区域进行格网划分。利用实时电离层模型系数，计算格网点电离层误差，即可得到电离层格网产品。

4.2 交通基础设施监测数据处理方法

在交通基础设施形变监测领域，过去主要利用全站仪等传统大地测量的方法进行测量，大地测量方法精度和可靠性高，使用范围广，但也存在效率低、受环境制约、自动化率低等不足，空间大地测量技术的不断发展，特别是北斗/全球导航卫星系统(GNSS)技术的出现，为交通设施形变监测相关领域开启了新思路。北斗导航技术在工程测绘方面的应用，能够有效提升监测效率。国内交通基础设施外部变形自动化监测主要采用的是 GPS 的 GNSS 变形监测系统。由于 GPS 是由美国国防部研制和管理，利用 GPS 技术进行监测存在较大的安全隐患。北斗精密定位系统是我国自主研发的定位系统，在大地测量、地壳形变监测、精密工程测量等领域均得到了广泛的应用。北斗位移监测具有自动化程度高、布设灵活、受地形影响较小、可全天候稳定工作的优点。

北斗卫星导航系统实现高精度定位的过程中，载波相位测量法是一种常用的定位方法。当地面监测站对同一颗卫星进行连续观测时，监测站接收到的载波相位信号中包含相同的整周模糊度参数。快速准确地确定载波相位信号的整周模糊度是实现高精度定位的关键。通过有效解决整周模糊度的确定问题,可以显著提高定位精度，从而满足高精度定位的需求[82,83]。

获取工程实测数据，对固定时间跨度的监测数据进行处理，监测的目标可以是道路路基、桥梁、边坡等基础设施。在被监测对象的周围布设一定数量的基准点和若干监测点，采用可接收北斗数据的接收机，设置采样间隔为 1s，连续监测超过 24h，监测时需要接收到 4 颗以上北斗卫星的信号。确保监测环境良好，能够实现高精度定位。北斗/GNSS 定位的基本原理是通过地面接收机同步测量至少 4 颗已知位置卫星的信号，利用距离后方交会法计算接收机的空间位置。该方法是北斗/GNSS 定位的核心技术之一。研究区域中，采用相对定位(差分定位)方法以提高定位精度。相对定位通过两台或更多接收机的同步测量，确定观测点之间的相对位置关系。该方法能够有效抑制卫星钟差误差、大气延迟和多路径效应等系统误差的影响，从而显著提升定位精度。与单点定位相比，相对定位在误差抑制方面具有明显优势，适用于对定位精度要求较高的应用场景。

通过 4.1 节中介绍的观测数据处理模型可进行绝对定位、相对定位、动态定位等模型处理监测数据。监测过程中可选桥头、跨中、河堤、近桥端、边坡关键位置等作为监测点，在桥梁的两端布设监测站，通常桥梁端侧相比于中间结构较稳定，动态扰动变化趋势较小，监测几分钟就可以得到较大的动态扰动变化，也可以根据监测时段通过的重型卡车、车辆流桥梁承重变化情况，匹配定位结果在 E、N、U 三个方向上的变化抖动。当桥梁上发生拥堵时，桥梁中间架设的监测站在坐标序列上会出现较大的抖动，结合桥梁结构力学原理，根据阻尼耗能、滞回耗能等能量关系构建预警模型实现高精度的实时桥梁形变监测。

在桥梁结构检测与评估中，模态参数是反映桥梁性能的重要指标，其变化通常预示结构特性的改变，是桥梁状态的重要诊断依据。桥梁模态参数主要包括挠度、静应变、静位移和频率等。动力荷载试验用于评估桥梁在动态冲击荷载作用下的振动响应，分析振动特性对结构稳定性的影响。相对而言，静力荷载试验则通过施加静态荷载，判断桥梁在设计荷载下的承载能力和使用性能，重点检验结构性能、质量达标情况，以及是否能够满足现有交通流量的承载需求。定期检查虽然可以初步判断结构是否存在病害，但无法深入评估承载能力的变化。静载试验通过模拟实际荷载条件，能够精确分析结构承载能力的降低程度，从而判断桥梁是否仍能满足安全通行的要求。通过静载试验确定桥梁的承载力与使用性能，是桥梁安全评估与维护中的必要环节[84,85]。

在通过 RTK 技术实现边坡监测的过程中，首先在预滑边坡区域布设观测站，通过对基站与观测站间基线长度的监测，实现对交通设施路基、边坡的监测。要求：①监测点应该布设在边坡的关键位置上，能突出边坡岩土体的变化，同时能够保障监测设备的安全运行；②监测方法应根据实际的需求进行选择，能良好表现边坡位移变化，并且其监测设备的选择应该尽量满足简单、易安装维护等要求。

在边坡形变监测领域，基于三维空间坐标系的精密测量技术可实现对边坡运动参数的全方位解析。通过建立北斗高精度监测坐标系(通常采用 CGCS2000 国家大地坐标系)，设定 X 轴指向正北方向、Y 轴指向正东方向、Z 轴沿椭球法线方向构成右手空间直角坐标系，能够精确解算边坡的水平位移矢量、垂直沉降量、水平形变方位角及垂直变形倾伏角等关键形变参数。在 i 时刻，北斗接收机的初始位置为 (x_0,y_0,z_0)，而 GNSS 接收机出现的新坐标则为 (x_i,y_i,z_i)，因此，能够推断出滑坡在 i 时刻发生的位移量为 $(\Delta x, \Delta y, \Delta z)$。在边坡监测数据中，边坡形变用水平移动和垂直位移两种形式来表达，其中垂直位移 Δh 就是 Δz，而水平位移 ΔS 为 Δx、Δy 的合位移。

$$\Delta S=\sqrt{\Delta x^2+\Delta y^2} \tag{4.65}$$

通过测算滑坡水平位移，能够确定滑坡水平变形角度 α；通过测量垂直位移方向，可以求得滑坡垂直方向的变形倾伏角 β。滑坡垂直方向的倾伏角也称位移矢量角。两者的计算公式如下：

$$\alpha=\arctan\left|\frac{\Delta x}{\Delta y}\right| \tag{4.66}$$

$$\beta=\arctan\left|\frac{\Delta h}{\Delta S}\right| \tag{4.67}$$

通过对北斗监测数据的处理，可以将其转换为边坡的累计位移曲线，从而更好地了解边坡的发展趋势。

3σ 准则(拉依达准则)是判别粗差的常用方法，但其仅适用于正态分布或近似正态分布的数据。如前所述，在正态分布情况下，3σ 对应的置信概率为 99.73%，即在 370 次测量中，仅有 1 次数据会超出该区间，超出的数据即为粗差。利用 3σ 准则进行计算时，首先假设数据中仅含有随机误差。在此前提下，可以用测量数据的算术平均值代替真值。然后逐个计算每个测量数据的残差，并通过贝塞尔公式计算标准差 σ。以 3σ 为界限，将每个残差与该界限进行比较。若某个可疑数据的残差满足式(4.68)所示的条件，则该数据可判定为粗大误差，应予以剔除。

$$|\nu_d|=|x_d-\overline{x}|>3\sigma \tag{4.68}$$

式中，d 是距离；x 是观测值；$\overline{x}$ 是算术平均值。

每次剔除可疑数据后，均需重新计算剩余数据的标准差 σ，并以新的 σ 值为依据，进一步判别剩余数据中是否仍存在粗差，直至所有数据均符合要求且无粗差。需要注意的是，3σ 准则的可靠性依赖于测量次数的充分性。当测量次数较少(如 $n\leqslant 10$)时，3σ 准则可能无法准确剔除粗差，在这种情况下，建议采用其他更可靠的准则进行数据处理。

对于含有随机误差的样本按照 3σ 准则进行计算处理求解标准差 σ，以 3σ 为依据给出置信区间，根据误差理论可知监测数据偏差位于 $[-3\sigma,+3\sigma]$ 的概率为

$$\int_{-3\sigma}^{3\sigma} f(\delta)\mathrm{d}\delta=99.73\% \tag{4.69}$$

偏差值大于 3σ 的概率为 0.27%，该类误差不属于随机误差而是粗差或错误，在数据处理过程需要将其作为异常值剔除。

需要注意的是，3σ 准则只能用于监测数据的后处理，不适用于实时监测数据处理的场景，为了区别异常错误数据和发生滑坡的正常数据，在数据量为既定值 a 的倍数时给出置信区间，在未发生形变的情况下，超过置信区间的数据直接当作粗差剔除；在发生形变的情况下，调整置信区间，防止形变数据被当作粗差剔除，有无发生形变可通过数据剔除量是否超过阈值来判断，如图 4.3 所示。

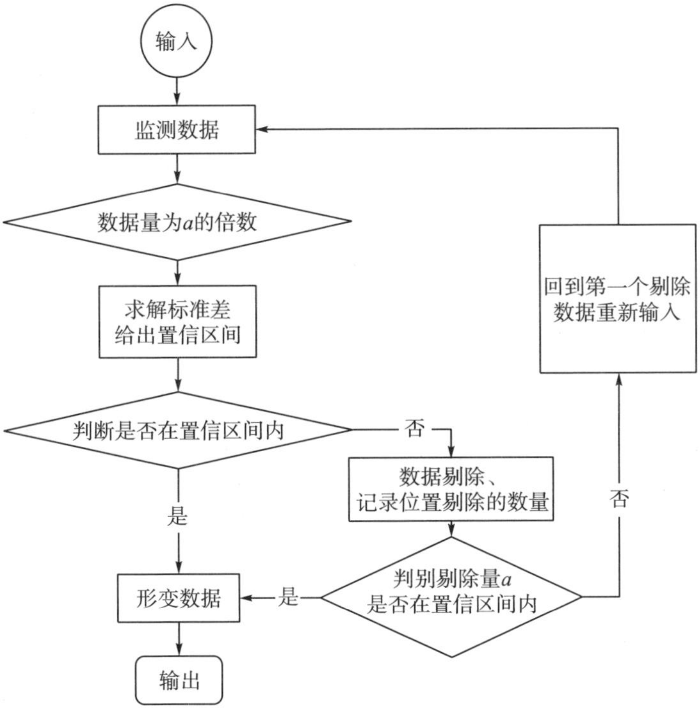

图 4.3　数据预处理

基线精度采用均方根误差 RMS(又称为标准误差)来描述，RMS 用于衡量观测值与真实值之间的偏差，可表示为

$$\mathrm{RMS}=\sqrt{\frac{1}{N}\sum_{i=1}^{N}\left[L_{\mathrm{obs}}(i)-L_{\mathrm{true}}(i)\right]^2} \tag{4.70}$$

式中，$L_{\mathrm{obs}}(i)$ 为 i 时刻测得的基线长度；$L_{\mathrm{true}}(i)$ 为 i 时刻真实的基线长度，静态基线时可选择观测值的平均值作为基线真实值，RMS 越小表明基线解算的精度越高。

信噪比(signal noise ratio，SNR)是衡量信号强度的重要指标，通常表示为载波信号强度与噪声强度的比值。它是整个发射和接收链路中信号增益与损耗的综合结果，受天线增益、接收机状态及多路径效应等多因素影响。信噪比是 GNSS 数据质量评估的关键指标之一，可直接从观测文件中获取。观测文件中每个历元、每颗卫星及每个频点均包含信噪比数据，质量分析通常通过统计这些信噪比的平均值来完成。原始信号强度一般在 30～50dB 范围内，而信噪比等级通常为 5～8[85]。SNR 是描述有效信号与噪声信号减比例参数的系数，其定义为

$$\mathrm{SNR}=10\lg\left(\frac{\mathrm{power}_{\mathrm{signal}}}{\mathrm{power}_{\mathrm{noise}}}\right) \tag{4.71}$$

式中，$\mathrm{power}_{\mathrm{signal}}=\frac{1}{N}\sum_{i=1}^{N}L_p^2(i)$，表示有效信号的功率；$\mathrm{power}_{\mathrm{noise}}=\frac{1}{N}\sum_{i=1}^{N}\left[L_p(i)-L_q(i)\right]^2$，表示噪声信号的功率；SNR 值越大则信号质量越好。

数据完整率是指监测接收机观测到的卫星某频点上的实际观测历元数与理论观测历元数的比值。在实际观测环境下，由于接收机内部问题、通信崩溃或者观测环境遮挡等因素，信号失锁，数据完整率低于 100%。当数据完整率低于 80%时，要特别注意接收机的观测环境是否存在遮挡、接收机内部硬件质量是否存在问题。监测接收机捕获的某颗卫星单频点的数据完整率和单系统的数据完整率可以表达为

$$\mathrm{DI}_{\mathrm{f}}=\frac{\sum_{j=1}^{n}A_j}{\sum_{j=1}^{n}B_j}\times 100\% \tag{4.72}$$

$$\mathrm{DI}_{\mathrm{s}}=\frac{\sum_{i=1}^{n}C_i}{\sum_{i=1}^{n}D_i}\times 100\% \tag{4.73}$$

式中，DI_{f} 表示单频点的数据完整率；DI_{s} 表示单系统的数据完整率；n 表示在观测时段内观测的卫星总数；A_j 表示在观测时段内第 j 颗卫星在某频点的实际观测历元总数；B_j 表示在观测时段内第 j 颗卫星在某频点的理论观测历元总数；C_i 表示在观测时段内第 i 颗卫星在所有频点的有效观测历元总数；D_i 表示在观测时段内第 i 颗卫星的理论观测历元总数。

多路径误差是指卫星信号在传输过程中经反射、折射，使得接收机接收的信号来源不唯一。多路径是 GNSS 观测站数据质量的一个重要影响因素，也是数据质量评估的重要指标项之一，通常采用精心选址的方式来削弱误差。当多路径误差大于 0.5m 时，要特别注意接收机的观测环境是否对卫星信号存在干扰。多路径计算公式如下：

$$\mathrm{MP}_{ij} = P_i - \left(1 + \frac{2}{\alpha - 1}\right)\lambda_i \varphi_i + \frac{2}{\alpha - 1}\lambda_j \varphi_j - B_{p_i} \tag{4.74}$$

式中，MP_{ij} 为第 i 频率观测信号相对于第 j 频率的多路径效应影响值；P_i 为第 i 频率的伪距观测值；λ_i、λ_j 分别为第 i、j 频率的载波波长；φ_i、φ_j 分别为第 i、j 频率的相位观测值；α 为第 i、j 频率之比的平方，即 $\alpha = \left(\dfrac{f_i}{f_j}\right)^2$；$B_{p_i}$ 为相位模糊度和频间偏差。

对于同一颗卫星，在连续观测且无周跳的情况下组合的模糊度参数一般不会变化，在无周跳的多个历元间按照式(4.75)进行计算，得到多路径误差的评估值 MP_k：

$$\mathrm{MP}_k = \sqrt{\frac{1}{n-1}\sum_{i=1}^{n}\left(\mathrm{MP}_k^t - \frac{\sum_{t=1}^{n}\mathrm{MP}_k^t}{n}\right)^2} \tag{4.75}$$

式中，MP_k^t 表示在第 t 个历元接收机观测到的卫星在 k 频率上包含多路径误差和整周模糊度信息的计算量；n 表示滑动窗口的历元个数，默认为 50。

以两台北斗双频(B1+B2)接收机观测数据为例，监测时段为 2023 年 7 月 11 日 04:30～06:30(UTC)，采样间隔为 1s，截止高度角为 10°，对监测数据进行动态后处理，模糊度固定方式为 LAMBDA 方式，ratio 阈值为 3。动态相对定位序贯解算结果如图 4.4 所示。从解算结果的极值(最大值和最小值之差)来看，E 和 U

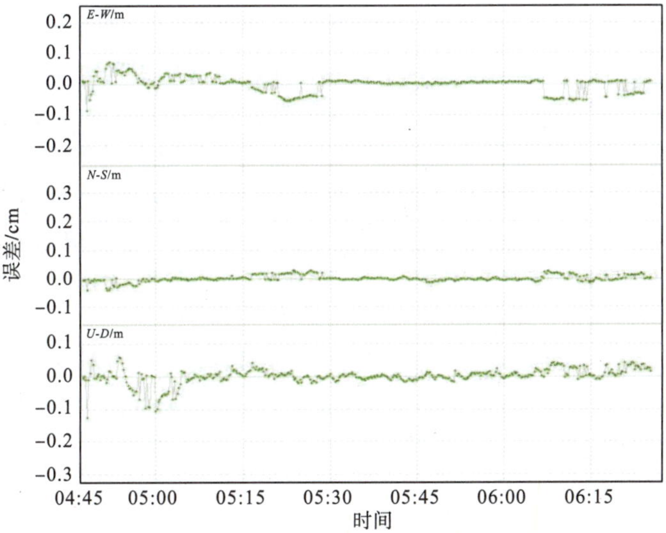

图 4.4　相对定位序贯解算结果

方向的最大误差在 0.2m 左右，*N* 方向为 0.7m，双频监测数据从第一历元开始就得到了固定解，体现了模糊度固定在速度上的优势。RMS 在 *E* 方向为 2.47cm，在 *N* 方向为 1.07cm，在 *U* 方向为 3.04cm。

根据结构是否出现异常或者出现异常的严重程度将结构状态划分为 4 个层次：正常状态、一级预警状态、二级预警状态、三级预警状态。预警阈值的设置需要综合考虑历史数据统计值、实时监测数据和现场巡查结果进行，在后期可根据监测数据分析讨论对预警值进行更新修正，预警值建议见表 4.2。

表 4.2　预警等级及预警值

预警等级	地表位移预警	深层水平位移预警	预警颜色
一级预警	10mm/d，连续 3 天	6mm/d，连续 3 天	红色
二级预警	8mm/d，连续 3 天	4mm/d，连续 3 天	橙色
三级预警	6mm/d，连续 3 天	2mm/d，连续 3 天	黄色

监测参数包括地表变形及深层水平位移，通过监测点的位移变化量及平均变形速率来分析监测位置的变形特征。分析位移变化量(*S*)及位移平均变形速率(*V*)，位移变化量指监测周期内监测点的位移整体变化量，平均变形速率指监测周期内监测点位移量的平均变化量，监测周期内的位移变化量(以 mm 为单位)可以表示为监测周期内最后一天的位移量与监测周期内第一天的位移量之差。位移平均变形速率(*V*)(单位为 mm/d)，可以表示为位移变化量 *S* 与监测周期内的天数(*t*)的比值。

北斗接收机监测地表的三维形变，即垂直方向、东西方向、南北方向，垂直向上为正、向下为负，向东为正、向西为负，向北为正、向南为负。深层水平位移 *X* 方向为路线方向，*Y* 方向垂直于路线方向，且深层水平位移只体现 *Y* 方向的正负，*Y* 方向指向公路的方向为负、背对公路的方向为正。

如图 4.5 所示，该监测点在运营初期垂直变形量逐渐增大，东西向位移和南北向位移也逐渐增大，监测点垂直变形量为 59.1mm，变形速率为 3.7mm/d，沉降较明显。向东偏移量为 21.9mm，变形速率为 1.4mm/d，向南偏移量为 19.4mm，变形速率为 1.2mm/d，两个方向上变形同样明显。在监测中期，垂直变形量为 6.6mm，平均变形速率为0.22mm/d，东西向和南北向平均变形速率分别为 0.04mm/d 和 0.2mm/d，变形量较小，变形速率低，逐渐趋于稳定。到最近一期，垂直变形量为 11.5mm，平均变形速率为 0.37mm/d，东西向和南北向平均变形速率分别为 0.01mm/d 和 0.34mm/d。

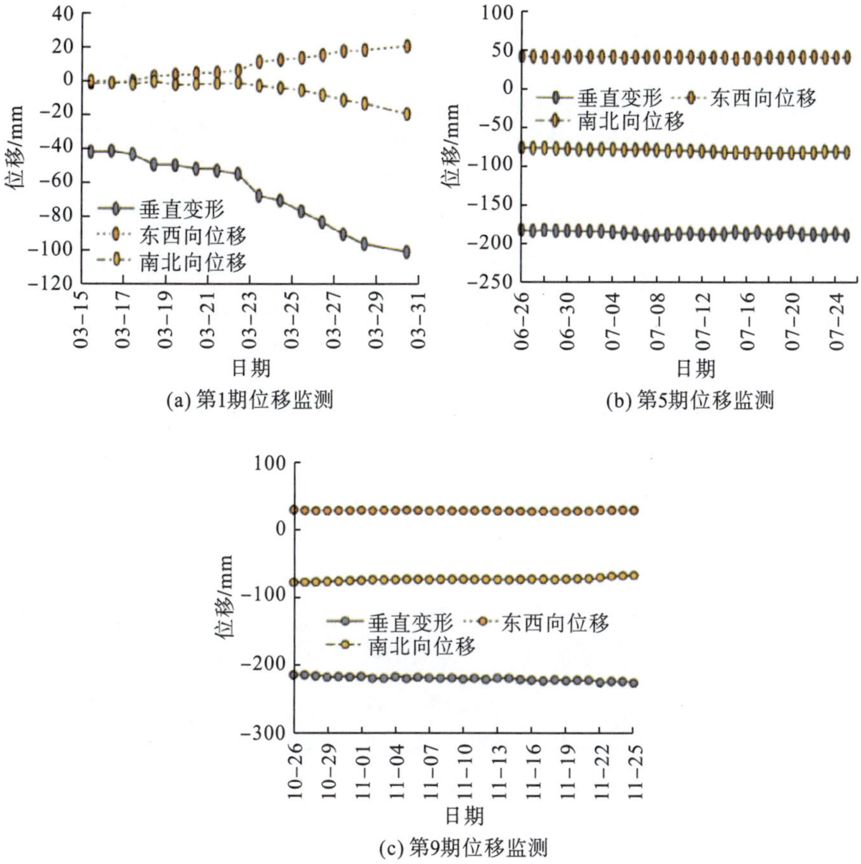

图 4.5　边坡监测点位移变化

第5章　山区交通基础设施结构安全模拟与预警

5.1　山区交通基础设施灾害

5.1.1　山区交通基础设施灾害类型和特征

5.1.1.1　山区交通基础设施灾害类型

山区的地理特征，如陡峭的坡度、复杂的地质结构和多变的气候条件，使其成为各种自然灾害的高发区。强降雨、地震以及其他自然现象(如暴风雪和山体崩塌)，都可能触发灾害，对交通基础设施造成严重破坏。这些灾害的发生往往是突然和不可预测的，给交通安全带来极大的挑战。

在山区，交通基础设施的设计和建设必须考虑到这些自然灾害的潜在威胁。道路、桥梁和隧道等交通要素，如果没有充分的防灾措施，可能会在灾害发生时遭受毁灭性的破坏。这不仅会对交通安全构成直接威胁，还可能导致交通中断，影响人员和物资的流动，对当地经济造成重大损失。特别是泥石流、滑坡和洪水三种灾害，由于其频繁发生和破坏性极大，对山区交通基础设施的安全构成严重的威胁。泥石流的冲击力可以摧毁坚固的结构，滑坡可以在几分钟内改变地形，而洪水可以淹没整个交通网络。因此，对这些灾害的防范和应对措施至关重要。

5.1.1.2　山区交通基础设施灾害特征

1. 泥石流

由于山区降水量大，地表植被覆盖不足，加上地质结构松散，一旦遭遇强降雨，就可能引发泥石流。泥石流的流动速度快，冲击力大，能在瞬间摧毁道路、桥梁，甚至整个村庄。对于交通基础设施而言，泥石流不仅会造成直接的物理破坏，还会导致交通中断，影响救援和物资的运输。其具体特征如下[86,87]。

危害性巨大：泥石流是一种突发性极强的自然灾害，其流速快、流量大，能够携带巨大的石块和大量泥沙。在我国山区，泥石流灾害频发，如云南元谋“9・17”泥石流灾害、甘肃舟曲“8・7”特大泥石流等，造成了巨大的经济损失和人员伤亡。这些灾害的发生往往与地形地貌、气候条件和人类活动紧密相关。泥石流的危害性不仅体现在对人类生命财产的直接威胁上，还包括对交通、居民点、农作物等的破坏，甚至可能引发次生灾害，如河道堵塞和水灾。

季节性和周期性较强：泥石流的发生具有一定的规律性，尤其是在降雨和地震频发的地区。降雨是泥石流发生的主要诱因，特别是在集中降雨期间，泥石流的活动更为频繁。地震也能诱发泥石流，尤其是在地质构造活跃的山区。当降雨和地震活动周期叠加时，泥石流的发生频率会显著增加。此外，泥石流的季节性特征明显，如在我国西南地区，泥石流多发生在 6～9 月的雨季。

分布范围广：泥石流在我国山区的分布极为广泛，受泥石流威胁的县级以上城市超过 150 个。泥石流的发生区域涵盖了高原与盆地、低丘陵、平原过渡带、河流沟壑两侧等多种地形地貌。这种广泛的分布增加了防治的难度，因为需要针对不同地区的特定条件制定防治措施。泥石流的防治工作不仅包括地形预警和水土保持，还涉及工程措施，如排灌设施、滞留拦截挡坝的建设，以及应急预案的制定。

综上所述，泥石流具有巨大的危害性、强烈的周期性和广泛的分布范围。这些特征决定了泥石流防治的复杂性和紧迫性，要求我们必须采取更加科学和综合的措施来减轻其带来的影响。

2. 滑坡

滑坡通常发生在降雨或地震等地质活动之后。山体的稳定性受到破坏，大量土石松动下滑，对交通基础设施造成严重威胁。滑坡可能导致道路被埋，桥梁断裂，严重时甚至阻断整个交通网络。其具体特征如下[88,89]。

地貌特征：滑坡易发生在特定的地貌结构中，如圈椅地貌，这种地形由于具有特殊的地形结构，容易积聚地表水和地下水，增加了滑坡的风险。此外，河谷斜坡上的缓坡地和山梁也是滑坡的高发区域。地形的不规则性，如醉林和马刀树的出现，通常预示着山坡不稳定，可能已经发生过滑动。而河床中凸出的地段和大块孤石的堆积往往是古滑坡活动的遗迹。双沟同源地形，表明山坡可能已经发生过位移，是水流侵蚀的结果，也是滑坡发生的潜在区域。

地质特征：某些岩石类型，如页岩、泥岩、泥灰岩、千枚岩、化石片岩和云母片岩，以及易风化或遇水软化的岩石，更容易发生滑坡。黏性土、黄土和各种成因的堆积岩也是滑坡的常见物源。这些岩石和土壤在水的作用下容易失去稳定性，从而导致滑坡。

构造特征：断层面、节理面、褶曲两翼的倾斜面和不整合面，以及倾角较陡、倾向山外的基岩层面，都是滑坡的潜在滑动面。当这些构造面与道路或其他人造结构的交角小于 45°时，滑坡的风险增加。

水文特征：水文地质条件对滑坡的发生至关重要。地表水难以排除，甚至形成积水的地方以及地下水发育的地区，特别是在缓坡后缘、前缘、坡脚或坡面等地形突变处，发生滑坡的可能性大大增加。河水的掏蚀和冲刷作用，以及灌溉水或其他水源的渗漏，都会削弱斜坡的稳定性，促进滑坡的发生。

综上所述，滑坡的发生与多种因素有关，包括地貌、地质、构造和水文条件。了解这些特征对于预防和减轻滑坡灾害的影响至关重要。通过对这些条件的监测和评估，可以采取适当的预防措施，如排水、加固斜坡、植被恢复和地质勘查，减少滑坡的风险。

3. 洪水

洪水在山区也是一大威胁。山区河流短促，一旦遭遇暴雨或上游积雪融化，河水可能迅速上涨，形成洪水。洪水能够迅速淹没低洼地区，冲毁道路和桥梁，对交通基础设施造成长期的破坏。其具体特征如下[90-92]。

突发性和不可预测性：洪水的发生往往与强降雨和快速径流相关，尤其是在山区，河水可能迅速上涨，导致山洪暴发。这种突发性使得洪水难以预测，为提供有效的早期预警带来挑战。洪水的不可预测性主要源于降雨的不确定性和流域内水文地质条件的复杂性。

流量大、流速快：洪水期间，河流的流量会显著增加，常常超过正常流量数倍甚至数十倍。这种湍急的水流会携带大量的水和泥沙，对基础设施造成破坏，对人类生命和财产构成威胁。流速加快加剧了河床和河岸的侵蚀，可能导致河道改道或堤防崩溃。

破坏力和次生灾害：洪水能够冲毁桥梁、道路、建筑物等基础设施，对人类生命和财产造成严重威胁。此外，洪水还可能引发山体滑坡、泥石流等次生灾害，进一步加剧其破坏性。这些次生灾害往往在洪水退去后仍然持续影响受灾地区，增加了灾后重建的难度和成本。

季节性和流域特征：洪水通常具有明显的季节性特征，大多数发生在夏季或秋季，这与降雨模式和气候条件密切相关。流域的地形、气候、水文特征和地质结构对洪水的发生和发展有着直接的影响。例如，狭窄的山谷可能会使水流加速，而宽阔的河谷则可能减缓洪水的流速。

可变的持续时间和洪水阶段：洪水的持续时间可以为几个小时到几天不等，具体取决于降雨的持续时间、强度和流域特征。洪水过程通常包括起涨、洪峰和退落三个阶段，每个阶段都有其特定的水文特征。洪水还可能导致水位大幅上升，形成洪水阶段，对社区和基础设施产生毁灭性影响。

5.1.2　山区交通基础设施致灾因子共性参数

在山区，交通基础设施的设计和维护必须考虑到多变的自然环境和复杂的地形条件。洪水、泥石流和滑坡是该地区常见的自然灾害，它们对交通基础设施构成了严峻的挑战。为了确保山区交通基础设施结构安全，必须对这些灾害的特点进行深入分析，并识别出它们影响结构安全的共性参数。

(1) 洪水条件下基础设施结构安全的致灾因子：洪水带来的威胁主要体现在淹没深度和流速上[93,94]。淹没深度决定了洪水对基础设施的浮力作用和水压力，而流速则关系到水流对基础设施的冲击和侵蚀能力。在洪水期间，交通基础设施需要能够承受静水压力和动水压力的共同作用，同时抵抗由高速水流带来的侵蚀和冲击。

(2) 泥石流灾害条件下基础设施结构安全的致灾因子：泥石流作为一种高速流动的泥沙和石块混合物，对交通基础设施的威胁主要来自其冲击力和冲击角度[95,96]。泥石流的冲击力取决于其质量和速度，而冲击角度则影响着力的作用方向和结构的响应。此外，泥石流的黏稠度和密度也会影响其对基础设施的破坏程度。

(3) 滑坡灾害条件下基础设施结构安全的致灾因子：滑坡引起的灾害对交通基础设施的影响因素包括滑坡体的质量和滑移速度[97,98]。滑坡体的质量和滑移速度决定了滑坡的动能，而滑坡的滑动面角度和滑动特性则影响滑坡的稳定性和运动趋势。交通基础设施在滑坡影响下需要考虑如何抵抗滑坡体的冲击和滑动带来的剪切力。

综合以上分析，冲击力、冲击角度、冲击速度、冲击时间和加速度可以作为洪水、泥石流和滑坡三类灾害影响交通基础设施结构安全的共性参数。

(1) 冲击力。冲击力是灾害体与交通基础设施相互作用时产生的力，是由灾害体的质量和速度共同决定的，如洪水的流量、泥石流的密度和滑坡的体积。在洪水、泥石流和滑坡等灾害情况下，冲击力的大小直接影响到结构是否能够在灾害发生时保持稳定，或者是否发生位移、变形甚至崩溃。例如，洪水的冲击力可能会对桥梁造成严重损害，而滑坡的冲击力则可能对道路构成威胁。因此，评估结构在不同冲击力作用下的响应，对于设计能够抵御这些灾害的基础设施至关重要。

(2) 冲击角度。冲击角度是指灾害体冲击基础设施时的角度，冲击角度决定了冲击力在结构上的作用方式。一个直接的冲击角度可能会导致更为集中的力量作用于结构的特定部位，而一个倾斜的冲击角度则可能导致力量分散。在实际情况中，这个角度影响力量的分布和结构的响应，进而决定了结构可能遭受的损害程度。

(3) 冲击速度。冲击速度是描述灾害体运动快慢的物理量，它直接关系到结构受到的动能大小。在泥石流或滑坡等快速移动灾害情况下，高速度可能会导致巨大的冲击力，从而对交通基础设施造成严重破坏。因此，了解冲击速度对于评估结构的抗冲击能力和制定相应的防护措施具有重要意义。

(4)冲击时间。冲击时间是指灾害体与基础设施接触并作用的时间长度。这个时间长度对于结构所受的动态效应和累积损伤有显著影响。短时强冲击可能导致结构的即时破坏，而长时间持续冲击则可能导致结构疲劳和累积损伤。例如，在洪水情况下，长时间的水流冲击可能会导致结构材料的疲劳，而在泥石流或滑坡情况下，持续的冲击可能会导致结构的位移或破坏。因此，在灾害风险评估中，考虑冲击时间对于制定有效的防护和应对措施至关重要。

(5)加速度。加速度反映了灾害体速度变化的快慢，它与结构的动态响应密切相关。加速度的大小和方向决定了结构在冲击过程中受到的惯性力，这些力可能导致结构的位移、振动甚至倒塌。特别是在滑坡等动态作用下，加速度对结构安全的影响尤为显著。因此，准确评估加速度对于提高交通基础设施的抗震设计和动态稳定性具有重要意义。

综上所述，在山区交通基础设施的设计中，考虑这些共性参数至关重要。它们不仅是评估和设计山区交通基础设施以抵抗自然灾害的关键共性参数，还为制定有效的防灾减灾措施提供了科学依据。例如，通过增强结构的抗冲击能力和改善排水系统，可以显著降低洪水和泥石流对道路和桥梁的破坏。同样，通过施加适当的边坡稳定措施，如植被恢复和支撑结构，可以减少滑坡的风险。此外，实时监测系统的建立，如融合北斗系统的“空天地”一体化监控预警技术，可以提前发现潜在的灾害风险，从而采取预防措施，保障交通安全和畅通。

5.2 山区交通基础设施结构安全预警

5.2.1 结构安全风险识别与评估

5.2.1.1 山区交通基础设施脆弱性识别

在山区交通基础设施的脆弱性识别中，综合应用多种技术和方法至关重要。地质与地形分析为整个识别过程奠定了基础。地质勘查技术，通过分析地下波形的反射和折射模式，揭示了地下结构，识别出断层、滑坡易发区和不稳定土壤层。数字高程模型和地理信息系统(GIS)则评估斜坡稳定性和洪水易发区，为基础设施的规划和设计提供了科学依据。结构健康监测(SHM)技术通过在边坡、桥梁等关键位置上安装传感器，实时监测结构的应力、应变、位移和振动等参数，评估结构的当前状态，并预测其在灾害情况下的行为。这些数据对于及时发现潜在的损伤至关重要。

风险评估模型进一步结合地质、地形、气候和结构设计等因素，通过模拟不同的灾害情景，评估基础设施可能遭受的损害[99]。水文模型和有限元分析(FEA)等工具，可以模拟降雨事件和地震或滑坡作用下的结构响应。遥感技术提供了宏观视角，卫星遥感和无人机(UAV)摄影能够监测地表变化，如滑坡前后的地形差异和洪水期间的水体扩张。这些技术也用于灾后评估，快速识别灾害影响范围和程度。智能算法与机器学习的发展，使得处理和分析大量监测数据成为可能，识别出模式和趋势，预测结构在灾害情况下的行为。机器学习模型通过学习历史灾害数据和结构响应数据，预测特定结构在未来灾害中的损伤概率。实验与模拟也是识别过程中不可或缺的一部分。实验室测试土壤和结构材料的力学性质，而数值模拟，如离散元方法(DEM)和计算流体动力学(CFD)，模拟复杂的地质过程和水流动力学，为脆弱性评估提供详细的物理机制。通过这些相互补充的方法，可以全面识别山区交通基础设施的脆弱性，为其设计、施工和维护提供科学指导。这一多尺度、多学科的脆弱性识别框架，确保了在自然灾害面前，基础设施的稳定性和安全性得到有效管理。

5.2.1.2　定性与定量风险评估技术

1. 定性风险评估方法

定性风险评估方法主要依赖于专家的专业知识和经验，通过专家打分法、历史案例分析、风险矩阵和情景分析等步骤来评估道路和桥梁结构的风险[100-102]。例如，在洪水灾害的评估中，专家会根据洪水的历史数据、流域特性、降雨模式等因素，对可能受影响的桥梁进行风险评分。历史案例分析可以帮助专家了解在类似条件下桥梁的表现，从而预测未来的风险模式。风险矩阵则将风险的可能性和后果严重性结合起来，帮助决策者优先考虑那些高风险的区域。情景分析通过构建不同的灾害情景，评估这些情景对基础设施的潜在影响，从而为应对措施的制定提供依据。

2. 定量风险评估技术

定量风险评估技术使用数据和数学模型来量化风险。进行洪水作用下桥梁上部结构的评估，研究表明主要作用力包括水平冲击力、竖向上浮力、上托力。相应地，桥梁上部结构的破坏模式主要有支座滑动、支座剪切、整体倾覆等。概率风险评估(PRA)通过分析历史灾害数据，计算特定灾害事件的发生概率，为决策者提供了一个量化的风险基础[103]。蒙特卡罗模拟通过模拟大量的随机抽样来估计可能的结果分布，在预测洪水和泥石流等自然灾害对道路和桥梁结构可能造成的损失方面尤为有用。故障树分析(FTA)和事件树分析(ETA)则分别从可能的故障效果和特定原因出发，分析可能导致的一系列后果，帮助识别和预防可能导致结构损坏的事件链[104]。

3. 综合定性和定量方法

在实践中，定性和定量方法通常结合使用，以提供更全面的风险评估。风险识别阶段，专家打分和历史案例分析用于识别所有可能的风险因素。风险分析阶段，使用定量方法(如 PRA、FTA 和 ETA)来分析这些风险因素的潜在影响。风险评估阶段，结合定性和定量结果，使用风险矩阵或 GIS 工具来评估不同风险因素的严重性和可能性。风险管理阶段，根据评估结果制订风险管理计划，包括预防措施、应急准备和灾后恢复策略。

这种综合方法不仅提供了对风险的深入理解，还提供了精确的风险量化，使得道路和桥梁结构的风险评估更加科学和系统化。随着 GIS、FEA 和机器学习等工具的发展，风险评估的准确性和效率将不断提高，为交通基础设施的安全管理提供坚实的支持。这些工具使得风险评估能够适应不断变化的环境和技术条件，确保道路和桥梁结构能够抵御自然灾害的威胁。

5.2.2 交通基础设施结构安全预警技术

5.2.2.1 传感器技术与实时监测系统

传感器技术在道路和桥梁结构安全预警中的应用是多方面的。传感器能够实时监测结构的微小变化，如位移、应变、振动等，这些变化可能预示着即将发生的灾害。例如，位移传感器可以监测桥梁的微小移动，应变传感器能够监测材料的应力变化，而振动传感器则用于捕捉由交通流量或环境因素引起的振动。这些数据通过有线或无线网络传输到中央监控系统，系统内置的算法会对数据进行实时分析，判断结构是否处于安全状态。

传感器技术的另一个重要发展方向是其自供电和自维护的能力。通过利用振动能量收集器或太阳能板，传感器可以在不更换电池的情况下持续工作多年。自维护传感器能够自动校准和修复，减少了维护成本，提高了系统的可靠性。在洪水、泥石流和滑坡灾害下，这些传感器能够提供关键的实时数据，帮助预警系统及时响应，从而保护人们的生命财产安全。

在现代桥梁健康监测系统(BHMS)中，传感器技术扮演着关键角色。以著名的虎门大桥为例，在设计之初就配备了多种监测系统，包括 GPS 位移监测、应变实时监测、长期形变监测以及超限超载监测等[105]。这些系统能够实时采集桥梁在各种工况下的关键结构参数，如受力状态、抗风抗震性能、缆索张力、桥面裂痕、承压力、位移和倾斜度等。这些实时监测数据的收集和分析，对于预防桥梁结构损坏、延长使用寿命至关重要。总地来说，先进的传感器技术为桥梁健康监测系统提供了强大的技术支撑，使得对桥梁关键结构参数的实时监测成为可能，大大提高了桥梁的安全性和使用寿命。

物联网技术的应用也为道路和桥梁监测带来了革命性的变化。通过在道路和桥梁上安装多种传感器，并利用物联网技术进行数据的无线传输和实时监测，可以实现对道路和桥梁健康状况的全面掌握[106]。这些技术不仅提高了监测的效率和准确性，还降低了维护成本，使得桥梁的运维管理更加智能化和自动化。

总之，传感器技术与实时监测系统在道路和桥梁结构安全预警中的应用，不仅提高了结构安全监测的实时性和准确性，还通过自供电和自维护的能力，大大提高了系统的可靠性和维护效率。随着技术的不断进步，未来的道路和桥梁监测系统将更加智能化、自动化，为确保交通基础设施的安全提供坚实的技术支持。

5.2.2.2　遥感技术在预警系统中的应用

遥感技术在预警系统中发挥着重要作用。这些技术主要通过搭载在卫星或航空器上的传感器，从远距离收集地表各类信息，为预警系统提供关键数据支撑。其中，地形、地表温度、植被覆盖等数据对于预测洪水、滑坡等自然灾害具有重要意义。例如，InSAR 技术利用合成孔径雷达(SAR)监测地表微小形变，能够在灾害发生前提供预警[107]。无人机遥感设备则可以获取高分辨率图像，用于识别地面裂缝、沉降等异常现象[108]。这些细微变化往往是灾害即将发生的先兆，及时发现并做出预警至关重要。

此外，遥感技术与地理信息系统的融合，使监测数据能够与地理空间数据相结合，提供更加直观的分析结果。GIS 可以处理和分析遥感图像，识别灾害易发区域，评估风险，为应急管理提供决策支持。对于道路和桥梁安全预警而言，遥感技术能提供宏观视角，及时发现潜在威胁，为防范措施的制定提供依据。

总地来说，遥感技术凭借其远程、全天候的数据采集优势，与 GIS 协同作用，为预警系统提供了强大的技术支撑。这些技术的应用不仅能提高自然灾害预测的准确性，还可为道路桥梁等基础设施的安全防范提供有力支持，在减轻灾害损失、维护社会稳定方面发挥重要作用。

5.2.2.3　智能算法与数据分析技术

随着智能算法和数据分析技术的飞速发展，预警系统的性能得到了显著提升。这些技术的应用使得预警系统能够更好地处理和分析海量的监测数据，从中识别出复杂的模式和趋势，大幅增强了预警能力[109]。其中，机器学习算法尤为关键。这些算法的核心在于，它们可以从复杂的数据中提取出有价值的特征信息，为预测模型的构建奠定基础。这不仅使预警系统能够识别已知的灾害模式，还能发现新的、未知的风险因素。例如，通过分析交通流量、气象数据等，智能算法可以预测哪些路段在特定天气条件下更易出现结构安全问题。

数据分析技术的进步，还体现在其对实时数据的高效处理能力。随着 5G 和物联网技术的发展，预警系统能够实时接收来自各类传感器和遥感设备的大量监测数据。边缘计算技术的应用，使得数据处理可以在数据源附近完成，减少数据传输延迟，大幅提高预警系统的时效性。

结合这些技术，未来的交通基础设施结构安全预警系统将更加智能化、自动化和精准化，为保障交通基础设施的安全提供坚实的技术保障。这些技术结合使用，不仅提高了预警系统的准确性和响应速度，也为交通基础设施的管理、维护和灾害防治提供了强有力的支持。随着技术的不断发展，未来的预警系统将更加智能化、自动化和精准化，为保障交通基础设施的安全提供坚实的技术保障。

5.2.3 交通基础设施结构安全预警系统设计

5.2.3.1 预警系统的架构与关键组件

预警系统的架构应当包括数据采集、处理、分析和响应四个关键组件，这些组件协同工作，确保系统能够及时发出预警信号。数据采集环节，需要部署各类传感器设备，对交通基础设施的关键结构参数(如应变、位移、倾斜度等)进行实时监测。同时，还需纳入来自遥感设备的地表信息，以及天气、交通流量等外部环境数据。这些异构数据源的融合，为系统提供全面的数据支撑。数据处理环节则负责对采集到的原始数据进行清洗、格式转换和初步分析，确保数据的质量和可用性。同时，边缘计算技术的应用，使得部分数据处理任务可以在采集端就近完成，减少数据上传的延迟，提升整体处理效率。数据分析环节是预警系统的核心，这里应用先进的机器学习和深度学习算法，从海量监测数据中提取有价值的特征，建立起准确的预测模型。这些智能算法不仅能发现已知的安全隐患模式，还可以发现新的、潜在的风险因素。与此同时，分析环节还需要整合从 GIS 等获取的地理信息，以更加直观的方式展现分析结果。最后，响应环节负责对分析得出的预警信息进行处理和传输。系统应能自动发出预警信号，并通过多种渠道，如短信、邮件、移动 APP 等，及时通知相关部门和人员。同时，该环节还应具备应急响应方案的制订和执行能力，协助采取快速有效的应急措施。

5.2.3.2 预警阈值的设定与调整策略

预警阈值的设定是一个动态的过程，需要根据历史数据、模型预测和实时监测结果进行持续调整。这确保了预警系统能够适应不断变化的环境和条件，发挥最佳效能。首先，系统应建立基于统计分析的预警阈值初设机制。通过对历史监测数据的深入分析，识别出各项关键参数的正常波动区间，从而确定初始的预警阈值。这为后续的动态调整提供了重要参考。例如，对桥梁结构的应变、位移、倾斜度等指标进行统计分析，确定其正常波动范围，并据此设置预警阈值。其次，结合模型预测，对预警阈值进行持续优化。预警系统应集成先进的机器学习模型，能够根据环境变化和历史趋势，对未来的结构安全状况进行预测。这些预测结果将作为调整预警阈值的重要依据，确保阈值设置能紧跟实际情况。例如，预测模型可以根据未来的气象信息、交通流量等，推算出桥梁在特定条件下的最大应变、位移等指标，从而动态调整相应的预警阈值。这样不仅能及时应对环境变化，也能不断提高预警的准确性。

此外，实时监测数据也是调整预警阈值的关键输入。预警系统应实时分析监测数据，一旦发现关键参数出现异常波动，立即触发阈值的自动调整。例如，如果监测到桥梁某处应变持续上升，超出了预设阈值，系统就应该主动调整该处的预警阈值，以更好地捕捉潜在的安全隐患。这样的动态调整机制，能够确保预警阈值的设置与实际情况高度吻合。需要特别指出的是，预警阈值的设定还需要考虑不同情况下的差异。例如，在恶劣天气条件或特殊交通状况下，某些关键参数的正常波动范围可能会发生变化，预警系统应根据实际情况动态调整相应的阈值。这种情境感知能力，确保了预警系统能更好地适应复杂多变的实际环境。

总地来说，预警阈值的设定是一个循环迭代的过程，需要充分利用历史数据分析、模型预测和实时监测等多方面的信息，才能确保阈值设置与实际情况高度吻合，提升预警系统的整体性能。只有做到这一点，预警系统才能真正发挥应有的作用，为交通基础设施的安全管理提供有力支撑。

5.2.3.3　预警系统的可靠性与鲁棒性设计

预警系统的可靠性和鲁棒性设计，确保了系统在面对各种不确定性和潜在干扰时，仍能保持高效运行。这涉及系统架构的冗余设计、容错机制的建立，以及持续的性能测试和优化等方面。从架构层面来看，预警系统应采用冗余设计，关键设备和通信链路都需要备份，以提高系统的可靠性。例如，可以部署多套传感器设备以及多路通信线路，当主要设备或链路出现故障时，系统能自动切换到备用通道，确保数据采集和传输的连续性。同时，系统的核心处理单元也应采用多机热备的架构，发生单点故障时能够快速切换，避免整个系统瘫痪。这种冗余设计，大大提升了系统的抗干扰能力。

容错机制的建立，则能提高系统对各类故障和异常状况的抗干扰能力。这包括对数据处理和分析环节的容错设计，当出现局部数据丢失或处理异常时，系统能够自动识别并修复，保证整体分析结果的正确性。例如，在数据处理环节，系统可以设置数据校验和纠错机制，对输入数据进行实时检查，发现异常后立即启动备用数据的切换和恢复。同时，还需要针对可能出现的预警信号失真、延迟等问题，制定多重验证和纠错机制，确保预警信息的可靠传递。这些容错特性大幅提升了系统的鲁棒性。

此外，持续的性能测试和优化也是确保可靠性的关键。预警系统应定期开展完整的压力测试和容错测试，模拟各类极端情况，检验系统的承载能力和自愈能力。这包括对传感器设备的抗干扰性、通信链路的稳定性、数据处理单元的处理能力等进行全面评估。测试结果将反馈至系统设计和调整环节，不断优化各关键环节的性能指标，提升系统的整体可靠性。同时，预警系统还应具备自我诊断和自动修复的能力。通过内置的健康监测模块，系统能够实时监测各关键部件的运行状况，及时发现并隔离故障点，减少对整体系统的影响。一旦发现异常，系统还应能自动启动备用资源，快速恢复正常运行状态，确保预警功能的持续可用。

综上所述，交通基础设施结构安全预警系统的可靠性和鲁棒性设计，涉及多个方面的因素。从架构层面的冗余设计到容错机制的建立，再到持续的性能优化，这些措施共同确保了系统能在复杂多变的环境中保持高效、稳定的运行。只有做到这些，预警系统才能真正发挥应有的作用，为交通基础设施的安全管理提供可靠的技术支撑。

5.3 道路结构安全模拟与预警案例

5.3.1 道路结构有限元模型构建

道路结构有限元模型构建是研究滑坡等灾害对道路结构冲击作用的重要基础。本书采用低等级公路常用的双车道沥青路面(宽度为 8.5m，路基为半填半挖型)作为有限元模型构建的对象，如图 5.1 所示。道路结构各层结构的厚度和材料参数详见表 5.1。

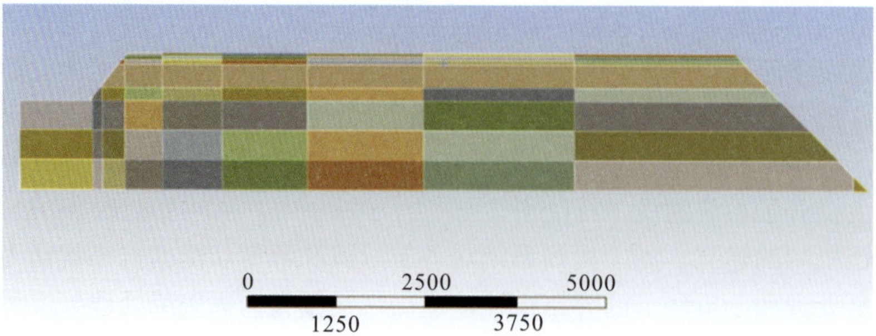

图 5.1 道路结构有限元模型(单位：mm)

表 5.1　道路结构各层结构的厚度和材料参数

名称	材料	厚度/cm	回弹模量/MPa	泊松比
上面层	SMA-13	4	1400	0.30
中面层	AC-16	5	1200	0.30
下面层	AC-25	6	1000	0.30
基层	水泥稳定碎石	32	1200	0.25
底基层	石灰土	18	300	0.25
土基	土	—	40	0.4

模型边界条件设置包括路基底部、两侧边坡、面层表面和层间接触四个部位。路基底部设置为固定约束；两侧边坡外侧为自由边界，内侧为连续性边界；面层表面垂直方向为自由边界，水平方向为连续性边界；层间接触边界设置为连续性边界条件。

滑坡冲击力可简化为随时间变化的曲线，包括初始冲击、持续作用和衰减三个阶段。本书采用 22 组冲击力随冲击时间的历时曲线进行数值模拟，如图 5.2 所示。为模拟不同冲击角度对道路结构的影响，将冲击力分解为 X 方向和 Y 方向的力，选用 5 个冲击角度(15°、25°、35°、45°、55°)配合不同冲击力历时曲线进行模拟。在有限元模拟中，考虑了不同工况下滑坡冲击道路结构的角度和速度变化。通过设置动态荷载，从左向右加载荷载，并在不同时间节点施加，以模拟冲击力的时间差效应，如图 5.3 所示。这种加载方式不仅能够模拟灾害冲击的瞬时作用，还能反映不同速度下冲击力对结构的持续影响，为结构抗灾设计提供更为全面的理论依据和数据支持。

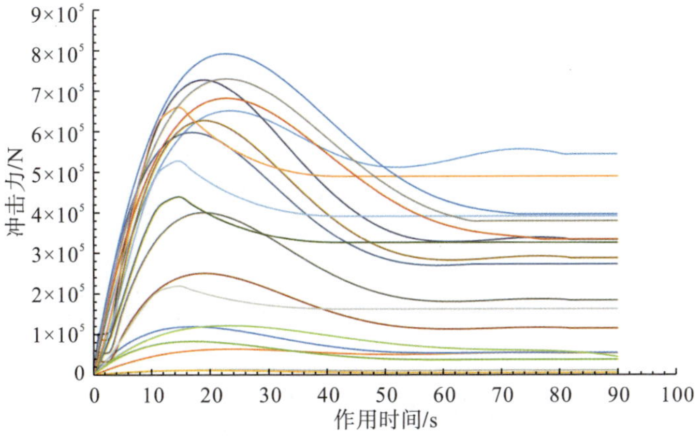

图 5.2　滑坡冲击力历时曲线

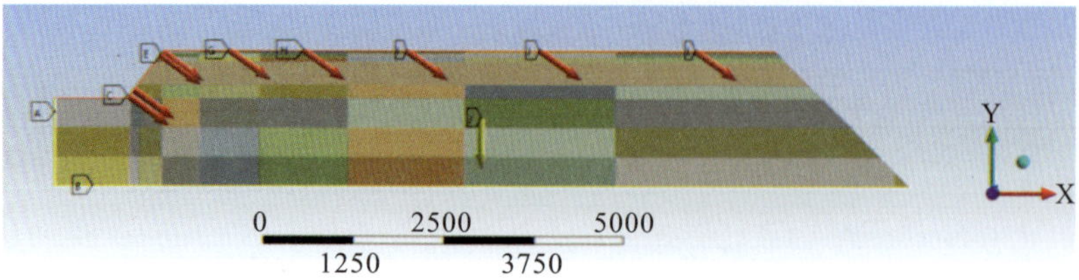

图 5.3　冲击角度和冲击速度施加示意图(单位：mm)

5.3.2　道路结构性能评级及预警阈值

滑坡灾害作用下，道路结构各层的位移呈现复杂的变化规律。表面层首先发生变形，随后变形向下传递至路基土体。滑坡的动荷载特性会导致结构内部产生较大的惯性力和动应力，加速结构破坏。因此，准确评估道路结构在灾害作用下的位移变化规律对安全预警至关重要。通过对比分析国内外沥青路面结构安全性能评价指标(表 5.2)，本书选取沥青层水平位移、沥青层垂直位移、路基水平位移和路基垂直位移 4 个指标作为评价道路结构安全预警的关键指标(表 5.3)。这些指标不仅考虑了结构各层的力学响应，还兼顾了工程实践中的可测量性和可控性。

表 5.2　国内外沥青路面结构性能指标汇总

评价指标	指标值范围	来源
路基不均匀沉降	≤4cm	JTG 5150—2020《公路路基养护技术规范》
滑坡水平位移	有明显的位移	JTG 5150—2020《公路路基养护技术规范》
软土地基水平位移	每天≤1.5cm	JTG/T 3610—2019《公路路基施工技术规范》
软土地基垂直位移	每天≤0.5cm	JTG/T 3610—2019《公路路基施工技术规范》
基层(粒料类和水稳类)永久变形	高速≤1.5cm	JTG D50—2017《公路沥青路面设计规范》
	二三级≤2.0cm	
其他基层	高速≤1.5cm	
	二三级≤2.0cm	
路面跳车高度差/cm	轻度：[2,5)	JTG 5210—2018《公路技术状况评定标准》

基于国内外相关规范和标准，本书确定了道路结构预警指标的阈值。参考 JTG/T 3610—2019 和 JTG D50—2017 等规范，设定了水平位移和垂直位移的预警阈值。预警等级分为绿色(＜80%)、黄色(80%～100%)、橙色(100%～120%)和红色(≥120%)4 个等级，详见表 5.3。基于这些阈值范围，对不同冲击力工况下的道路结构安全预警模拟结果进行了预警等级标记。这种预警体系的建立为道路结构在滑坡等灾害作用下的安全评估提供了科学依据，有助于及时发现潜在风险，采取相应的防护措施，提高道路结构的安全性和可靠性。

表 5.3　道路结构安全预警等级及其阈值范围　单位：cm

评价指标	阈值范围			
	绿色	黄色	橙色	红色
沥青层水平位移	<1.2	[1.2,1.5)	[1.5,1.8)	≥1.8
沥青层垂直位移	<1.6	[1.6,2.0)	[2.0,2.4)	≥2.4
路基水平位移	<1.2	[1.2,1.5)	[1.5,1.8)	≥1.8
路基垂直位移	<1.6	[1.6,2.0)	[2.0,2.4)	≥2.4

5.3.3　道路结构安全预警数据集构建

为构建道路结构安全预警数据集，本书采用道路结构有限元模型，模拟了 22 种不同的滑坡冲击力历时曲线，结合 5 种不同的冲击角度，形成了 110 组冲击力工况。在每种工况下，重点关注并提取了沥青层和路基的水平位移和垂直位移随时间的变化数据。本书将冲击力历时曲线和冲击角度转化为 *X* 方向和 *Y* 方向上的冲击力历时曲线作为预警模型的输入值，如图 5.4 所示。输出值包括沥青层和路基的水平位移和垂直位移 4 个指标随时间变化的数值。图 5.5～图 5.8 展示了图 5.4 冲击力工况对应的位移云图及曲线图。由图可知，位移曲线呈现出与冲击力相似但略有滞后的趋势，反映了结构对外力的响应特性。沥青层的位移幅度较大，表明其对冲击力更为敏感，而路基的位移相对较小但仍然可辨。输入值与输出值之间存在明确的相互关联性，不仅体现在数值大小上，还表现在时间序列的特征上。这表明采用上述输入值与输出值组合构建的预警数据集具有可靠性和有效性。

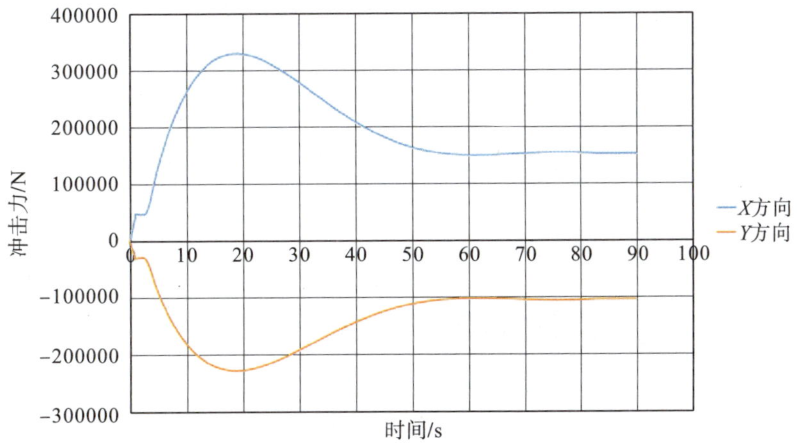

图 5.4　*X* 方向和 *Y* 方向上的冲击力历时曲线

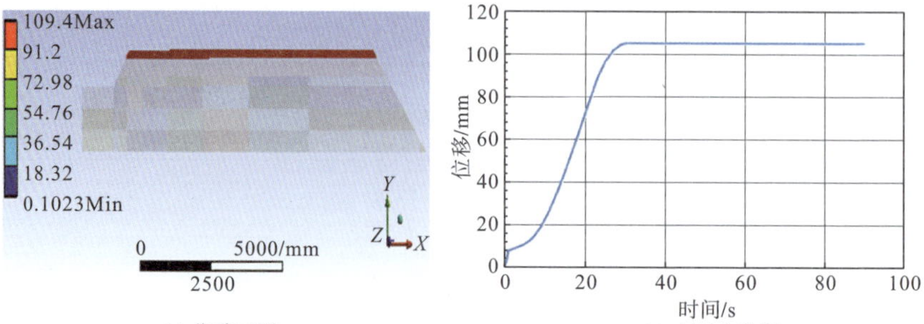

(a) 位移云图　　(b) 水平位移图

图 5.5　冲击力对沥青层水平位移的影响

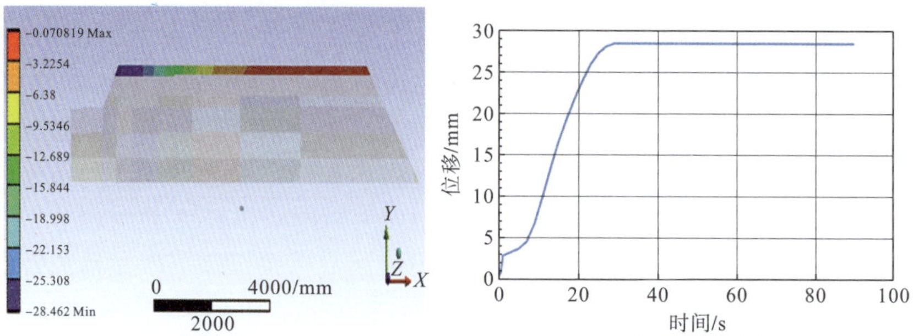

(a) 位移云图　　(b) 垂直位移图

图 5.6　冲击力对沥青层垂直位移的影响

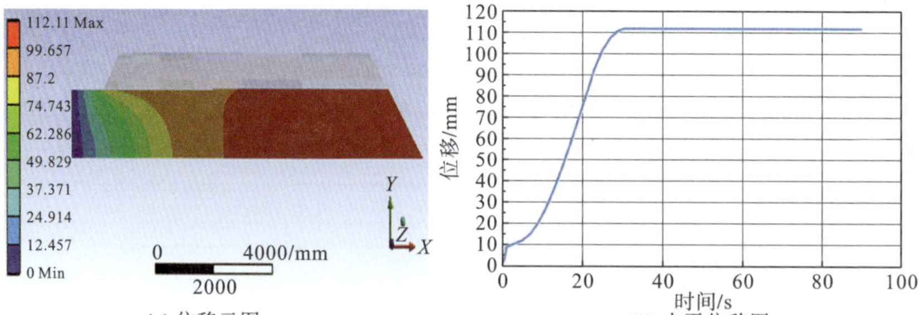

(a) 位移云图　　(b) 水平位移图

图 5.7　冲击力对路基水平位移的影响

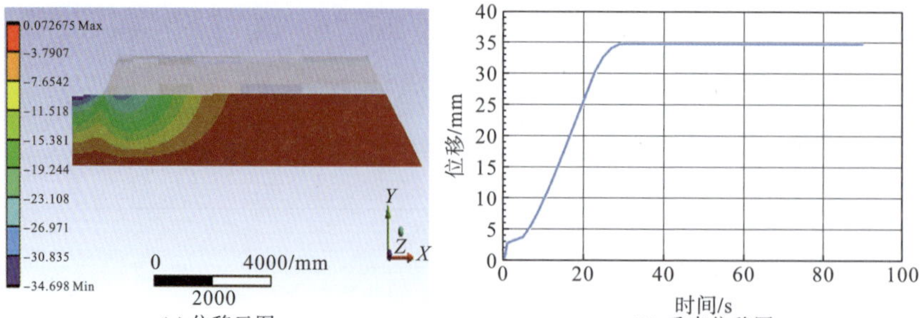

(a) 位移云图　　(b) 垂直位移图

图 5.8　冲击力对路基垂直位移的影响

5.3.4　道路结构安全预警模型构建

本书针对道路结构安全预警数据集的特点，构建了一套综合的预警模型。首先对数据进行预处理，采用 Z 分数标准化方法将输入和输出数据进行标准化处理，保持原始分布特征。基于数据集的时间序列特性、规模较小且输出指标多样的特点，设计了融合多种深度学习技术的预警模型。道路结构安全预警模型主要包括数据增强、时序特征处理、半监督学习和自监督学习等关键组成部分，其构建流程如图 5.9 和图 5.10 所示。数据增强阶段使用生成对抗网络(GAN)和变分自编码器(VAE)扩充训练数据集，缓解数据量不足的问题。时序特征处理采用长短期记忆网络(LSTM)捕捉长期依赖关系，预测未来安全状态。半监督学习方法通过伪标签法利用未标记数据，迭代改善模型性能。自监督学习通过设计预测任务增强模型对数据结构的理解。模型训练过程中，采用二元交叉熵损失、MSE、KL 散度和平滑 L1 损失等评估指标。通过模型集成和验证集评估，不断优化模型性能。最终构建的预警模型能够对输入的冲击力数据生成位移预测结果，确定道路结构的预警等级，为道路结构安全管理提供可靠的决策支持工具。这种融合多种深度学习技术的方法显著提高了模型的预测准确性、泛化能力和鲁棒性。

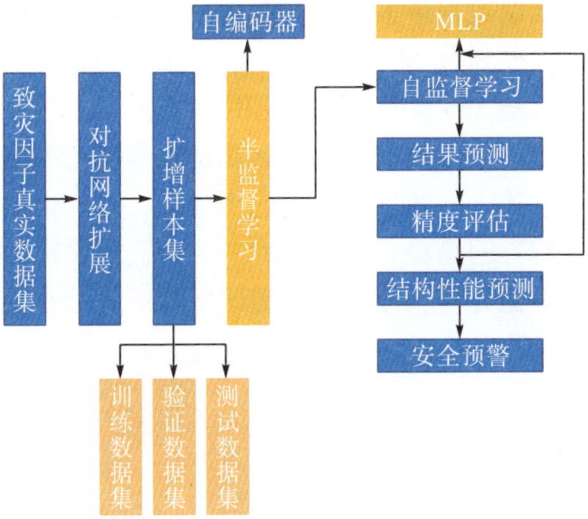

图 5.9　道路结构安全预警模型构建流程

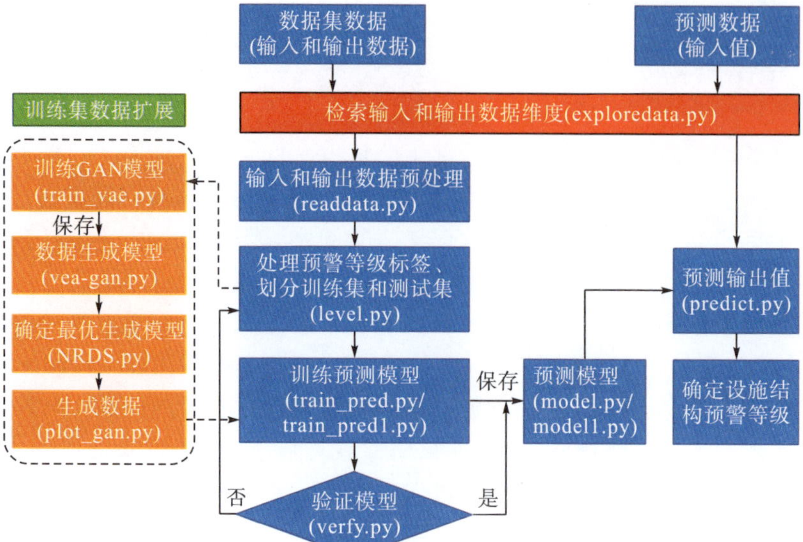

图 5.10　预警模型构建逻辑和运行流程图

5.3.5　道路结构安全预警模型性能评估

1. 半监督预警模型性能评估

本书针对训练数据集数据量偏少的问题，采用生成最优生成器的模型，通过调整生成数据的比例来控制整体训练数据集的样本量进行半监督预警模型训练，如图 5.11 所示。由图可知，随着生成数据比例的增加，损失曲线整体呈下降趋势，尤其是在较高添加比例下最终损失值较低。测试损失值的变化较为复杂：低比例添加时损失值的初始值较大，随生成数据比例提高，损失值的初始值逐渐减小，但最终稳定值呈先降后升的趋势。值得注意的是，高比例添加时测试损失值的初始值显著减小，但最终稳定值反而大于中等比例情况。综合分析发现，中等比例(50%～90%)的生成数据添加可能为模型性能提供最佳平衡，既能降低测试损失值，又不会导致训练和测试损失值差距过大。

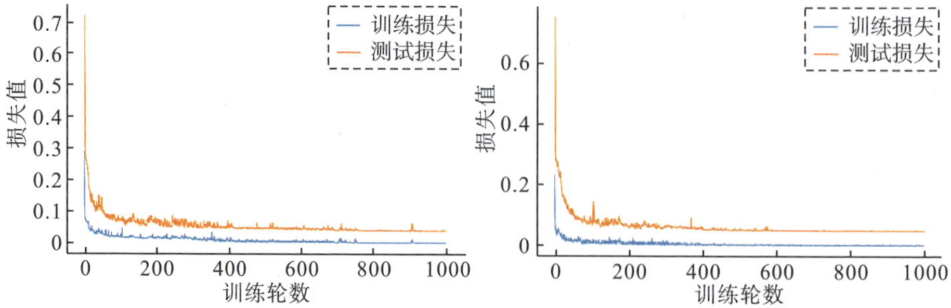

(a) 0　(b) 10%

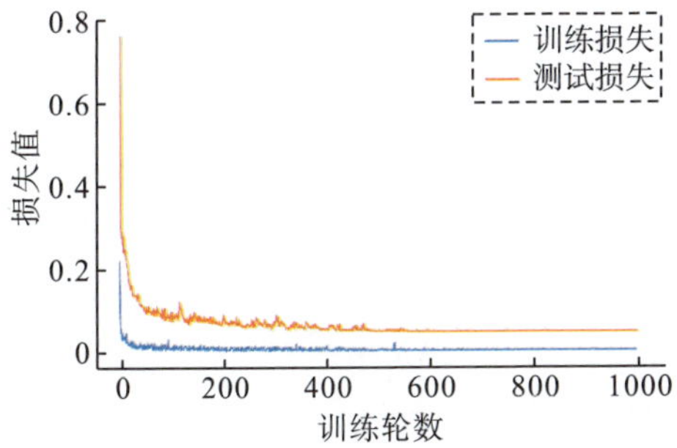

(c) 30%

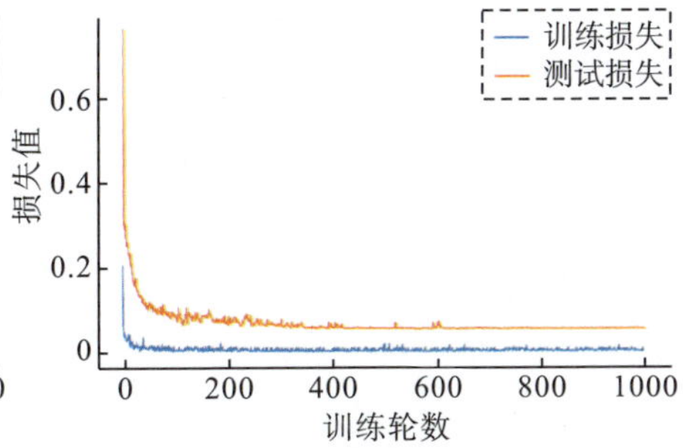

(d) 50%

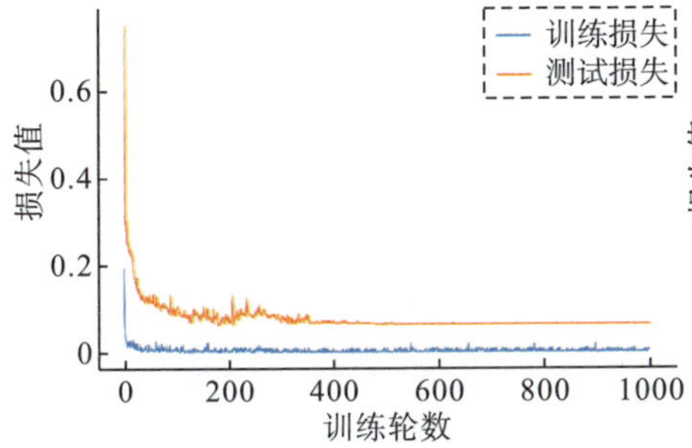

(e) 70%

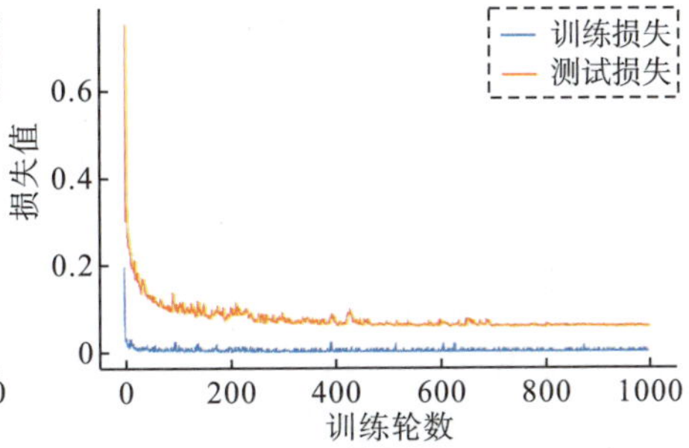

(f) 90%

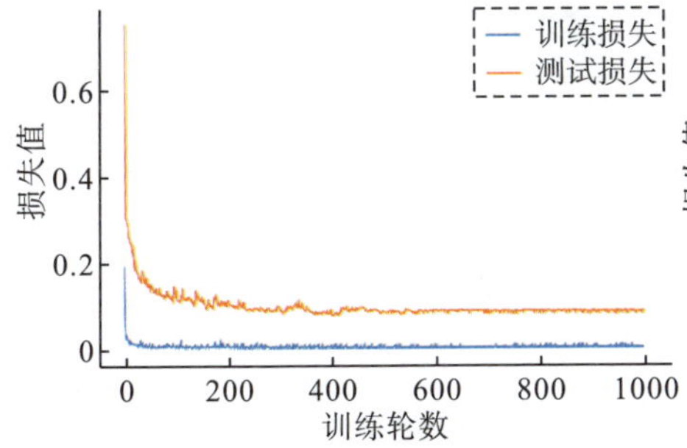

(g) 120%

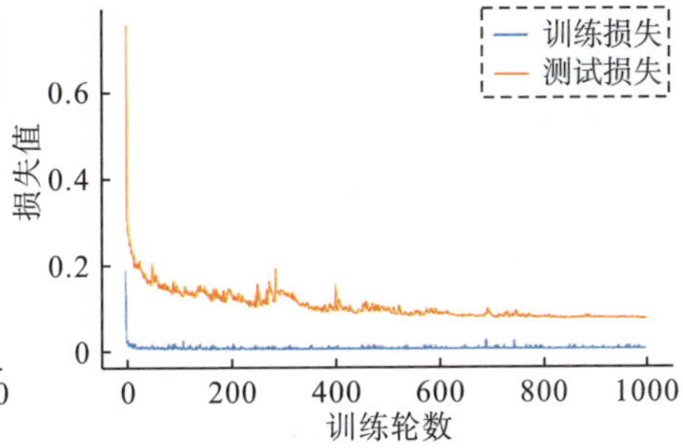

(h) 150%

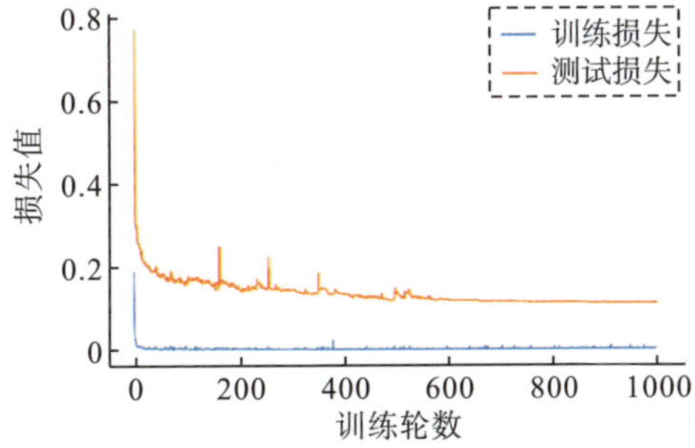

(i) 200%

图 5.11　不同生成数据比例下半监督预警模型的损失曲线图

2. 半监督＋自监督预警模型性能评估

本书通过调整生成器模型生成训练数据集的比例来控制整体训练数据集的样本数量，采用了 9 种生成数据比例（0～200%）的训练数据集训练半监督＋自监督预警模型，如图 5.12 所示。训练损失曲线在所有生成数据比例下均呈现快速下降后趋于平稳的趋势，但随生成数据比例提高，损失初始值逐渐升高，下降速度减缓。测试损失曲线在低生成数据比例时呈现先快速下降后缓慢下降的趋势，中等比例时呈现先快速下降后小幅波动的趋势，高生成数据比例时呈现先快速下降后明显波动的趋势。

与半监督预警模型相比，虽然半监督＋自监督预警模型的训练损失曲线普遍高于前者，但是下降速度更快。测试损失曲线在低生成数据比例时两者相近，中等生成数据比例时后者略低，高生成数据比例时后者明显高于前者。两种损失曲线的差值在半监督＋自监督模型中普遍小于半监督模型，且随生成数据比例的提高，这种差异更加明显。表明半监督＋自监督模型在处理生成数据时具有更好的鲁棒性和泛化能力，特别是在中等比例的生成数据添加时表现更为突出。

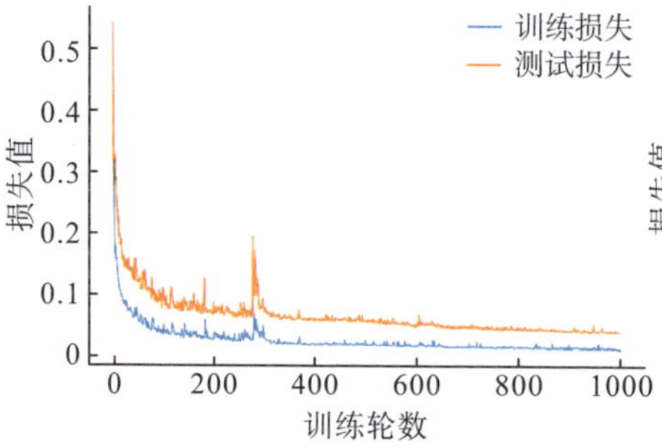

(a) 0

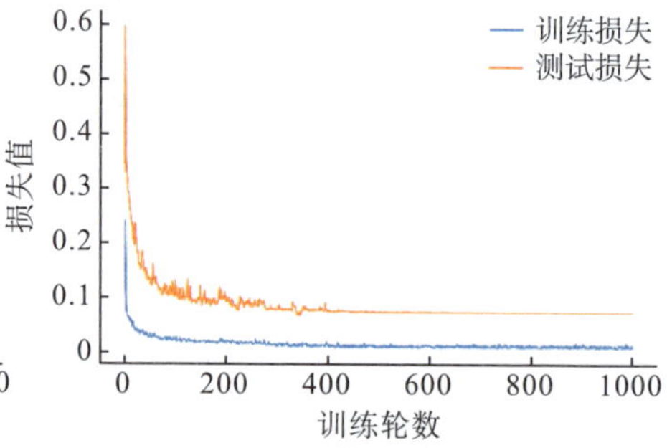

(b) 10%

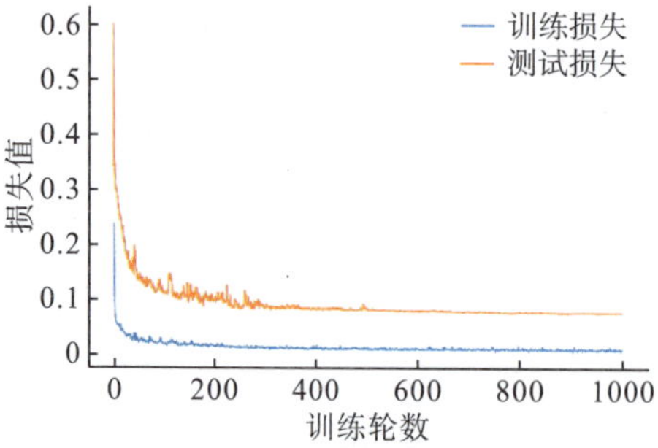

(c) 30%

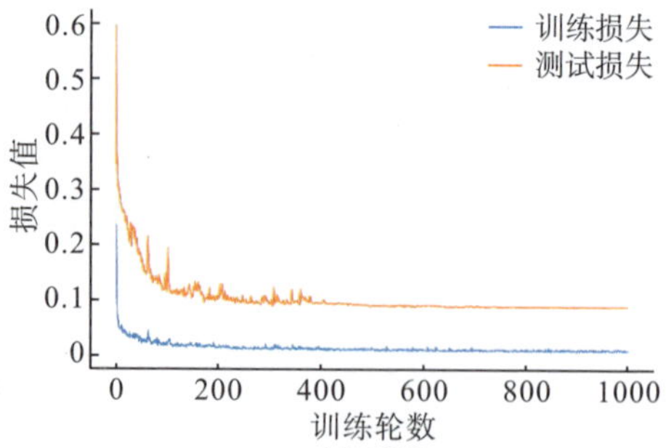

(d) 50%

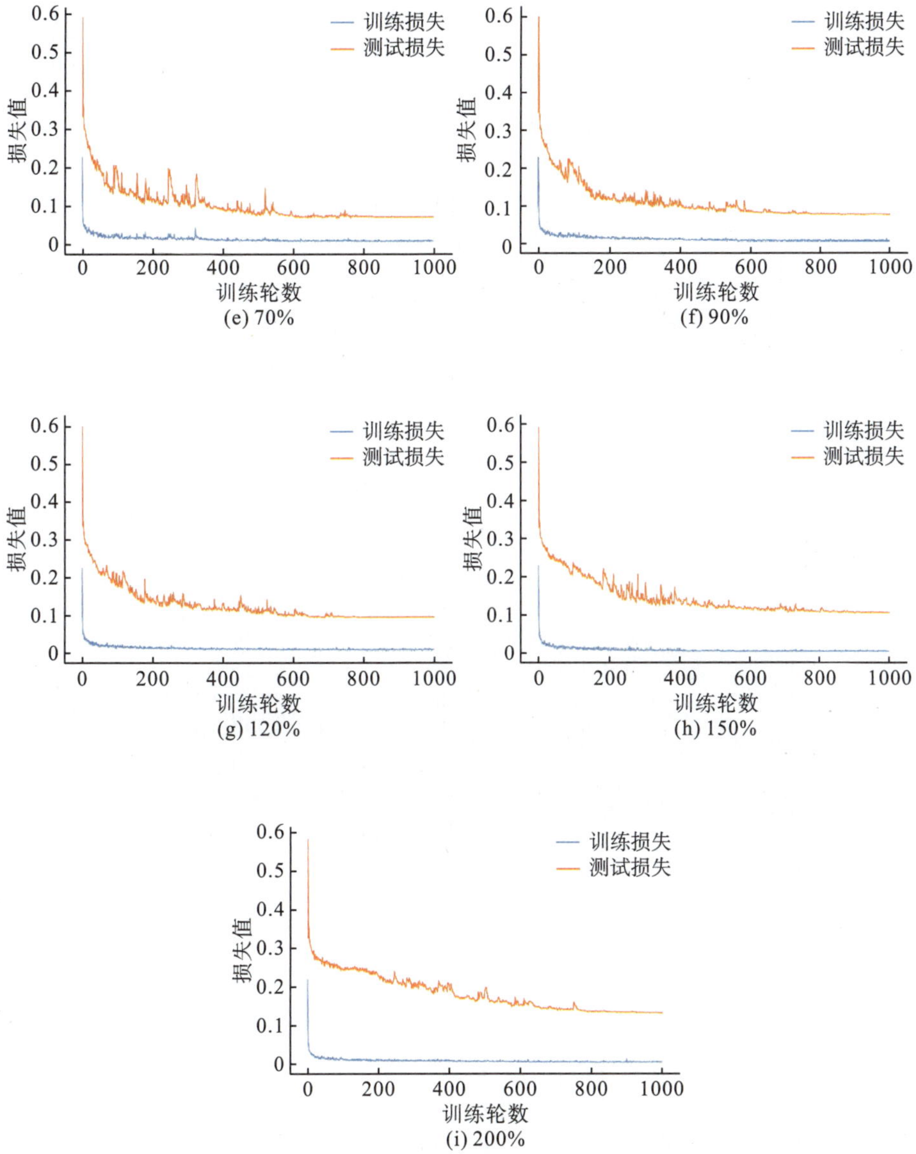

图 5.12　不同生成数据比例下半监督＋自监督模型的损失曲线图

5.3.6　道路结构安全预警模型验证

本书采用训练后最优的半监督模型和半监督＋自监督预警模型对测试集数据进行验证，通过真实值与预测值的拟合系数图和对比图综合评估不同生成数据比例下的模型预测效果，如图 5.13 和图 5.14 所示。由图 5.13 可知，随着 GAN 生成数据比例的提高，半监督模型和半监督＋自监督模型的拟合系数均值总体呈现先上升后下降的趋势。表明适量添加 GAN 生成数据可提高模型的拟合精度和稳定性，但过多的生成数据可能导致模型性能下降。半监督模型的拟合系数均值在 GAN 生成数据比例为 50%时达到峰值 0.95，而半监督＋自监督模型在 70%时达到峰值 0.97，表明后者对 GAN 生成数据的容忍度更高。

在相同的 GAN 生成数据比例下，半监督＋自监督模型的拟合系数普遍高于半监督模型。两种模型的拟合系数差异在 GAN 生成数据比例为 50%～70%时最为显著，半监督＋自监督模型的拟合系数均值比半监督模型高 0.05～0.08。表明自监督学习机制能够有效利用 GAN 生成的数据，提高模型的拟合精度。对于异常值，半监督＋自监督模型表现出更好的鲁棒性。然而，在极高的 GAN 生成数据比例(200%)下，两种模型在某些数据集上都出现了明显的性能下降，反映了过量生成数据可能导致的模型过拟合或数据分布偏移问题。

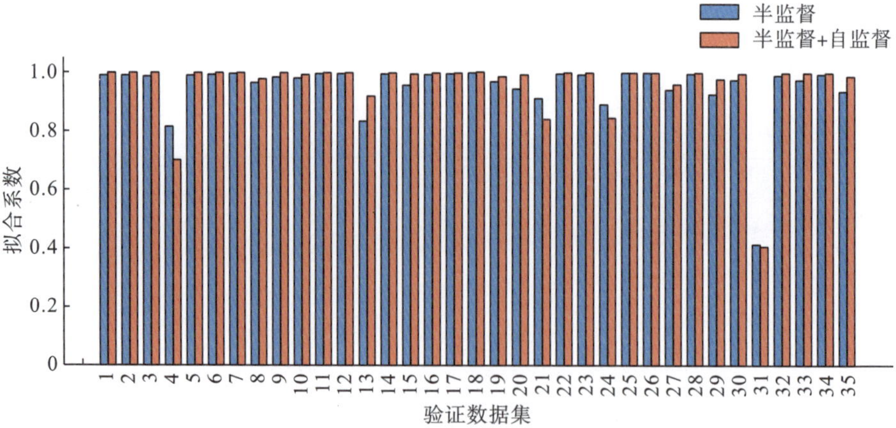

(a) 0

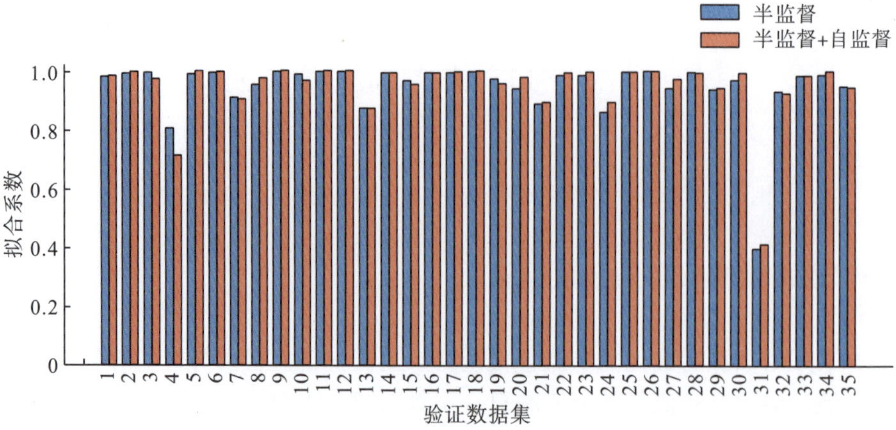

(b) 10%

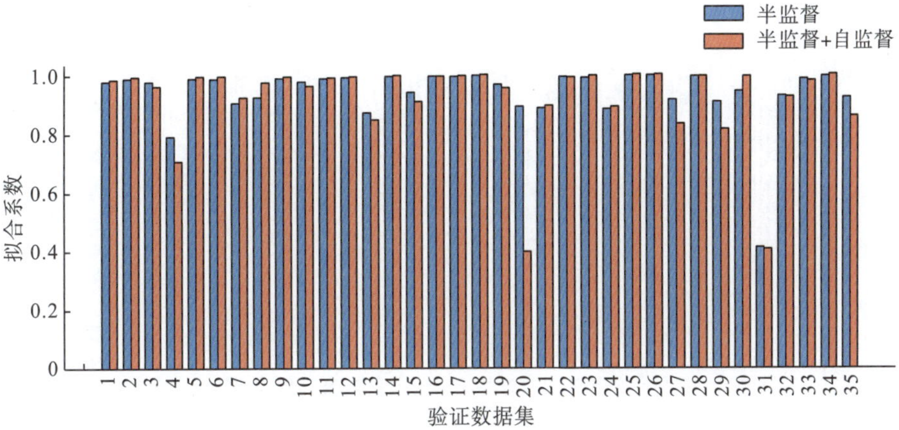
半监督
半监督+自监督
1.0
0.8
0.6
0.4
0.2
0
拟合系数
1 2 3 4 5 6 7 8 9 10 11 12 13 14 15 16 17 18 19 20 21 22 23 24 25 26 27 28 29 30 31 32 33 34 35
验证数据集

(c) 30%

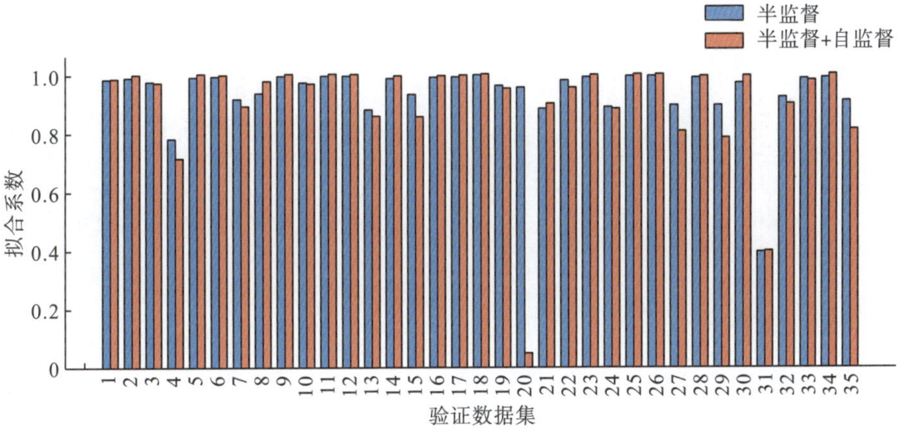
半监督
半监督+自监督
1.0
0.8
0.6
0.4
0.2
0
拟合系数
1 2 3 4 5 6 7 8 9 10 11 12 13 14 15 16 17 18 19 20 21 22 23 24 25 26 27 28 29 30 31 32 33 34 35
验证数据集

(d) 50%

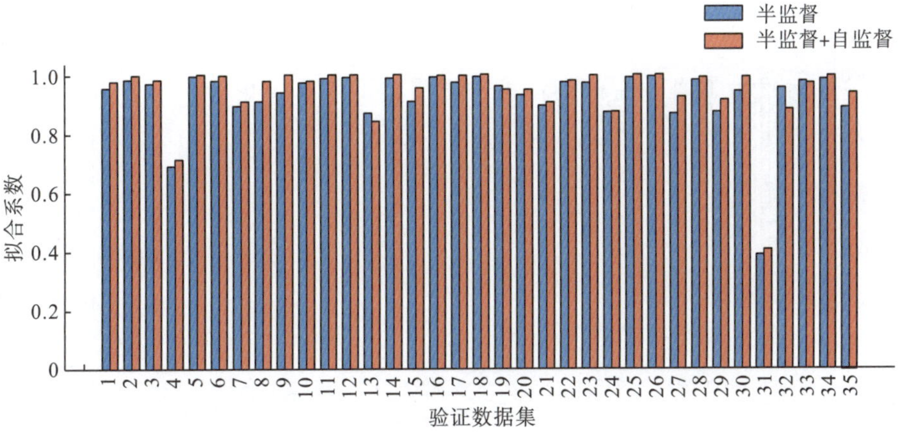
半监督
半监督+自监督
1.0
0.8
0.6
0.4
0.2
0
拟合系数
1 2 3 4 5 6 7 8 9 10 11 12 13 14 15 16 17 18 19 20 21 22 23 24 25 26 27 28 29 30 31 32 33 34 35
验证数据集

(e) 70%

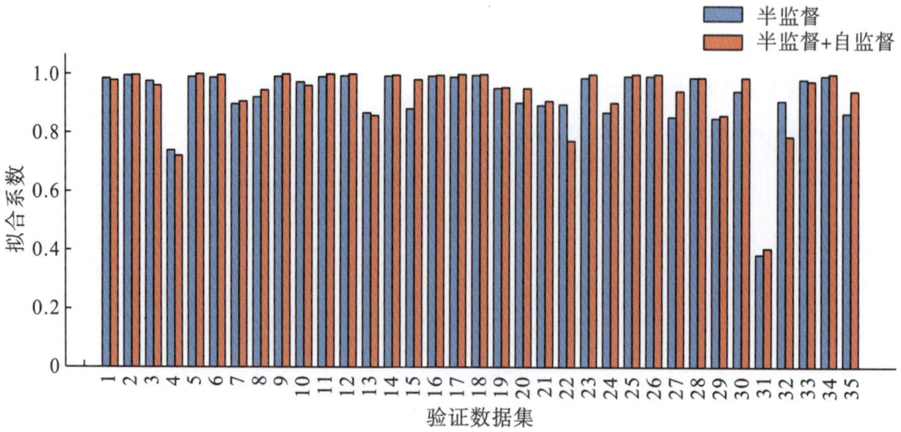

(f) 90%

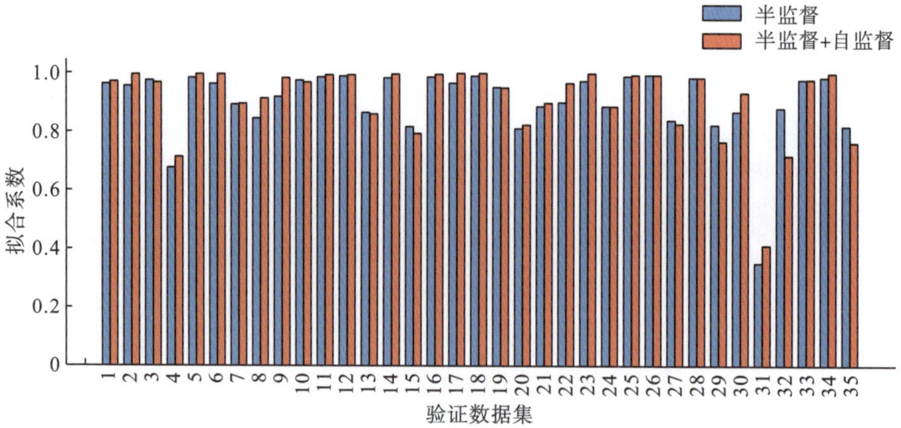

(g) 120%

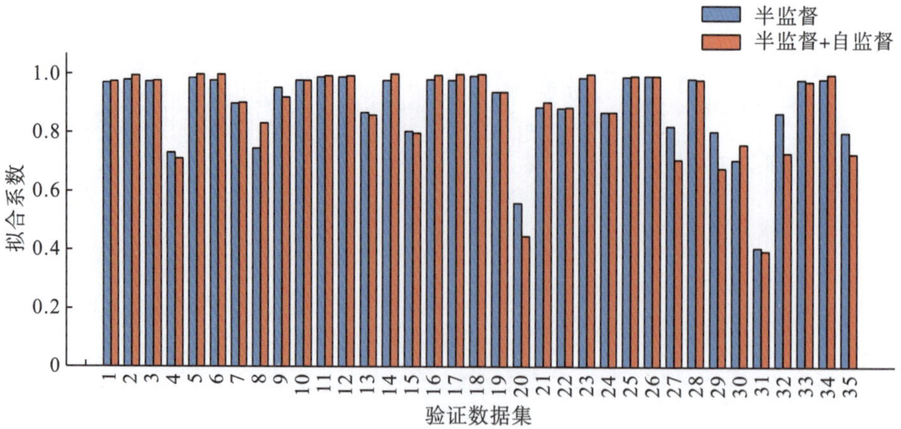

(h) 150%

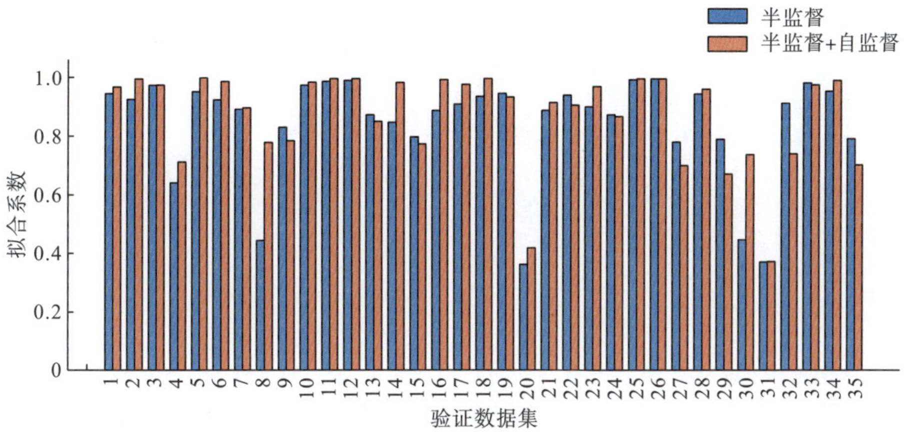

(i) 200%

图 5.13　不同生成数据比例下预警模型预测值与真实值之间的拟合系数

综上所述，半监督＋自监督模型在不同 GAN 生成数据比例下总体表现优于半监督模型，展现出更高的峰值性能和更宽的最优生成数据比例范围。此外，半监督＋自监督模型对异常数据集表现出更强的鲁棒性，能够在更广泛的 GAN 生成数据比例范围内保持较高的拟合精度。考虑模型性能、稳定性和对生成数据的利用效率，半监督＋自监督模型在道路结构安全预警任务中展现出更优越的表现，特别是在中等比例(50%～70%)的 GAN 生成数据添加条件下。然而，当 GAN 生成数据比例过高时，两种模型的性能都会出现不同程度的下降。

本书挑选了面层水平位移输出值来展示半监督和半监督＋自监督模型的预测值与真实值对比效果，如图 5.14 所示。由图可知，在低比例 GAN 生成数据(0～30%)条件下，两种模型的预测结果均与真实值基本吻合。然而，随着 GAN 生成数据比例的提高，半监督模型的预测性能逐渐下降，特别是在高真实值区域(1.0～1.5)出现明显偏离。相比之下，半监督＋自监督模型在各个 GAN 生成数据比例下都保持了较好的拟合效果。当 GAN 生成数据比例达到 120%及以上时，两种模型的性能差异更为显著。在 200% GAN 生成数据条件下，半监督模型在整个值域范围内都出现了明显偏离，而半监督＋自监督模型仍保持良好拟合。表明半监督＋自监督模型在面对大量生成数据时具有更强的鲁棒性和泛化能力，能够更好地适应数据分布变化，维持预测准确性。

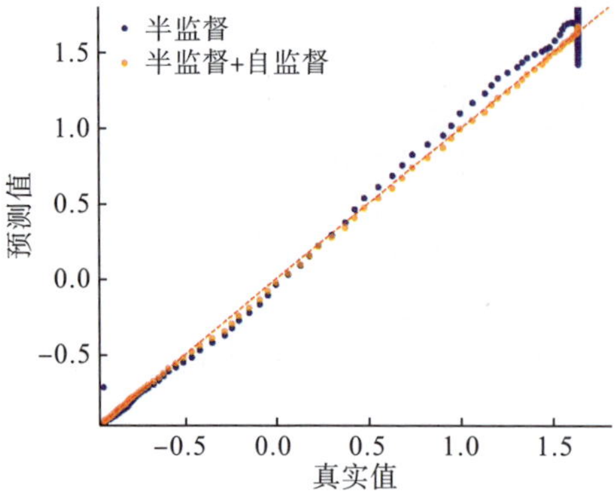

(a) 0

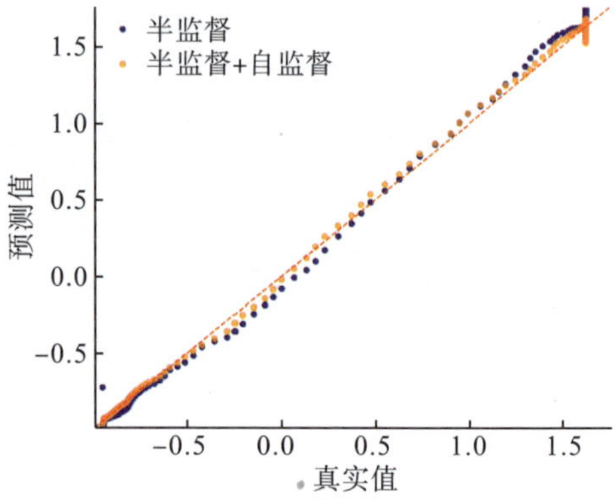

(b) 10%

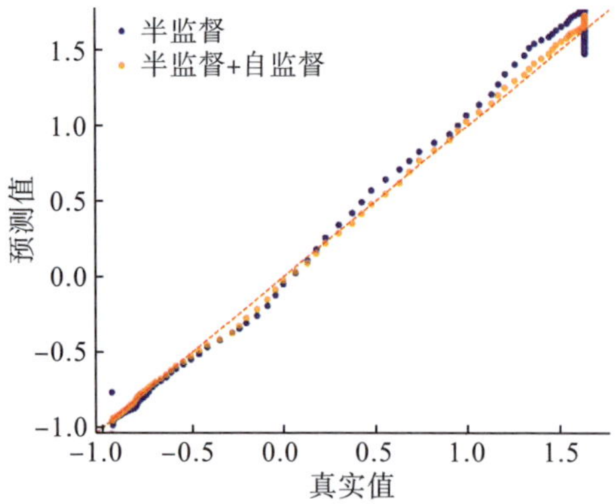

(c) 30%

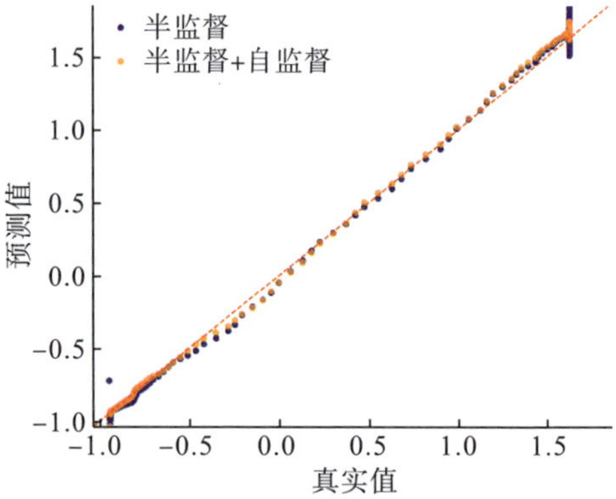

(d) 50%

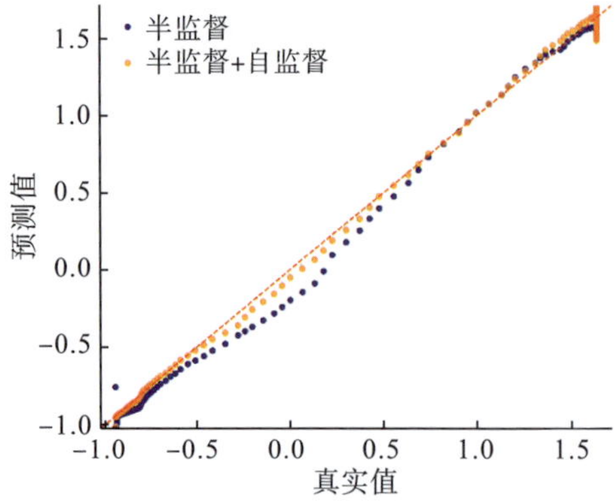

(e) 70%

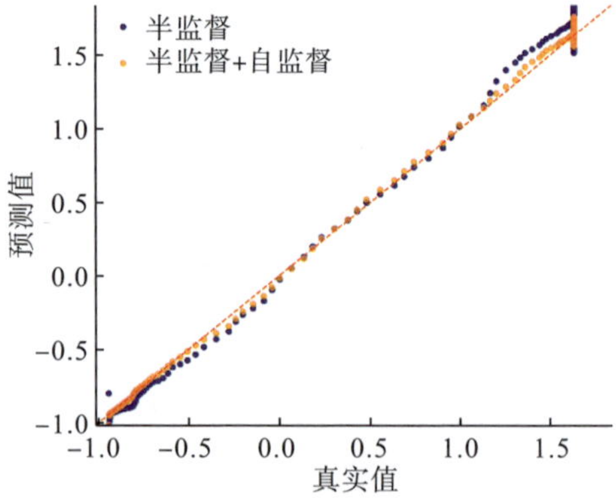

(f) 90%

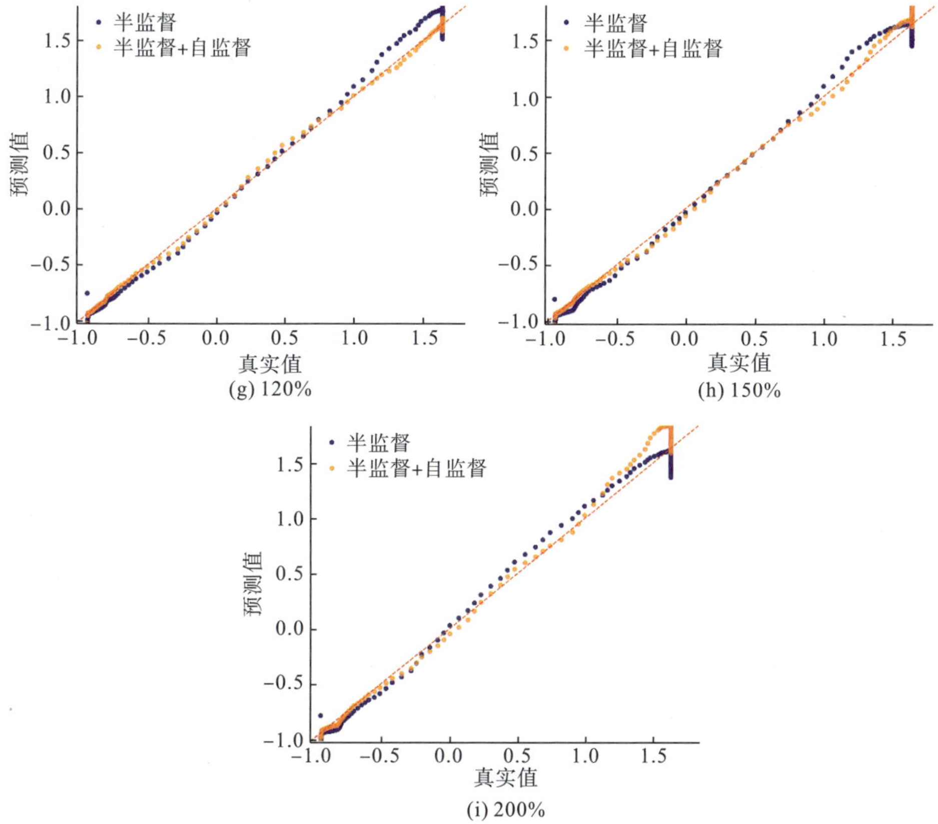

图 5.14　不同生成数据比例下面层水平位移的预测值与真实值对比图

5.3.7　道路结构安全预警模型预测

本书选取路基水平位移预警指标，采用不同生成数据添加比例下的半监督和半监督＋自监督模型，对新的冲击力工况进行预测，如图 5.15 和图 5.16 所示。由图可知，在低比例 GAN 生成数据(0～30%)下，两种模型的预测曲线均能准确反映路基水平位移的总体趋势。随着 GAN 生成数据比例的提高，两种模型的差异逐渐显现。在 50%～90%范围内，半监督＋自监督模型表现出更好的稳定性和准确性，其预测曲线与真实曲线的形态更为接近。当 GAN 生成数据比例超过 120%后，两种模型的预测曲线都出现了明显变形，但半监督＋自监督模型仍保持了较为平稳的基本形态。

通过对不同 GAN 生成数据比例下两种模型预测结果的分析发现，在低比例 GAN 生成数据情况下，两种模型的预测效果相近且较为准确。随着 GAN 生成数据比例的提高，半监督＋自监督模型展现出更好的预测性能、稳定性和鲁棒性。特别是在中高比例 GAN 生成数据条件下，半监督＋自监督模型能够更好地保持预测曲线的形态和趋势。表明本书提出的道路结构安全预警模型中，半监督＋自监督学习方法具有更好的适应性和泛化能力，能够更有效地利用 GAN 生成数据来提高模型的预测性能。

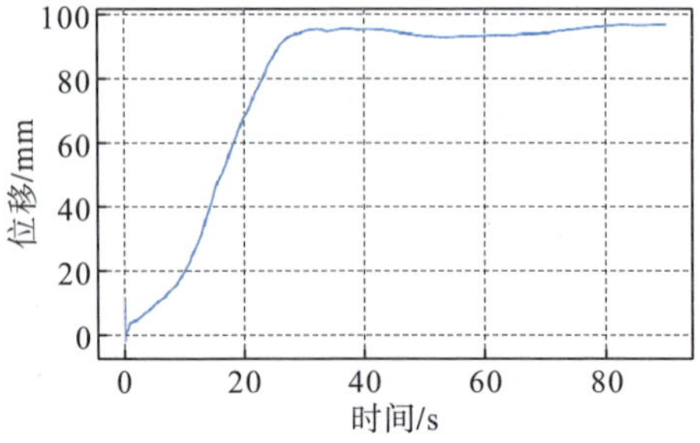

(a) 0

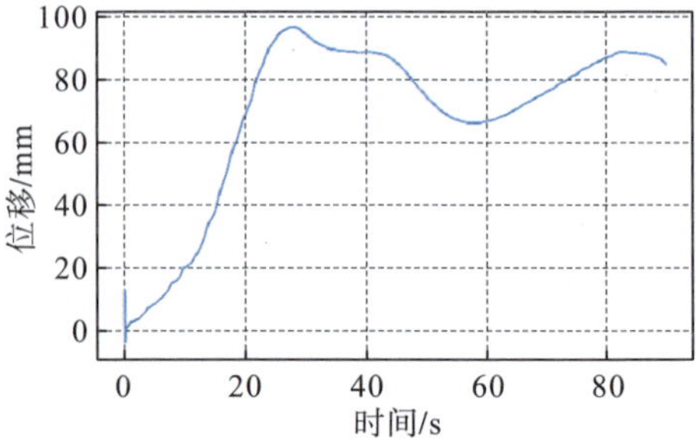

(b) 10%

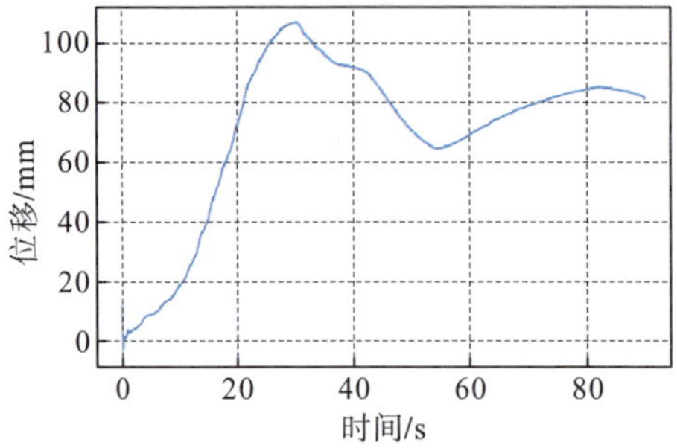

(c) 30%

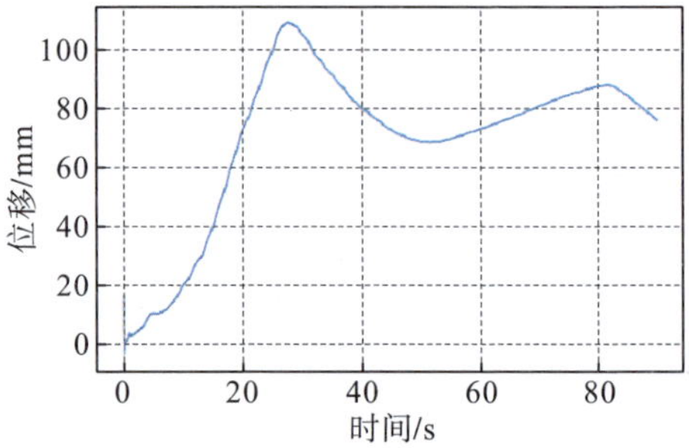

(d) 50%

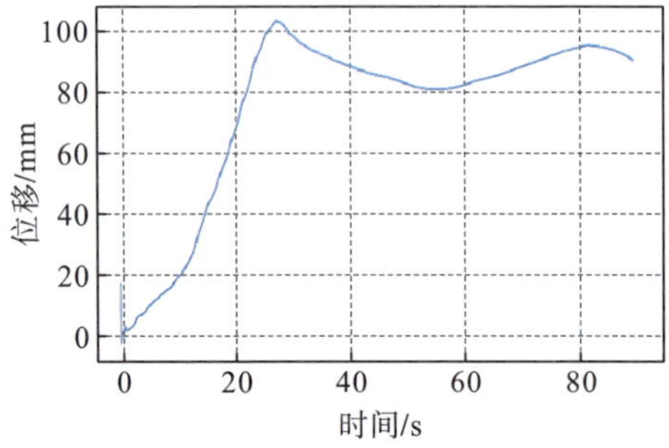

(e) 70%

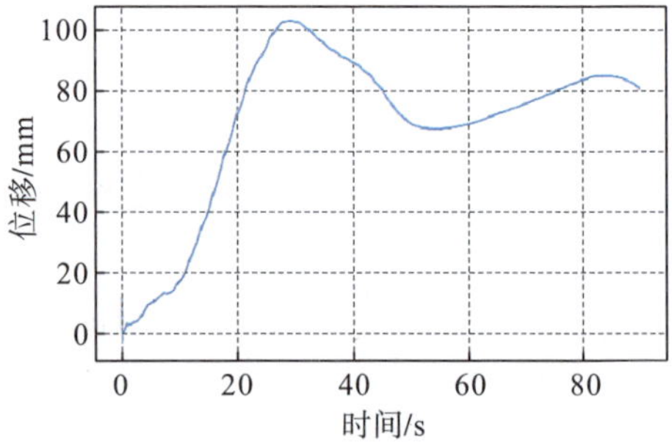

(f) 90%

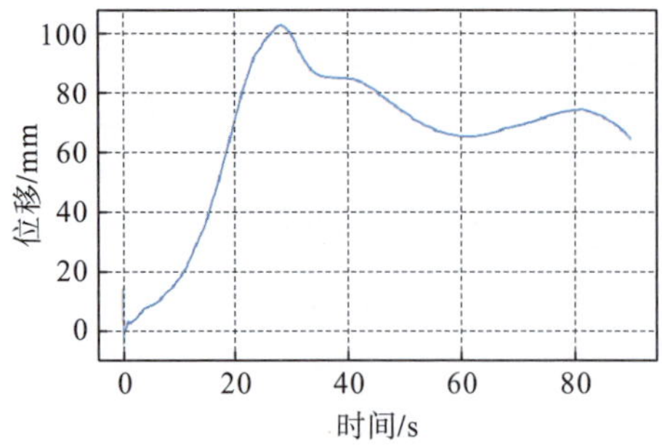

(g) 120%

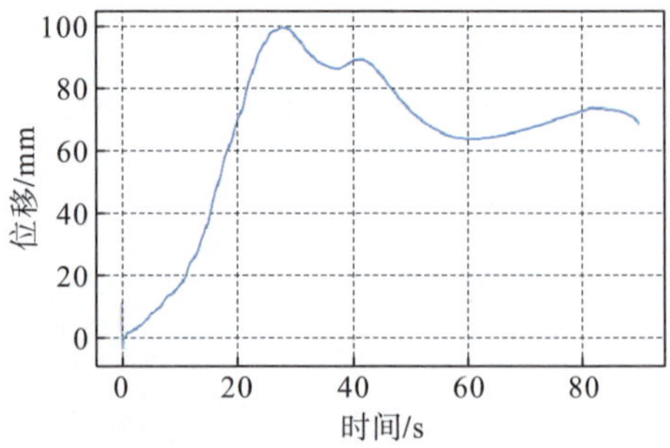

(h) 150%

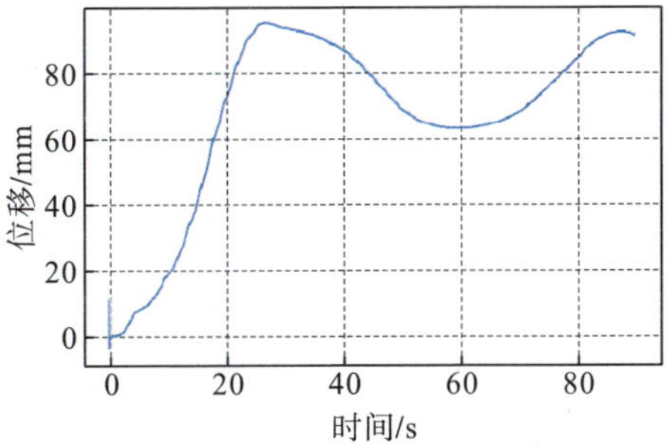

(i) 200%

图 5.15　不同生成数据比例下半监督模型的预测路基水平位移值

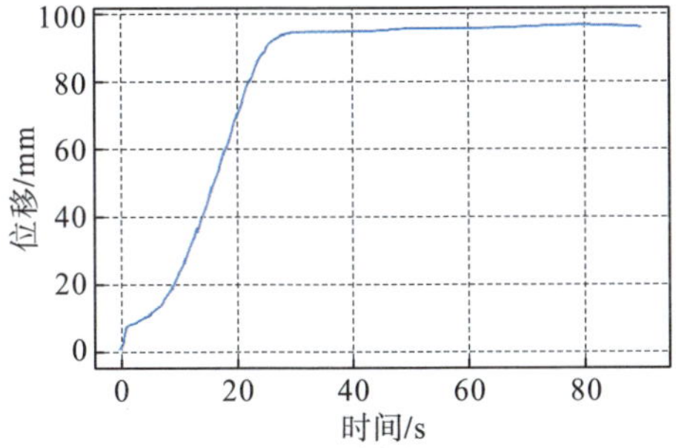

(a) 0

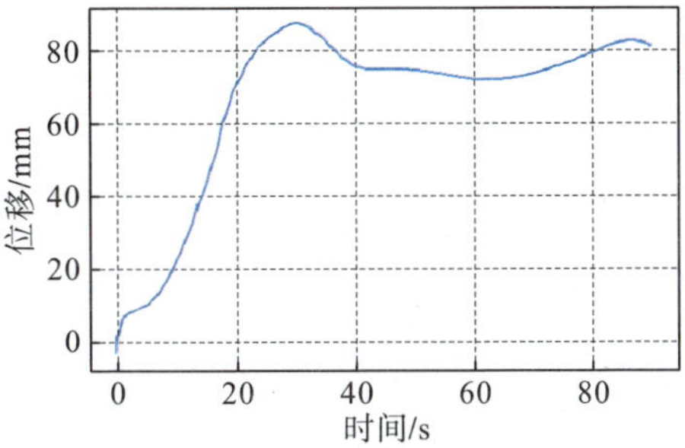

(b) 10%

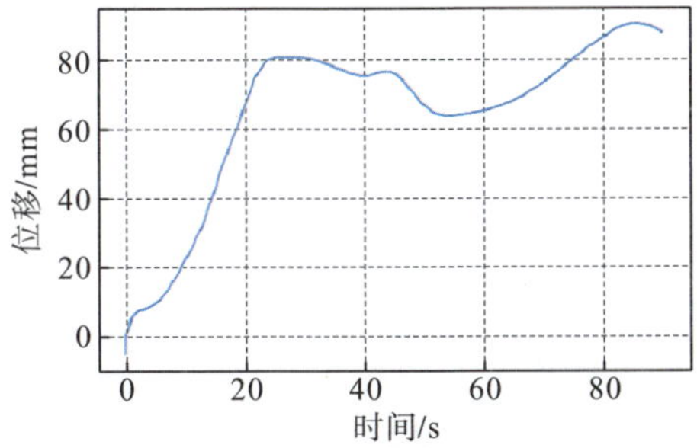

(c) 30%

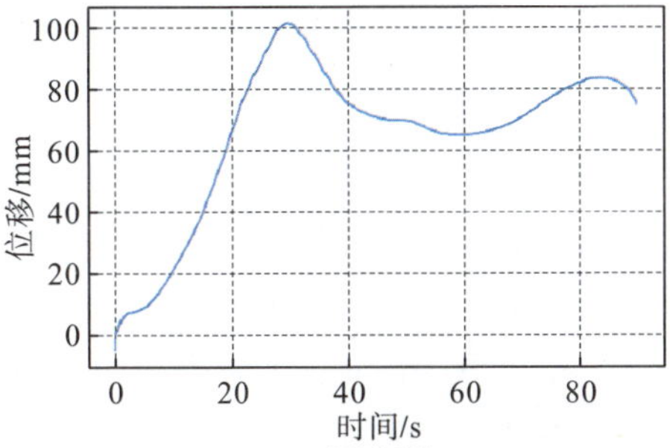

(d) 50%

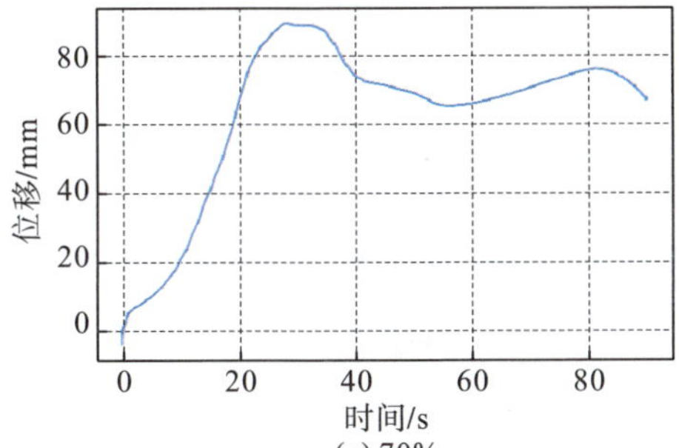

(e) 70%

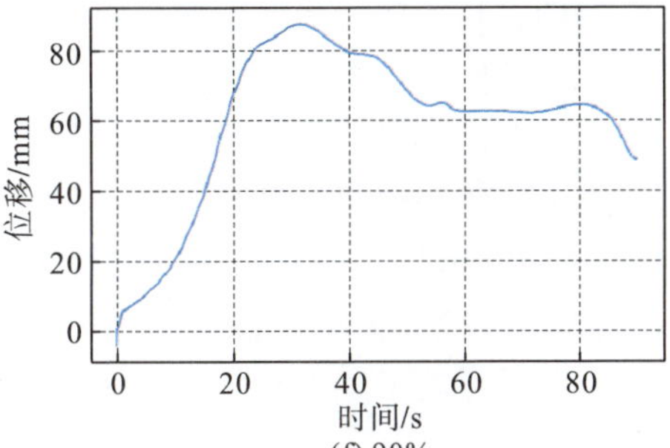

(f) 90%

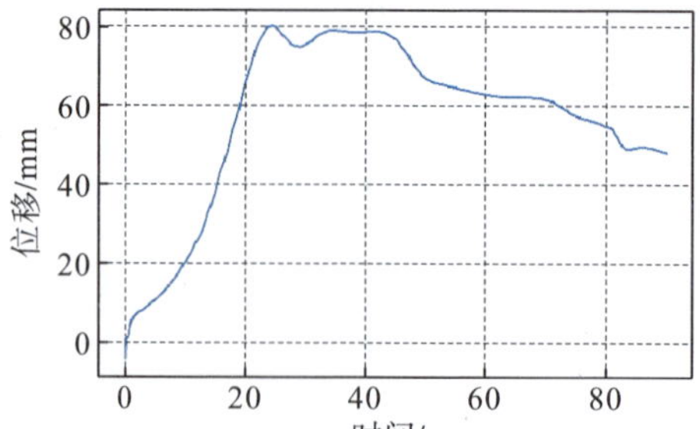

(g) 120%

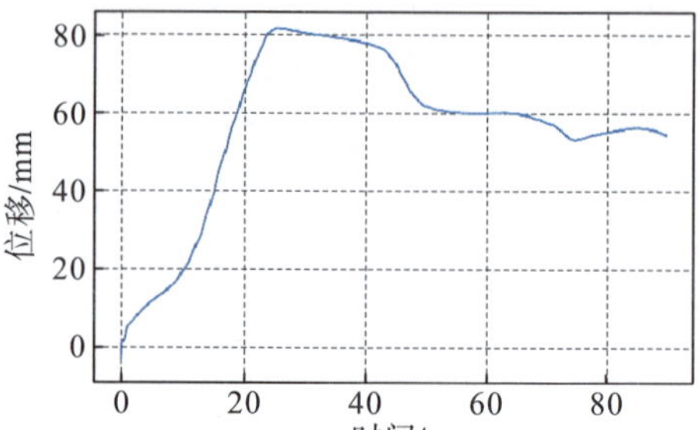

(h) 150%

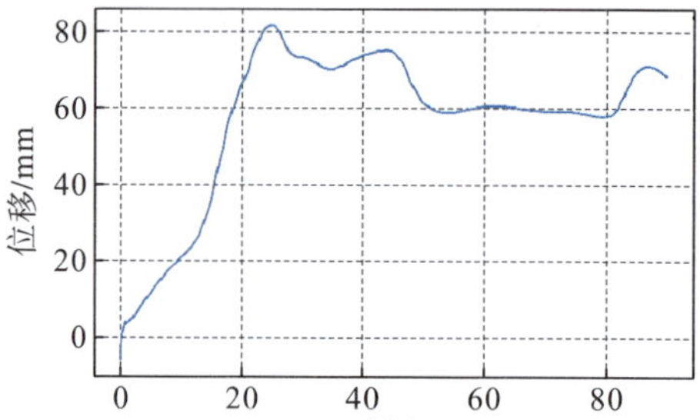

(i) 200%

图 5.16　不同生成数据比例下半监督＋自监督模型的预测路基水平位移

5.4　简支梁桥结构安全模拟与预警案例

5.4.1　简支梁桥结构有限元模型构建

简支梁桥结构有限元模型是研究洪水影响的重要基础。本书采用一座宽度为 8m、跨径为 30m 的预应力混凝土箱梁桥作为研究对象，构建了其 ANSYS 有限元模型，如图 5.17 所示。模型参数包括主梁、桥面铺装层、支座、桥墩和基础等结构部件的材料属性。边界条件设置涵盖了主梁、支座、桥墩和基础等部分，考虑了预应力效应、温度荷载和桥面铺装等因素。

洪水对简支梁桥的影响可简化为研究流速、冲击角度、淹没深度和冲击时间等因素下的结构响应。本书选取了 20 组具有代表性的流速历时曲线，3 个典型冲击角度(45°、67.5°、90°)，以及 4 个关键淹没深度(淹没至桥墩一半、全部桥墩、墩顶、箱梁一半)组合为不同工况，全面模拟洪水情景下简支梁桥的结构响应。流速历时曲线反映了洪水流速随时间的变化过程，如图 5.18 所示。

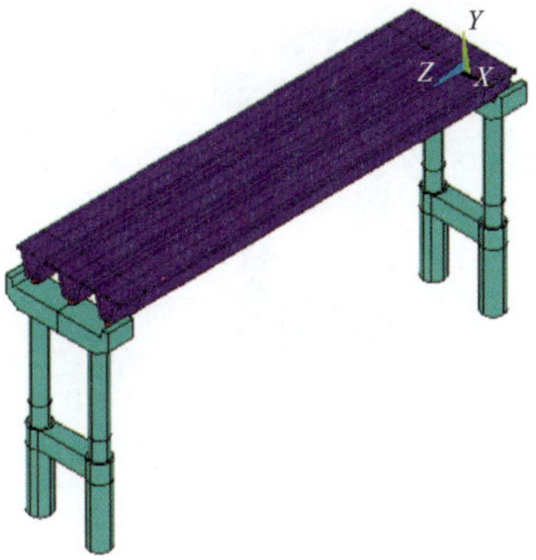

图 5.17　预应力混凝土箱梁桥的 ANSYS 有限元模型

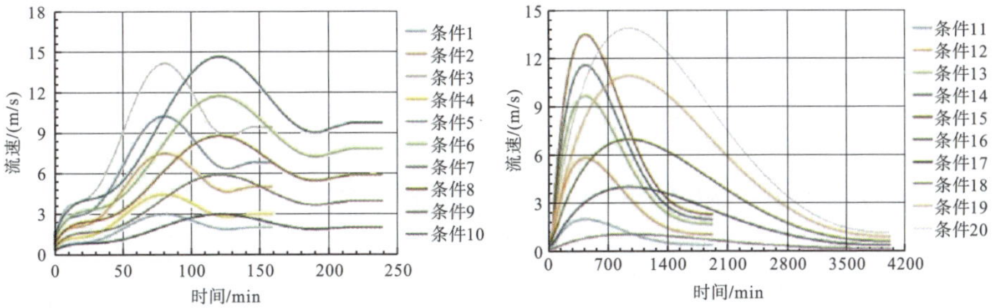

图 5.18　洪水流速历时曲线

不同冲击角度和淹没深度会对桥梁结构产生独特影响。较小的冲击角度可能导致较大的剪切力，而较大的角度可能增加正面冲击力。淹没深度的变化会影响桥墩和上部结构的受力状况，从而影响整体结构稳定性，如图 5.19 所示。通过研

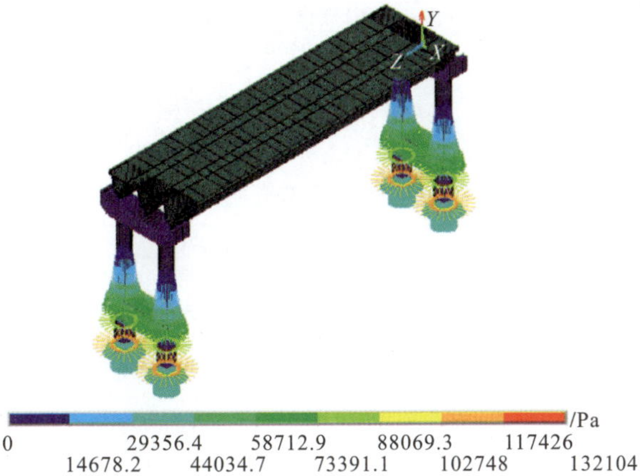

(a) 轴测图

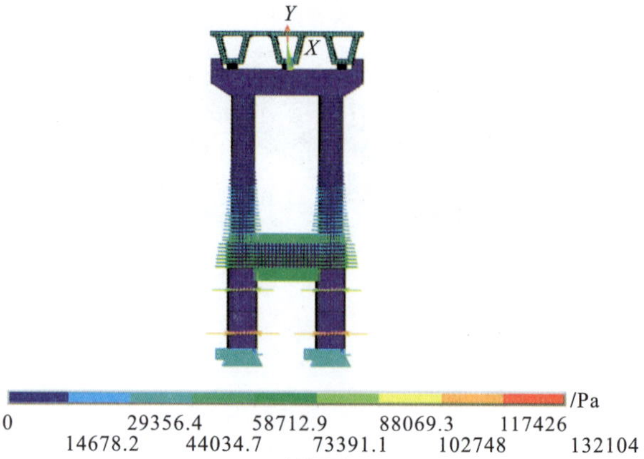

(b) 侧视图

图 5.19 洪水淹没至桥墩一半的受力图

究这些因素的组合作用，可以有效评估洪水对桥梁的影响，为结构安全预警提供科学依据。

5.4.2 简支梁桥结构性能评级指标及预警阈值

简支梁桥作为常见的桥梁结构类型，其在洪水等自然灾害下的安全性评估至关重要。基于对桥梁关键部位的分析，主梁位移、支座位移、墩顶位移、主梁挠度、跨中截面应变、桥墩倾斜角度和主梁横向倾角被确定为评估简支梁桥结构性能的关键指标。这些指标涵盖了桥梁上部结构的整体变形、上下部结构的相对运动、下部结构的稳定性、材料受力程度以及横向稳定性等多个方面，能够全面反映桥梁的安全状态。参照《桥梁结构健康监测技术标准》(DJG 148—2024)，本书将预警指标分为 4 个等级：绿色(＜80%设计值)、黄色(80%～100%设计值)、橙色(100%～120%设计值)和红色(≥120%设计值)，分别对应安全、警戒、危险和严重危险状态，具体的预警指标范围和预警等级详见表 5.4。这种分级方法既考虑了结构安全裕度，又便于管理人员快速判断和采取相应措施。

表 5.4 简支梁桥结构安全预警指标及其等级划分

评价指标	指标值范围					
	绿色	黄色		橙色		红色
	最大	最小(含)	最大	最小(含)	最大	最小(含)
主梁挠度/mm	＜0.8D	0.8D	D	D	1.2D	1.2D
主梁横向位移/mm	＜0.8D	0.8D	D	D	1.2D	1.2D
主梁横向倾角/(°)	0.33	0.33	0.42	0.42	0.5	0.5

续表

评价指标	指标值范围					
	绿色	黄色		橙色		红色
	最大	最小(含)	最大	最小(含)	最大	最小(含)
梁端纵向位移/mm	<0.8D	0.8D	D	D	1.2D	1.2D
支座横向位移/mm	<0.8D	0.8D	D	D	1.2D	1.2D
支座纵向位移/mm	<0.8D	0.8D	D	D	1.2D	1.2D
墩顶横向位移/mm	<0.8D	0.8D	D	D	1.2D	1.2D
墩顶纵向位移/mm	<0.8D	0.8D	D	D	1.2D	1.2D
桥墩倾斜角度/(°)	<0.8D	0.8D	D	D	1.2D	1.2D
跨中截面应变/(mm/m)	<0.8D	0.8D	D	D	1.2D	1.2D

注：D 为规定值。

5.4.3　简支梁桥结构安全预警数据集构建

为构建简支梁桥结构安全预警数据集，本书采用有限元模型模拟了 240 组不同洪水工况，包括 20 种洪水冲击力历时曲线、3 种冲击角度和 4 个淹没深度的组合。在每种工况下，提取了 10 个关键指标随时间的变化数据，包括主梁横向位移、梁端纵向位移、支座位移、墩顶位移、主梁挠度、跨中截面应变、桥墩倾斜角度和主梁横向倾角。在此，以洪水流动方向与行车方向成 67.5°且淹没桥墩一半的情况为例，图 5.20 和图 5.21 展示了洪水流速历时曲线、简支梁桥的结构响应云图。

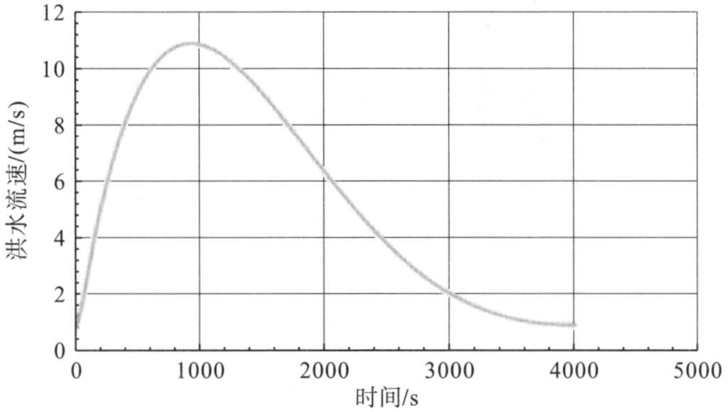

图 5.20　洪水流速历时曲线

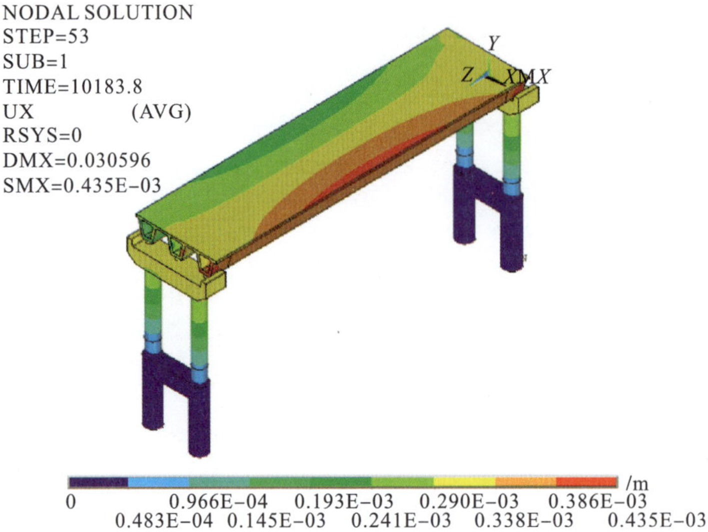
NODAL SOLUTION
STEP=53
SUB=1
TIME=10183.8
UX (AVG)
RSYS=0
DMX=0.030596
SMX=0.435E-03
Y
Z
X
MX
/m
0
0.966E-04
0.193E-03
0.290E-03
0.386E-03
0.483E-04
0.145E-03
0.241E-03
0.338E-03
0.435E-03

(a) 横向位移

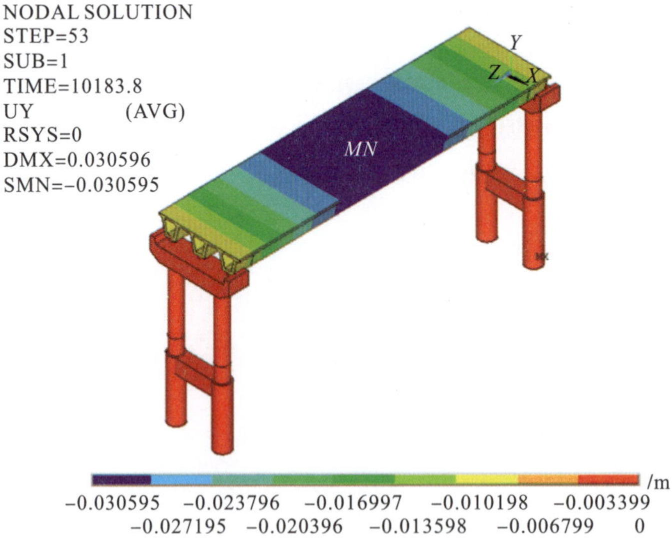
NODAL SOLUTION
STEP=53
SUB=1
TIME=10183.8
UY (AVG)
RSYS=0
DMX=0.030596
SMN=-0.030595
Y
Z
X
MN
/m
-0.030595
-0.023796
-0.016997
-0.010198
-0.003399
-0.027195
-0.020396
-0.013598
-0.006799
0

(b) 竖向位移

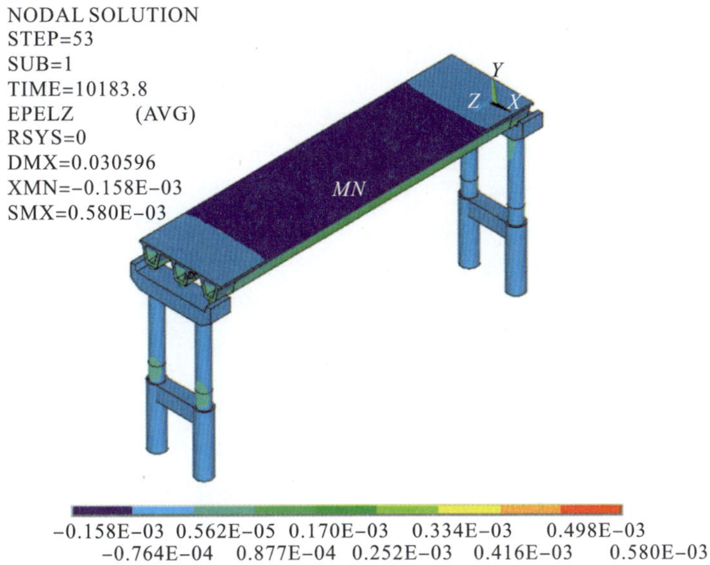

(c) 应变

图 5.21　洪水条件下简支梁桥的结构响应云图

5.4.4　简支梁桥结构安全预警模型构建

本书构建了一个用于简支梁桥结构安全预警的深度学习模型，采用与道路结构安全预警模型类似的架构，包括 LSTM、VAE、GAN 和 MLP。模型针对简支梁桥特性进行了适应性调整，主要处理洪水数据，预测 10 个安全指标。数据预处理采用四分位数法剔除异常值(图 5.22)，并进行 Z 分数标准化(图 5.23)。此外，预警模型评估使用 MSE、MAE 和 MAPE 等指标，旨在提供准确的预警和决策支持。

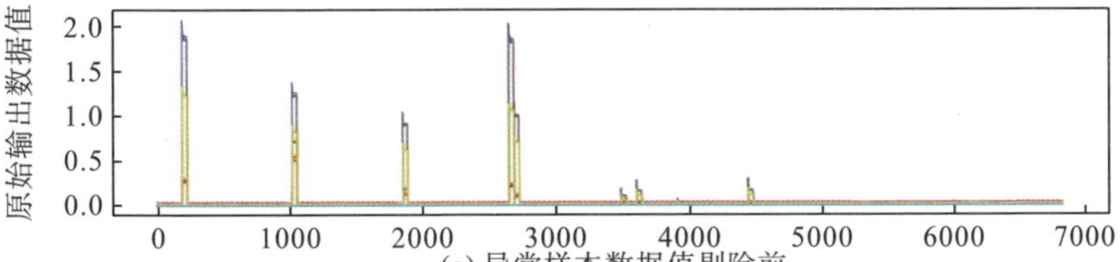

(a) 异常样本数据值剔除前

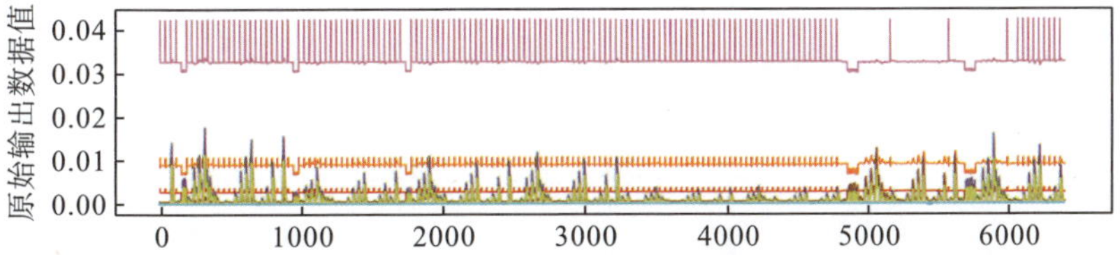

(b) 异常样本数据值剔除后

图 5.22　简支梁桥数据集异常值处理前后

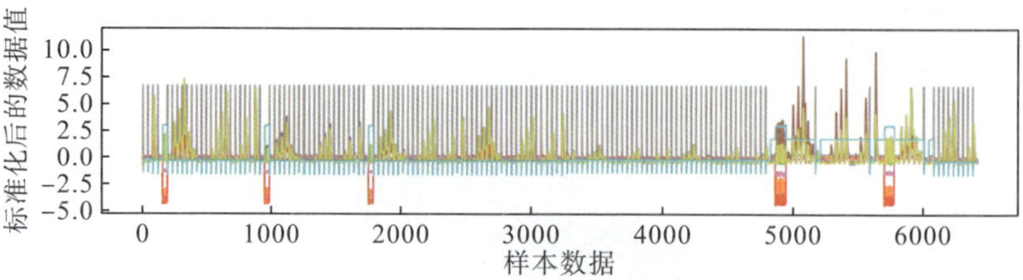

图 5.23 简支梁桥数据集标准化处理后

5.4.5 简支梁桥结构安全预警模型性能评估

1. 半监督预警模型性能评估

本书构建了半监督模型和半监督+自监督模型来进行深度学习，针对训练数据集数量不足的问题，采用最优生成器模型生成了9种不同比例的生成数据(0、10%、30%、50%、70%、90%、120%、150%、200%)后进行模型训练，并分析了训练损失和测试损失的变化规律，如图5.24所示。结果表明，损失曲线在不同生成数据比例下呈现相似的变化模式，但存在细微差异。训练损失曲线普遍呈现快速下降后趋于稳定的趋势，反映了模型在训练集上的拟合能力随训练轮数增加而提升。测试损失曲线的变化趋势较为复杂，通常表现为先快速下降，然后略微上升并最终趋于稳定的趋势，反映了轻微的过拟合现象。

训练损失的整体水平随生成数据比例的提高而下降，表明更多的生成数据有助于提高模型在训练集上的拟合效果。然而，测试损失的变化趋势并不完全一致：在低比例(0～50%)时，测试损失曲线随生成数据比例的提高而略有下降，但在中、高比例(70%～200%)时，测试损失曲线出现波动，甚至有轻微上升的趋势，表明过多的生成数据可能导致模型过度拟合训练集，从而影响其在测试集上的表现。适量添加生成数据可以有效提升模型性能，高比例的生成数据可能引发过拟合问题。

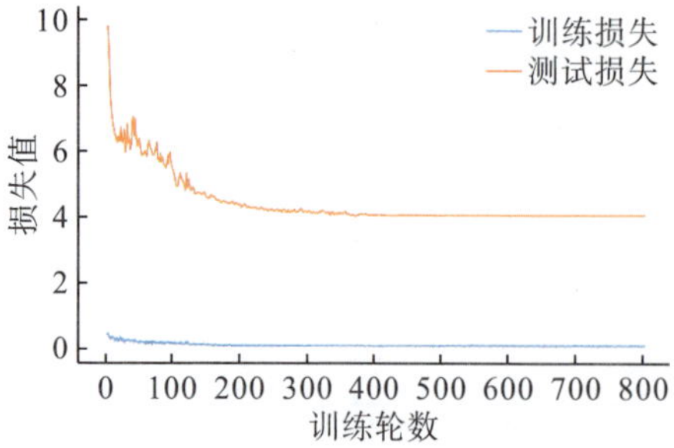

(a) 0

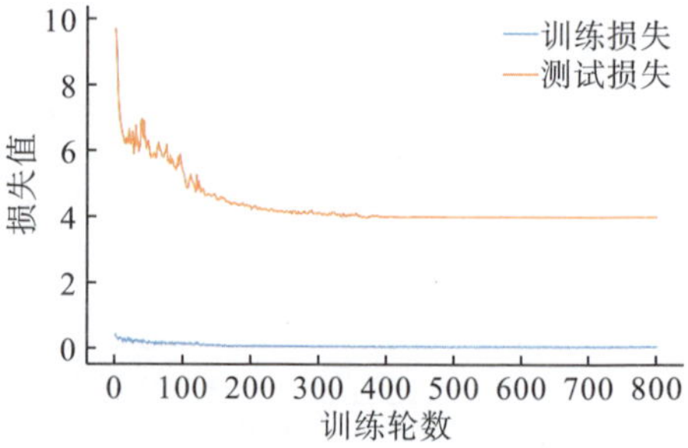

(b) 10%

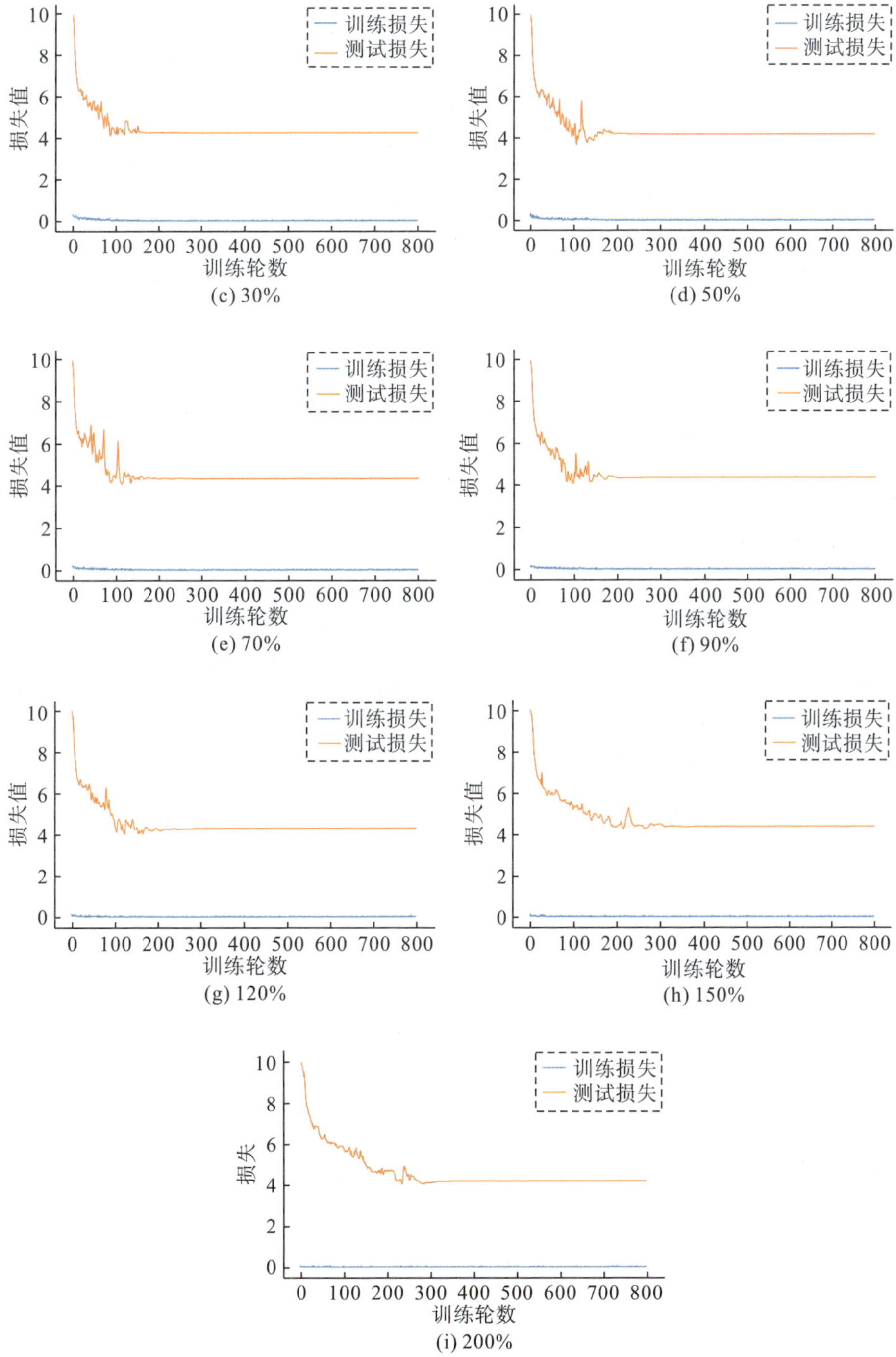

图 5.24　不同生成数据比例下半监督预警模型的损失曲线图

2. 半监督+自监督预警模型性能评估

本书结合半监督和自监督学习方法，旨在提高简支梁桥结构预警模型的泛化能力和鲁棒性。采用不同比例(0、10%、30%、50%、70%、90%、120%、150%、200%)的 GAN 生成数据来训练模型，并分析了训练损失和测试损失的变化规律，如图 5.25 所示。由图可知，训练损失曲线在所有添加比例下都呈现出先下降后趋于稳定的趋势，且保持在接近零的水平，表明模型在训练集上具有良好的拟合能力。然而，测试损失曲线随生成数据比例的提高呈现出更为复杂的变化模式，特别是在高比例(90%以上)时，测试损失曲线在训练初期出现显著峰值，随后才逐渐下降并趋于稳定。

对比同一 GAN 生成数据比例下的半监督模型和半监督+自监督模型，发现后者在大多数情况下表现出更低的测试损失和更快的收敛速度。特别是在高 GAN 生成数据比例下，半监督+自监督模型表现出更强的稳定性，测试损失的波动幅度明显小于半监督模型，能够更好地维持模型的稳定性和泛化能力。此外，半监督+自监督模型在训练损失和测试损失之间的差距也普遍小于半监督模型，表明其具有更好的泛化能力。

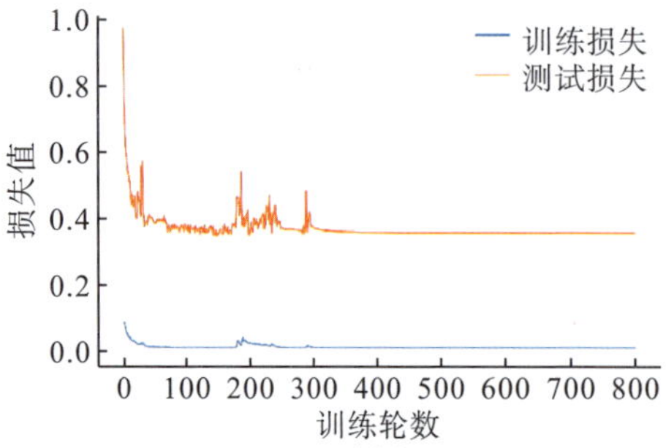

(a) 0

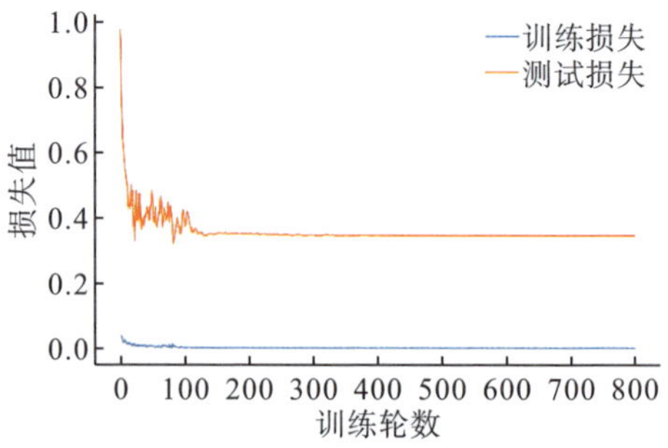

(b) 10%

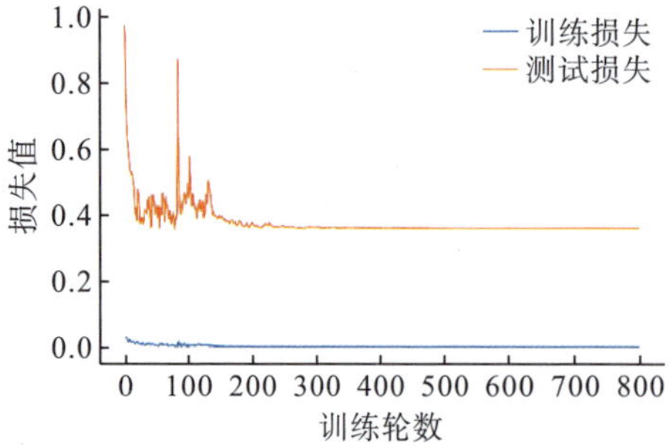

(c) 30%

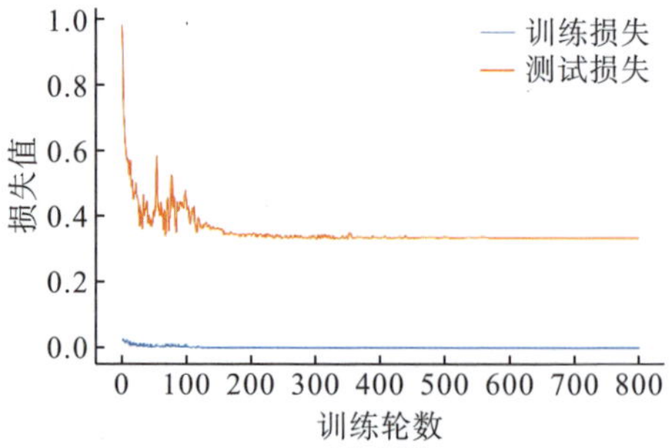

(d) 50%

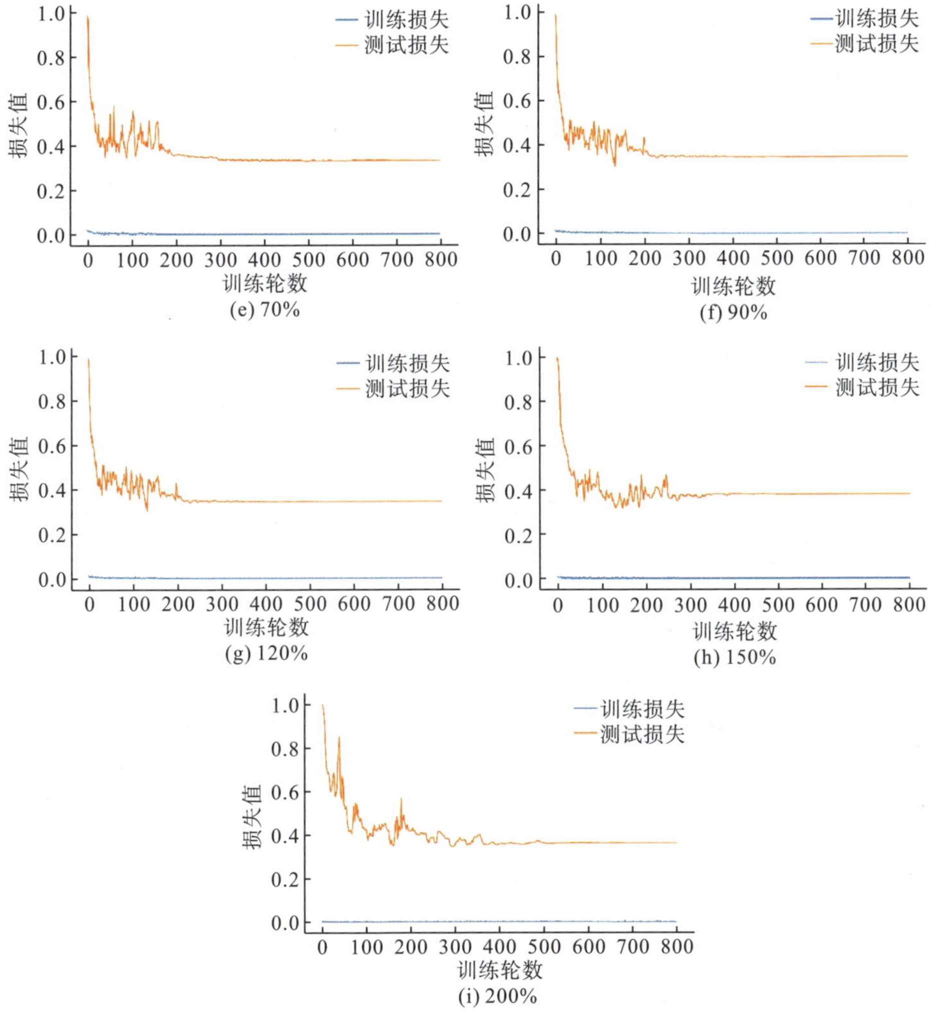

图 5.25　不同生成数据比例下半监督+自监督预警模型的损失曲线图

5.4.6　简支梁桥结构安全预警模型验证

本书采用训练后最优的半监督和半监督+自监督预警模型对测试集数据进行验证，通过真实值与预测值的拟合系数图和对比图综合评估不同生成数据比例下的模型预测效果，如图 5.26 和图 5.27 所示。由图 5.26 可知，随着 GAN 生成数据比例的提高，两种模型的拟合系数均值总体保持稳定，但标准差呈现增大趋势，表明模型对不同数据集的预测性能差异逐渐增大。半监督+自监督模型的拟合系数普遍高于半监督模型，表现出更好的预测性能和稳定性。对于拟合系数异常偏低的数据点，半监督+自监督模型表现出更好的鲁棒性。随着 GAN 生成数据比例的提高，两种模型的性能差异逐渐缩小，但半监督+自监督模型仍然保持优势。综合考虑模型的预测性能、稳定性和鲁棒性，半监督+自监督模型在不同 GAN 生成数据比例下均表现出更优秀的性能。

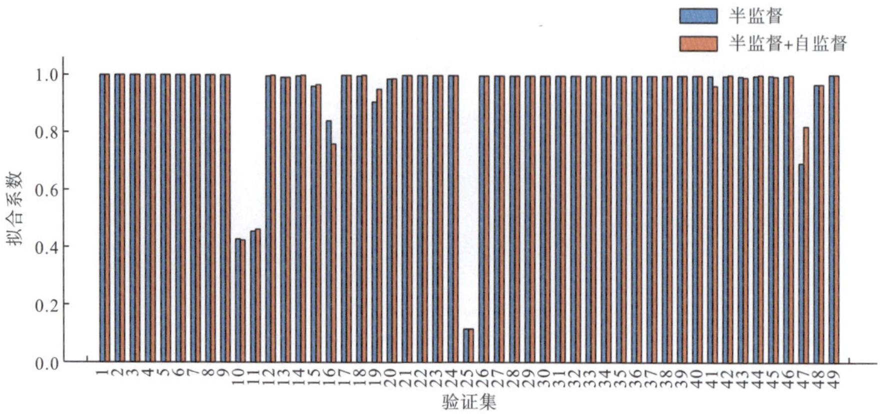

(a) 0

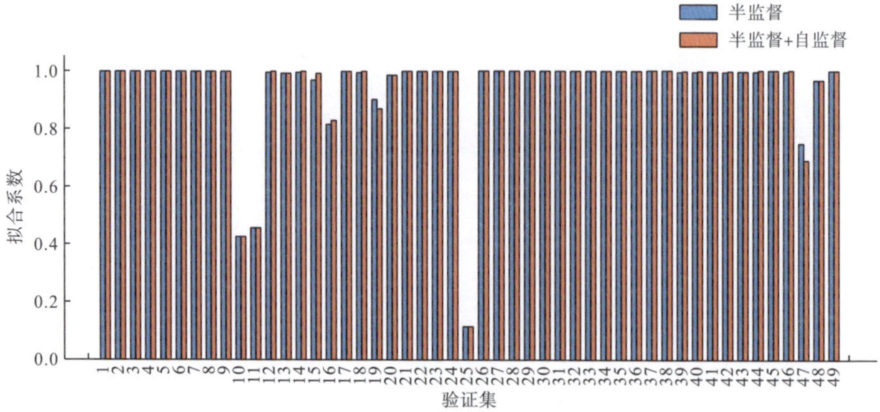

(b) 10%

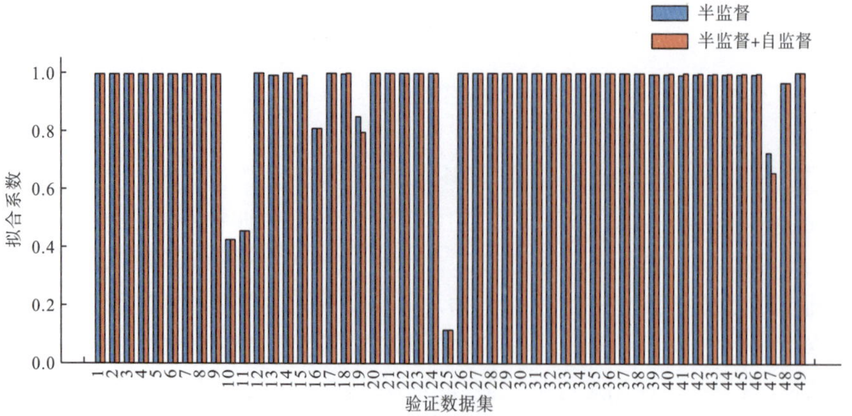

(c) 30%

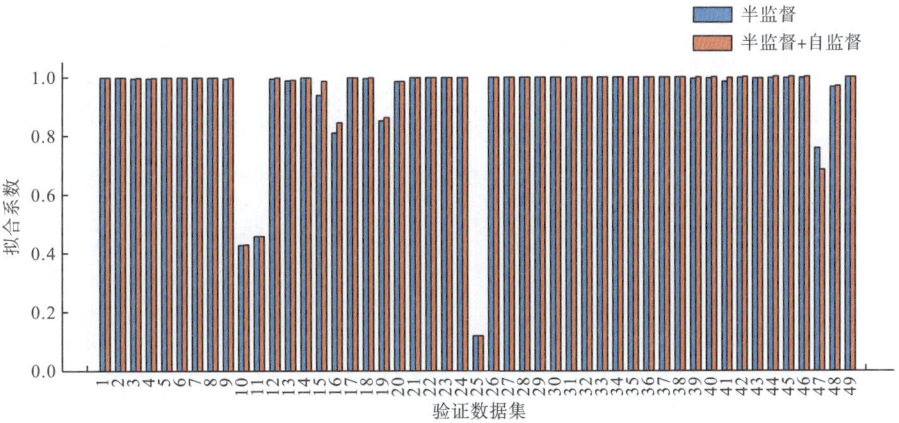
半监督
半监督+自监督
1.0
0.8
0.6
0.4
0.2
0.0
拟合系数
1 2 3 4 5 6 7 8 9 10 11 12 13 14 15 16 17 18 19 20 21 22 23 24 25 26 27 28 29 30 31 32 33 34 35 36 37 38 39 40 41 42 43 44 45 46 47 48 49
验证数据集

(d) 50%

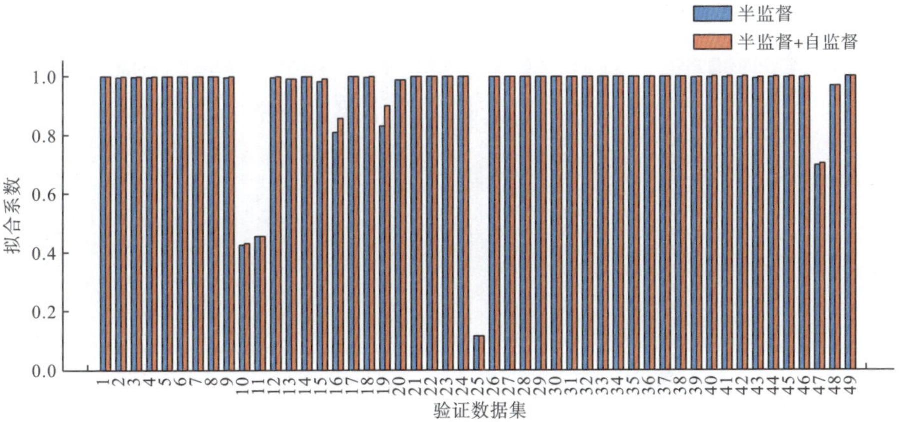
半监督
半监督+自监督
1.0
0.8
0.6
0.4
0.2
0.0
拟合系数
1 2 3 4 5 6 7 8 9 10 11 12 13 14 15 16 17 18 19 20 21 22 23 24 25 26 27 28 29 30 31 32 33 34 35 36 37 38 39 40 41 42 43 44 45 46 47 48 49
验证数据集

(e) 70%

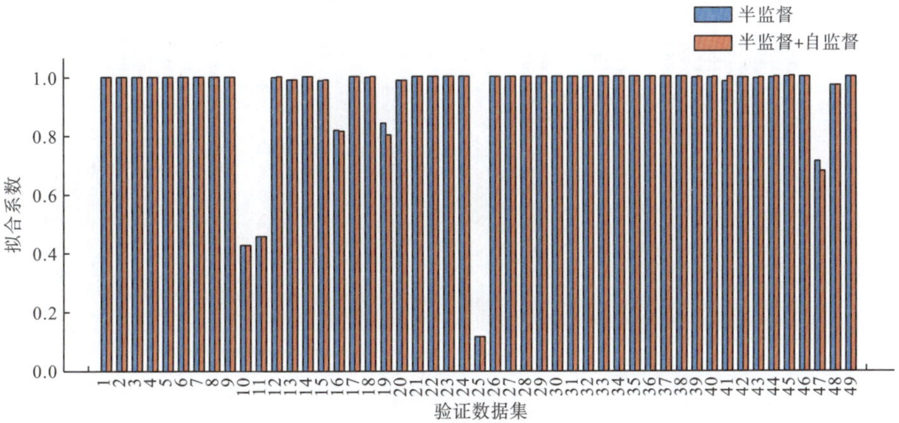
半监督
半监督+自监督
1.0
0.8
0.6
0.4
0.2
0.0
拟合系数
1 2 3 4 5 6 7 8 9 10 11 12 13 14 15 16 17 18 19 20 21 22 23 24 25 26 27 28 29 30 31 32 33 34 35 36 37 38 39 40 41 42 43 44 45 46 47 48 49
验证数据集

(f) 90%

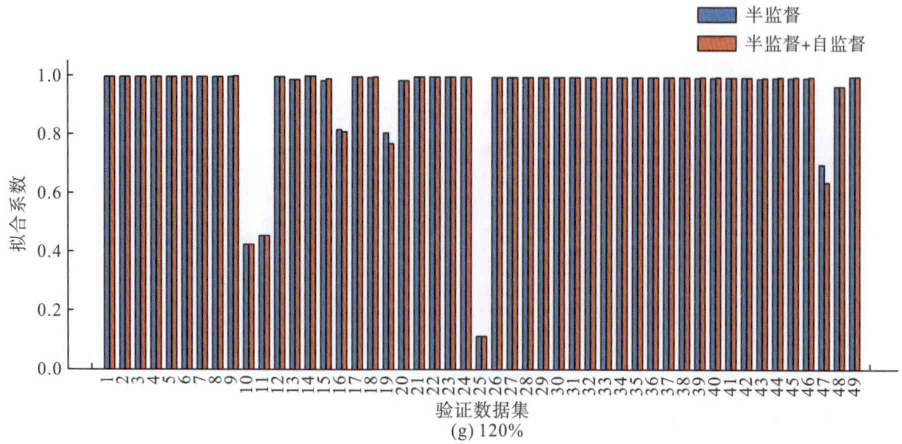

(g) 120%

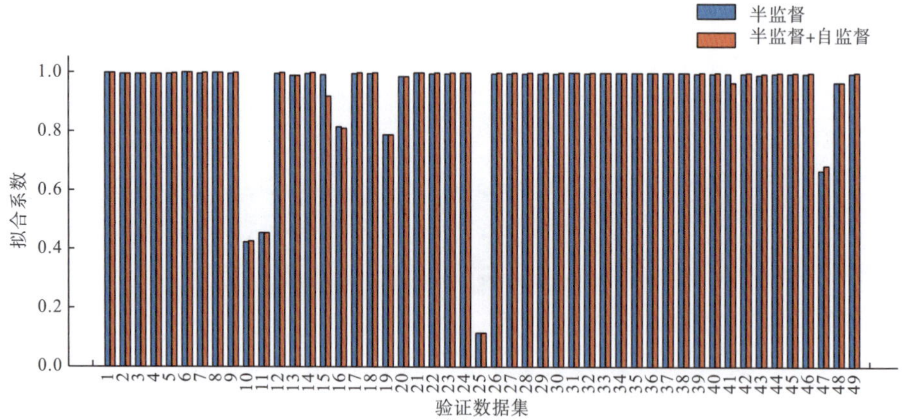

(h) 150%

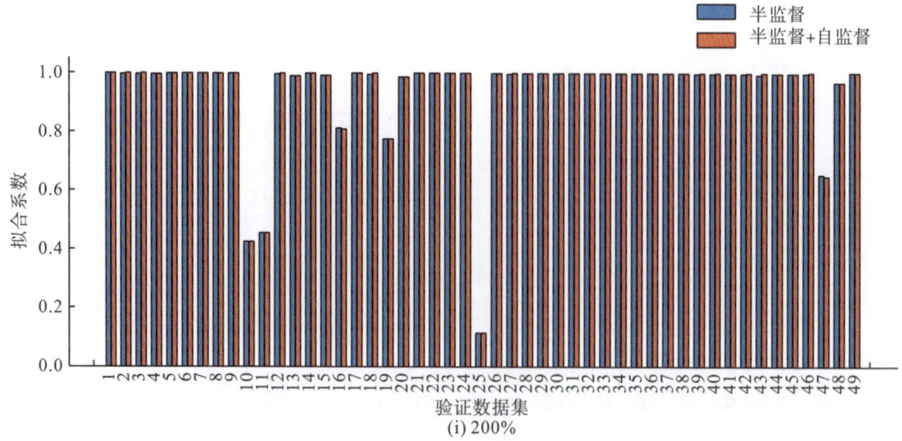

(i) 200%

图 5.26　不同生成数据比例下预警模型预测值与真实值之间的拟合系数

本书以墩顶横向位移为例对比半监督和半监督+自监督模型的预测效果，如图 5.27 所示。由图可知，在低比例(0～30%)GAN 生成数据下，两种模型表现相近。当 GAN 生成数据比例达到 50%～90%时，半监督+自监督模型的预测值与真实值一致性更高，而半监督模型在真实值较大区域出现明显偏离。在高比例(120%～200%)GAN 生成数据情况下，两种模型均出现偏离，但半监督+自监督模型表现更为稳定。总体而言，半监督+自监督模型在处理高比例 GAN 生成数据时展现出更强的适应能力和稳定性，为简支梁桥结构安全预警提供了更可靠的模型选择。

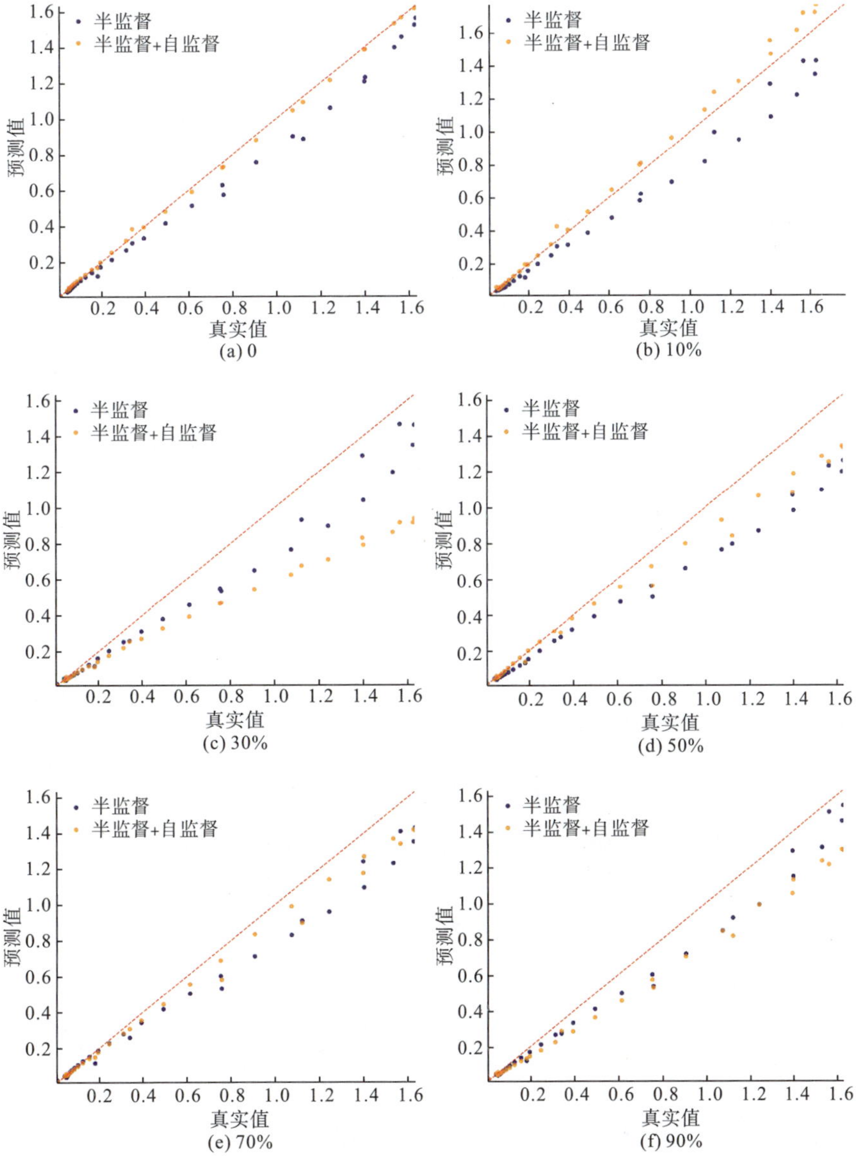

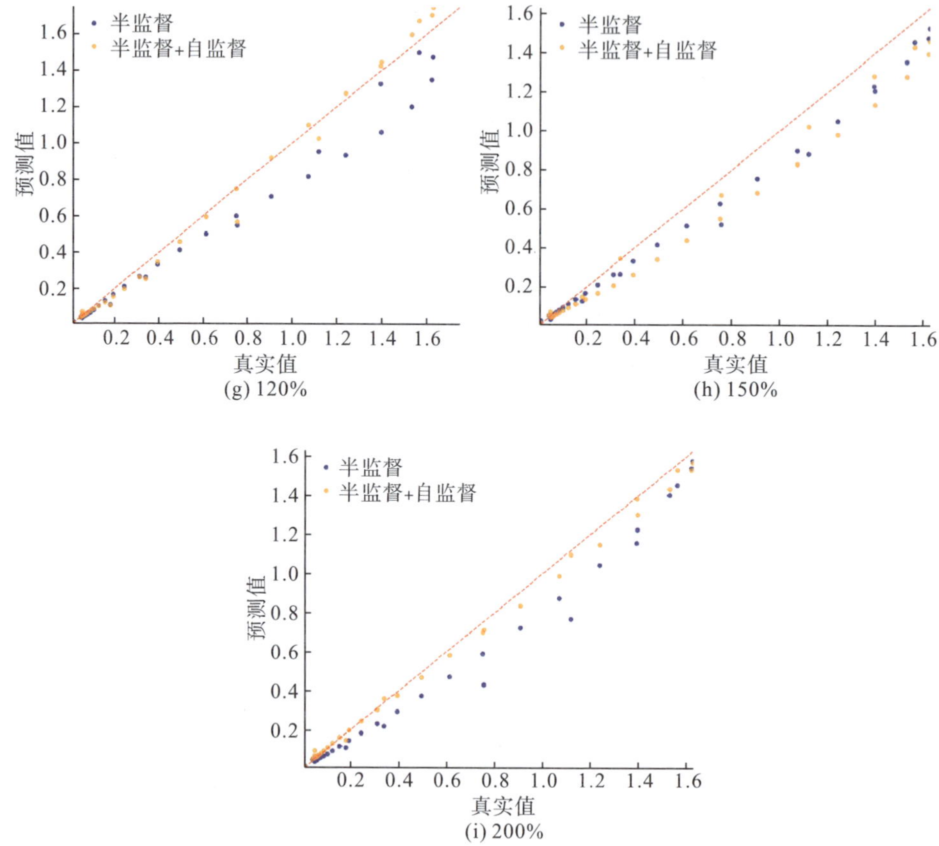

图 5.27 不同生成数据比例下墩顶横向位移的预测值与真实值对比图

5.4.7 简支梁桥结构安全预警模型预测

本书选取简支梁桥的墩顶横向位移为预警指标，采用不同生成数据添加比例下的半监督和半监督+自监督模型，对新的冲击力工况进行预测，如图 5.28 和图 5.29 所示。由图可知，半监督模型的预测曲线整体上呈现先上升后下降的趋势，峰值位置逐渐右移，且在高比例 GAN 生成数据下出现了与真实曲线不符的二次上升趋势。相比之下，半监督+自监督模型的预测曲线变化较为稳定，峰值位置变化不大，基本保持了单峰特征。对比两种模型的预测结果发现，半监督模型普遍预测出更大的位移值和更明显的波动，尤其是在低 GAN 生成数据比例下表现明显。随着 GAN 生成数据比例的提高，两种模型的差异逐渐缩小，预测曲线形态趋于一致。然而，半监督+自监督模型在整个 GAN 生成数据比例范围内表现出更好的稳定性和一致性，能较好地保持曲线的单峰特征，表明其在处理高比例 GAN 生成数据时具有更好的抗干扰能力。

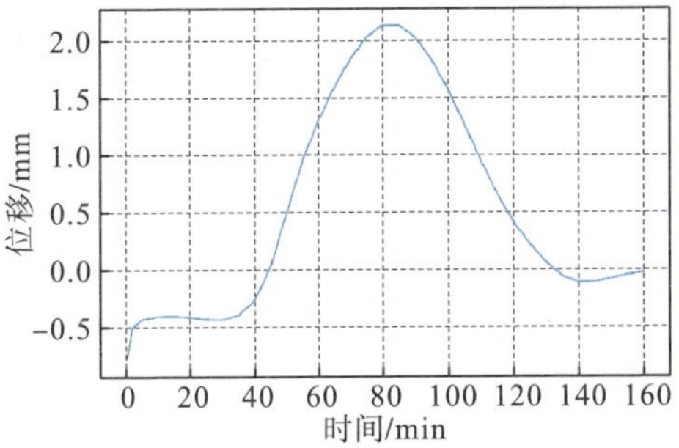

(a) 0

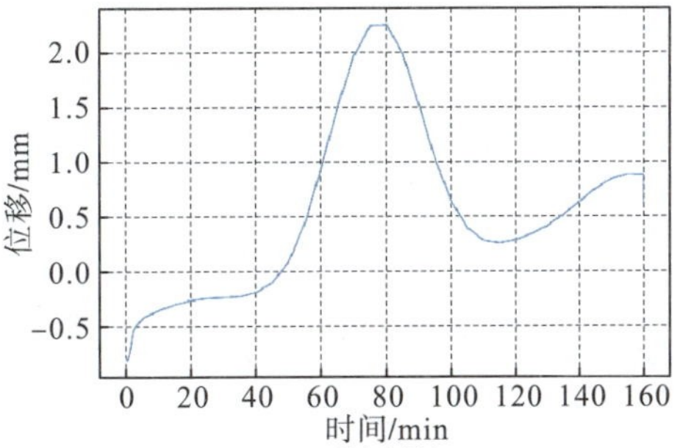

(b) 10%

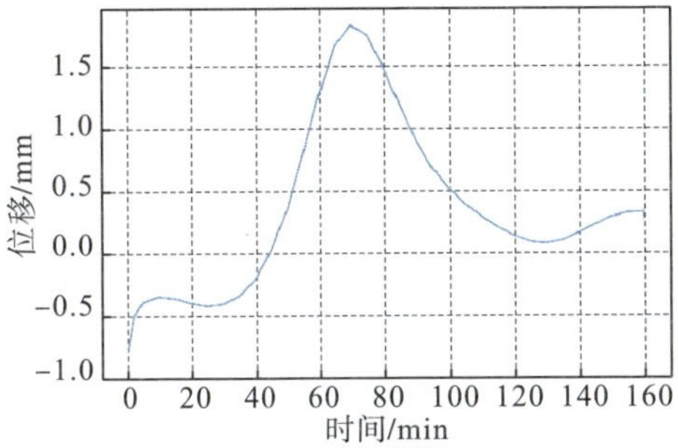

(c) 30%

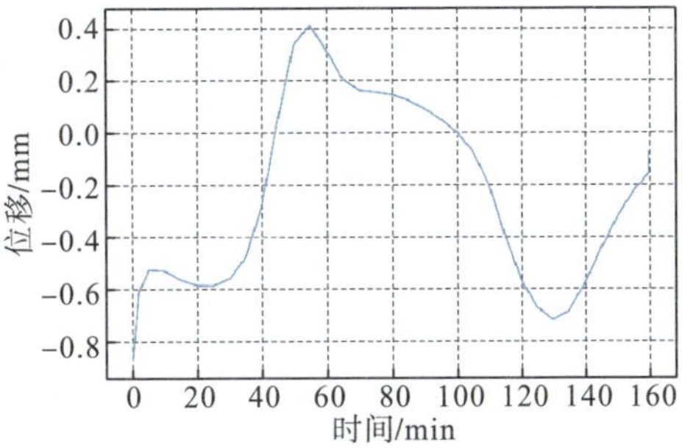

(d) 50%

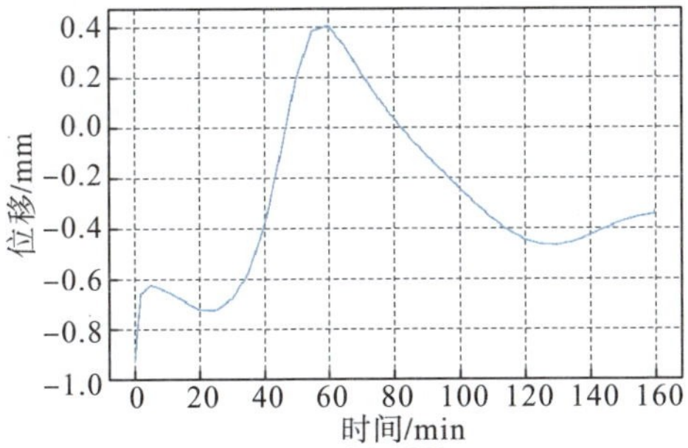

(e) 70%

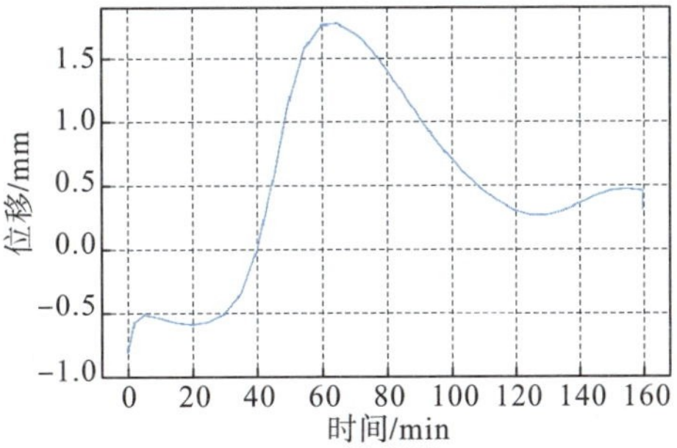

(f) 90%

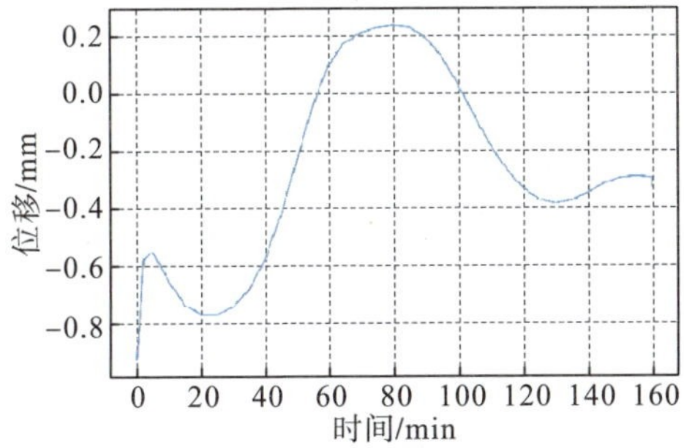

(g) 120%

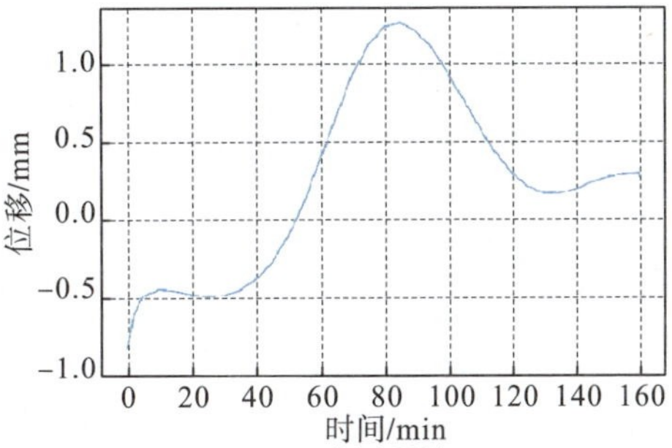

(h) 150%

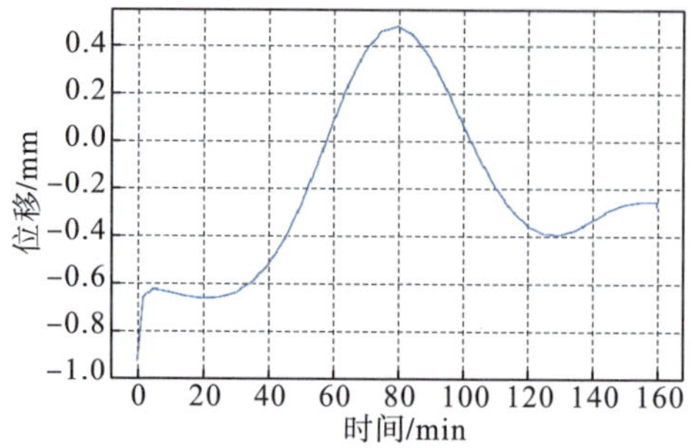

(i) 200%

图 5.28 不同 GAN 生成数据比例下半监督模型预测的墩顶横向位移

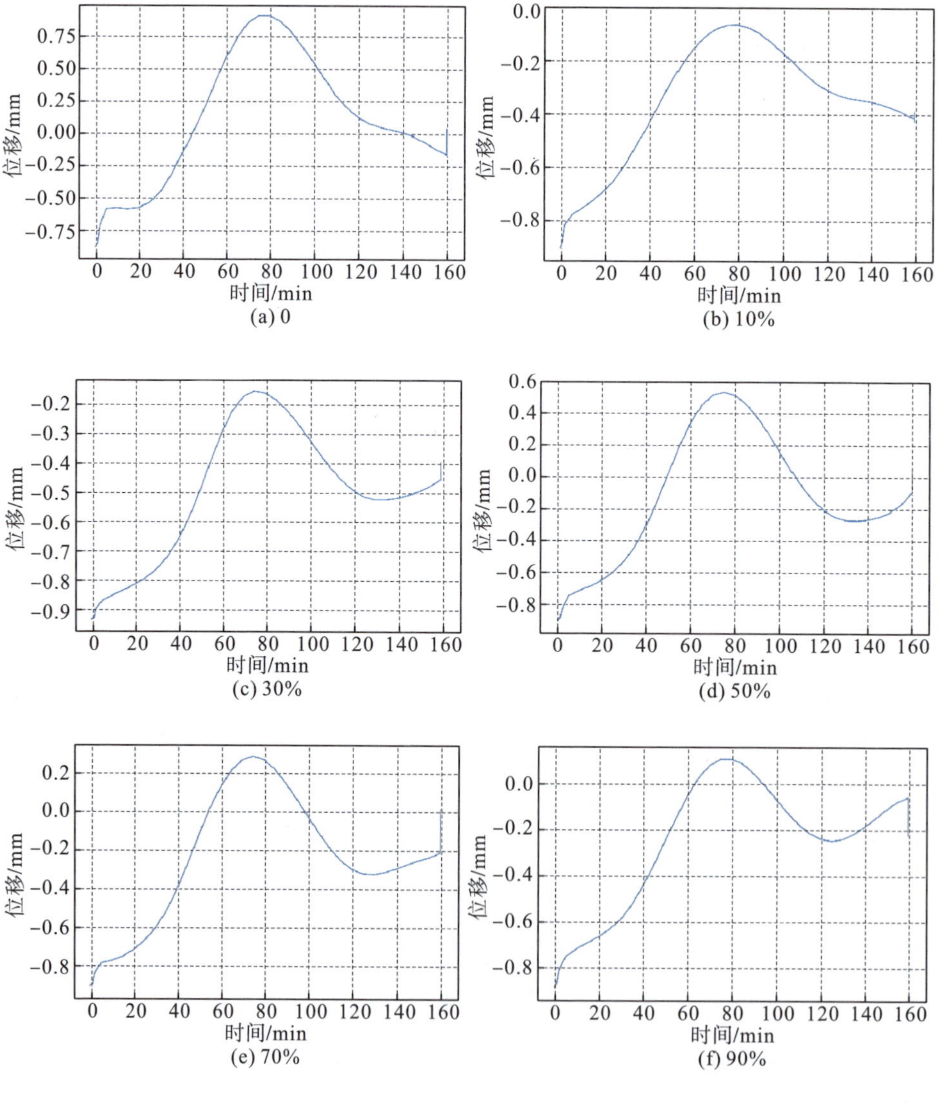

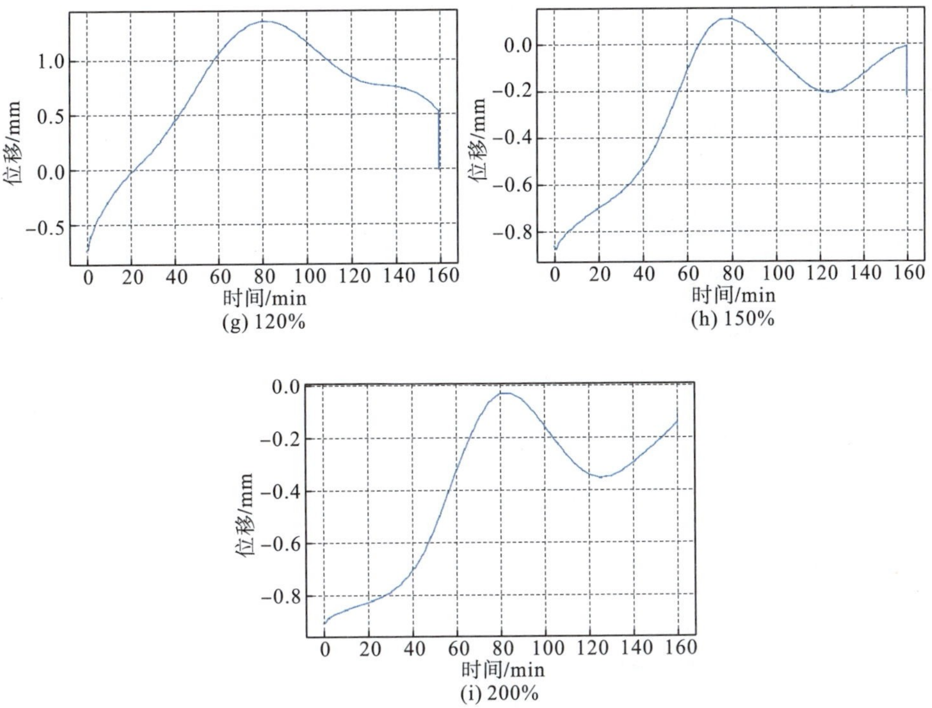

图 5.29　不同 GAN 生成数据比例下半监督+自监督模型预测的墩顶横向位移

参 考 文 献

[1] 张俊儒, 燕波, 龚彦峰, 等. 隧道工程智能监测及信息管理系统的研究现状与展望[J]. 地下空间与工程学报, 2021,17(2): 567-579.

[2] 马建, 赵祥模, 贺拴海, 等. 路面检测技术综述[J]. 交通运输工程学报, 2017, 17(5): 121-137.

[3] 刘宇飞, 冯楚乔, 陈伟乐, 等. 基于机器视觉法的桥梁表观病害检测研究综述[J]. 中国公路学报, 2024, 37(2): 1-15.

[4] 林萍, 胡祝友, 郭河, 等. 基于被动敲击扫描式检测方法的工程桥梁损伤检测[J]. 力学与实践, 2023, 45(6): 1355-1362.

[5] 王石磊, 高岩, 齐法琳, 等. 铁路运营隧道检测技术综述[J]. 交通运输工程学报, 2020, 20(5): 41-57.

[6] 谢昊良. 冲刷损伤后中小跨径桥梁失效模式研究[D]. 长春: 吉林大学, 2024.

[7] 黄伟. 公路边坡工程地质灾害危险性评估方法研究[D]. 重庆: 重庆交通大学, 2012.

[8] 樊港平. 基于 CFD 方法的浅埋基础桥梁洪水损伤研究[D]. 哈尔滨: 黑龙江大学, 2024.

[9] 郭彤, 李爱群, 卞朝东. 基于蒙特卡罗数值模拟的大跨桥梁状态评估[J]. 公路交通科技, 2005, 22(8): 26-30.

[10] 窦杰, 向子林, 许强, 等. 机器学习在滑坡智能防灾减灾中的应用与发展趋势[J]. 地球科学, 2023, 48(5): 1657-1674.

[11] 余静娴. 震后遥感影像道路桥梁灾情信息提取[D]. 北京: 中国科学院大学, 2021.

[12] Engström R. The roads' role in the freight transport system[J]. Transportation Research Procedia, 2016, 14: 1443-1452.

[13] Yang D, Qiu H, Zhu Y, etc.Landslide characteristics and evolution: What we can learn from three adjacent landslides[J].?Remote Sens. 2021, 13: 4579.

[14] Valkaniotis S, Papathanassiou G, Marinos V, et al. Landslides triggered by medicane ianos in Greece, September 2020: Rapid satellite mapping and field survey[J]. Applied Sciences, 2022, 12(23): 12443.

[15] 薛蒙蒙. 山区道路沿线滑坡易发性随机森林和支持向量机评价模型[D]. 重庆: 重庆大学, 2020.

[16] Liu S H, Lei Q, Jiang B, et al. Evaluation of treatment effect of highway subgrade reconstruction damaged by large landslide[M]//Proceedings of the 10th International Conference on Civil Engineering. Singapore: Springer Nature Singapore, 2024: 193-199.

[17] 新华社. 重庆首次摸清地理国情"家底" 林草覆盖率超 63%[EB/OL]. (2017-09-18) [2024-12-08]. https: //www. gov. cn/xinwen/2017-09/18/ ontent_5225990. html.

[18] 蔺娅, 李爱春, 温海燕. 基于变权-靶心贴近度模型的泥石流灾害影响下桥梁工程易损性评价[J]. 安全与环境工程, 2022, 29(2): 95-101, 110.

[19] Thouret J C, Antoine S, Magill C, et al. Lahars and debris flows: Characteristics and impacts[J]. Earth-Science Reviews, 2020, 201: 103003.

[20] 中国气象报社. 防患于未然, 从源头“跑”赢泥石流[EB/OL]. (2023-09-08) [2024-12-08].https: //www. cma. gov. cn/ztbd/2023zt/20230324/2023032402/202309/t20230908_5765084. html.

[21] 余洁. 崩塌地质灾害监测预警研究[J]. 城市勘测, 2024(4): 184-189.

[22] 杨一. 四川省山区公路自然灾害应急管理问题与对策研究[D]. 成都: 电子科技大学, 2023.

[23] 王可心. 宁宿徐高速公路北段冬季路面温度分布特征及预报研究[D]. 南京: 南京信息工程大学, 2020.

[24] Chen S C. Natural disasters occurrence, reduction, and restoration in mountain regions[J]. Water, 2024, 16(2): 313.

[25] Alcántara-Ayala I, Cui P, Pasuto A. Disaster risk reduction in mountain areas: A research overview[J]. Journal of Mountain Science, 2022, 19(6): 1487-1494.

[26] 苟爱萍, 周嘉慧. 气候变化背景下道路脆弱性评估研究综述[J]. 应用技术学报, 2024, 24(2):229-238, 258.

[27] 陈春, 王晨宇, 张道文. 基于时空结合的道路交通事故的黑点判别方法[J]. 汽车安全与节能学报, 2024, 15(3): 321-328.

[28] 张诗, 彭利飞, 黄杰, 等. 艰险山区高速公路交通事故特征及严重程度影响因素分析[J]. 公路与汽运, 2024, 40(1):40-48, 54.

[29] Sudmeier-Rieux K, McAdoo B G, Devkota S, et al. Invited perspectives: Mountain roads in Nepal at a new crossroads[J]. Natural Hazards and Earth System Sciences, 2019, 19(3): 655-660.

[30] 赵后越. 瞬变电磁法在长春某采空区隐患排查中的应用[J]. 勘察科学技术, 2024(2): 61-64.

[31] 熊盛青. 国土资源遥感技术进展与展望[J]. 国土资源遥感, 2007, 19(4): 1-6.

[32] 金鼎坚, 王建超, 吴芳, 等. 航空遥感技术及其在地质调查中的应用[J]. 国土资源遥感, 2019, 31(4): 1-10.

[33] 李廷. 滑坡地质灾害勘探监测技术及防治措施研究[J]. 内蒙古煤炭经济, 2018(9): 100-101.

[34] 马亮. 水工环地质勘察及遥感技术在地质工作中的应用[J]. 山西建筑, 2016, 42(11): 87-88.

[35] Chen Z, Zhang Y F, Ouyang C, et al. Automated landslides detection for mountain cities using multi-temporal remote sensing imagery[J]. Sensors, 2018, 18(3): 821.

[36] Pardeshi S D, Autade S E, Pardeshi S S. Landslide hazard assessment: Recent trends and techniques[J]. Springer Plus, 2013, 2: 523.

[37] 俞姝颖, 吴小兵, 陈贵海, 等. 无线传感器网络在桥梁健康监测中的应用[J]. 软件学报, 2015, 26(6): 1486-1498.

[38] He P, Guo Z C, Chen H, et al. Research and application of early identification of geological hazards technology in railway disaster prevention and control: A case study of southeastern Gansu, China[J]. Sustainability, 2023, 15(24): 16705.

[39] Kääb A, Huggel C, Fischer L, et al. Remote sensing of glacier- and permafrost-related hazards in high mountains: An overview[J]. Natural Hazards and Earth System Sciences, 2005, 5(4): 527-554.

[40] Nava L, Carraro E, Reyes-Carmona C, et al. Landslide displacement forecasting using deep learning and monitoring data across selected sites[J]. Landslides, 2023, 20(10): 2111-2129.

[41] Tehrani F S, Calvello M, Liu Z Q, et al. Machine learning and landslide studies: Recent advances and applications[J]. Natural Hazards, 2022, 114(2): 1197-1245.

[42] Fu Y P, Lin M S, Zhang Y, et al. Slope stability analysis based on big data and convolutional neural network[J]. Frontiers of Structural and Civil Engineering, 2022, 16(7): 882-895.

[43] Al-Ali A R, Beheiry S, Alnabulsi A, et al. An IoT-based road bridge health monitoring and warning system[J]. Sensors, 2024, 24(2): 469.

[44] Meixedo A, Ribeiro D, Santos J, et al. Railway bridges health monitoring supported by artificial intelligence[M]//Digital Railway Infrastructure. Cham: Springer Nature Switzerland, 2024: 91-116.

[45] 刘馥齐, 施柯磊. 山区公路运营期交通安全隐患排查体系研究[J]. 运输经理世界, 2024(5): 130-132.

[46] Rivera C, Tehler H, Wamsler C. Fragmentation in disaster risk management systems: A barrier for integrated planning[J]. International Journal of Disaster Risk Reduction, 2015, 14: 445-456.

[47] Alcántara-Ayala I, Pasuto A, Cui P. Disaster risk reduction in mountain areas: an initial overview on seeking pathways to global sustainability[J]. Journal of Mountain Science, 2022, 19(6):1838-1846.

[48] 卢树盛,向能武,孙云志.高边坡勘察新技术在水利工程中的应用现状、挑战与展望[J].中国水利,2024(14):44-50.

[49] 刘春龙, 胡亦鹤, 周传武. 浙南山区公路承灾体自然灾害分布特征及防治研究[J]. 公路, 2023, 68(12): 328-336.

[50] 袁东, 张广泽, 王栋, 等. 西部山区交通廊道泥石流发育特征及选线对策[J]. 地质通报, 2023, 42(5): 743-752.

[51] 刘沛源, 常鸣, 武彬彬, 等. 基于 SBAS-InSAR 技术的成汶高速汶川段滑坡易发区选线研究[J]. 地球科学, 2022, 47(6): 2048-2057.

[52] 郝润丹, 张迎宾, 贺建先, 等. 基于网络拓扑结构的多灾山区路网韧性评估[J]. 公路, 2023, 68(10): 209-218.

[53] 李升甫, 向波, 孙晓鹏, 等. 多源遥感技术在复杂山区高速公路地质选线中的应用[J]. 重庆交通大学学报(自然科学版), 2022, 41(4): 120-125.

[54] 崔亮. 基于卫星和无人机遥感的道路大变形病害监测研究[D]. 南京: 东南大学, 2022.

[55] 黄怡. 基于可编程无人机的路面连续图像智能采集技术研究[D]. 南京: 东南大学, 2021.

[56] 梁晓辉, 慕永辉, 吴北华, 等. 关于路径规划的相关算法综述[J]. 价值工程, 2020, 39(3): 295-299.

[57] Zhu J Q, Gao Y D, Huang S Q, et al. Measuring surface deformation of asphalt pavement via airborne LiDAR: A pilot study[J]. Drones, 2023, 7(9): 570.

[58] Zhu J Q, Bu T X, Ma T, et al. Raster-based point cloud mapping of defective road marking: Toward automated road inspection *via* airborne LiDAR[J]. Journal of Transportation Engineering, Part B: Pavements, 2024, 150(2): 04024015.

[59] Bu T X, Zhu J Q, Ma T. A UAV photography-based detection method for defective road marking[J]. Journal of Performance of Constructed Facilities, 2022, 36(5):04022035 .

[60] Wang Z P, Zhu J Q, Ma T. Deep learning-based detection of vehicle axle type with images collected via UAV[J]. Journal of Transportation Engineering, Part B: Pavements, 2024, 150(3): 04024032.

[61] 赵学儒. 基于卫星和无人机遥感的公路路域地质灾害监测技术研究[D]. 南京: 东南大学, 2023.

[62] Zhong J T, Zhu J Q, Ju H Y, et al. Multi-scale feature fusion network for pixel-level pavement distress detection[J]. Automation in Construction, 2022, 141: 104436.

[63] Zhu J Q, Zhong J T, Ma T, et al. Pavement distress detection using convolutional neural networks with images captured via UAV[J]. Automation in Construction, 2022, 133: 103991.

[64] Zhu C D, Zhu J Q, Bu T X, et al. Monitoring and identification of road construction safety factors via UAV[J]. Sensors, 2022, 22(22): 8797.

[65] Besl P J, McKay N D. A method for registration of 3-D shapes[J]. IEEE Transactions on Pattern Analysis and Machine Intelligence, 1992, 14(2): 239-256.

[66] Li H F, Ye C M, Guo Z X, et al. A fast progressive TIN densification filtering algorithm for airborne LiDAR data using adjacent surface information[J]. IEEE Journal of Selected Topics in Applied Earth Observations and Remote Sensing, 2021, 14: 12492-12503.

[67] Lague D, Brodu N, Leroux J. Accurate 3D comparison of complex topography with terrestrial laser scanner: Application to the Rangitikei canyon (N-Z)[J]. ISPRS Journal of Photogrammetry and Remote Sensing, 2013, 82: 10-26.

[68] Wang Z P, Zhu J Q, Ma T. Review on monitoring of pavement subgrade settlement: Influencing factor, measurement and advancement[J]. Measurement, 2024, 237: 115225.

[69] 朱俊清, 赵学儒, 马涛, 等. 基于卫星遥感的路域地质灾害监测方法[J]. 吉林大学学报(工学版), 2023, 53(6): 1861-1872.

[70] 余加勇, 薛现凯, 陈昌富, 等. 基于无人机倾斜摄影的公路边坡三维重建与灾害识别方法[J]. 中国公路学报, 2022, 35(4): 77-86.

[71] Ouyang D L, He S, Zhang G Z, et al. Efficient multi-scale attention module with cross-spatial learning[C]//ICASSP 2023-2023 IEEE International Conference on Acoustics, Speech and Signal Processing (ICASSP). Rhodes Island, Greece. IEEE, 2023: 1-5.

[72] Hu J, Shen L, Sun G. Squeeze-and-excitation networks[C]//2018 IEEE/CVF Conference on Computer Vision and Pattern Recognition. June 18-23, 2018, Salt Lake City, UT, USA. IEEE, 2018: 7132-7141.

[73] Woo S, Park J, Lee J Y, et al. CBAM: Convolutional block attention module[M]//Computer Vision - ECCV 2018. Cham: Springer International Publishing, 2018: 3-19.

[74] Hou Q B, Zhou D Q, Feng J S. Coordinate attention for efficient mobile network design[C]//2021 IEEE/CVF Conference on Computer Vision and Pattern Recognition (CVPR). Nashville, TN, USA. IEEE, 2021: 13708-13717.

[75] Tan M X, Pang R M, Le Q V. EfficientDet: Scalable and efficient object detection[C]//2020 IEEE/CVF Conference on Computer Vision and Pattern Recognition (CVPR). Seattle, WA, USA. IEEE, 2020: 10781-10790.

[76] Liu S T, Huang D, Wang Y H. Learning spatial fusion for single-shot object detection[EB/OL]. (2019-11-21)[2024-12-08].https://arxiv.org/abs/1911.09516.

[77] 韩玉洁, 曹杰, 刘琨, 等. 基于改进 YOLO 的无人机对地多目标检测[J]. 电子测量技术, 2020, 43(21): 19-24.

[78] Howard A G, Zhu M L, Chen B, et al. MobileNets: Efficient convolutional neural networks for mobile vision applications[EB/OL]. (2017-04-17)[2024-12-08]. https://arxiv.org/pdf/1704.04861.

[79] Han K, Wang Y H, Tian Q, et al. GhostNet: More features from cheap operations[C]//2020 IEEE/CVF Conference on Computer Vision and Pattern Recognition（CVPR）. Seattle, WA, USA. IEEE, 2020: 1580-1589.

[80] Li H, Li J, Wei H, et al. Slim-neck by GSConv: A better design paradigm of detector architectures for autonomous vehicles[EB/OL].（2022-06-06）[2024-07-02].https://arxiv.org//pdf/2206.02424v2.

[81] Zhu J Q, Wu Y X, Ma T. Multi-object detection for daily road maintenance inspection with UAV based on improved YOLOv8[J]. IEEE Transactions on Intelligent Transportation Systems, 2024,25（11）: 16548-16560.

[82] 沈志. 基于北斗系统的大跨径桥梁变形监测研究[D]. 沈阳: 沈阳建筑大学, 2020.

[83] 杨春宇, 尹航, 郭爽, 等. 北斗/GNSS 和精密水准测量综合方法在老采空塌陷区地表形变监测中的应用[J]. 测绘通报, 2024（5）: 142-146.

[84] 马慧宇. 基于无线传感器网络的桥梁全天候健康监测系统设计[D]. 太原: 中北大学, 2022.

[85] 刘勇, 邹浩, 傅清心, 等. 北斗在安全监测中的应用与分析[J]. 资源环境与工程, 2024, 38（1）: 111-119.

[86] 曹永强, 张若凝, 范帅邦. 辽宁省降雨型泥石流环境特征及分类预警[J]. 华北水利水电大学学报（自然科学版）, 2022, 43（2）: 60-68.

[87] 鲁建莹, 余国安, 黄河清. 气候变化影响下高山区泥石流形成机制研究及展望[J]. 冰川冻土, 2021, 43（2）: 555-567.

[88] 邓明东, 巨能攀, 吴天伟, 等. 不同滑坡样本点和多边形表达模式下的易发性评价[J]. 地球科学, 2024, 49（5）: 1565-1583.

[89] 邓李政, 袁宏永, 张鸣之, 等. 滑坡变形监测预警技术研究进展[J]. 清华大学学报（自然科学版）, 2023, 63（6）: 849-864.

[90] 李发文, 张行行, 宫爱玺, 等. 蓄滞洪区洪水灾害链式类型特征及防御措施研究[J]. 安全与环境学报, 2011, 11（5）: 252-255.

[91] 万智巍, 周岩, 贾玉连, 等. 近 130 年来赣江洪水灾害事件重建与特征诊断[J]. 灾害学, 2018, 33（1）: 96-101, 110.

[92] 王海英. 基于降水大数据的不同区域洪水灾害特征统计系统设计[J]. 灾害学, 2020, 35（4）: 29-32.

[93] 宁杰钧. 多箱式小箱梁桥上部结构洪水作用力产生机理及减灾措施研究[D]. 成都: 西南交通大学, 2021.

[94] 李哲, 夏中原, 兰光宇, 等. 汜水河洪涝风险模拟及灾害防控评价[J].自然灾害学报, 2024, 33（3）: 56-66.

[95] 鲜一丁. 成昆铁路龙门沟泥石流动力学特征及危险性评估[J]. 铁道建筑, 2024, 64（8）: 156-161.

[96] 刘辛磊. 泥石流冲击下桩林结构对桥墩的防护作用研究[D]. 长春: 吉林大学, 2024.

[97] 曹冬冬. 基于位移与应变场的滑坡体时空形变特征研究[J]. 大地测量与地球动力学, 2023, 43（5）: 498-504.

[98] 张贝. 高速滑坡碎屑流冲击机制及拦挡结构工程设计研究[D]. 上海: 同济大学, 2022.

[99] 王军, 谭金凯. 气候变化背景下中国沿海地区灾害风险研究与应对思考[J]. 地理科学进展, 2021, 40（5）: 870-882.

[100] 宋婷. 大跨度桥梁施工项目安全事故风险耦合评估[D]. 长沙: 中南大学, 2022.

[101] 濮居一. 高速公路交通应急救援资源调配决策方法研究[D]. 南京: 东南大学, 2019.

[102] 刘文涛. 桥梁施工安全风险评估与应用研究[D]. 西安: 长安大学, 2015.

[103] 韩兴, 崔圣爱, 崔恩旗, 等. 基于失效概率法的桥梁地震风险评估[J]. 西南交通大学学报, 2018, 53(4): 696-703.

[104] 兰素恋, 李侑军, 张红日, 等. 基于模糊故障树和专家调查法的滑坡因素重要度分析[J]. 公路, 2023, 68(5): 65-72.

[105] 邱法维, 杜文博, 钱稼茹, 等. 虎门大桥应变监测数据处理系统设计[J]. 桥梁建设, 2003, 33(2): 66-69.

[106] 王庆贺, 刘瑞鑫, 孙立晔, 等. BIM 与云、物联网技术在桥梁全生命周期中的研究及应用[J]. 铁道标准设计, 2022, 66(12): 78-83.

[107] 云烨, 吕孝雷, 付希凯, 等. 星载 InSAR 技术在地质灾害监测领域的应用[J]. 雷达学报, 2020, 9(1): 73-85.

[108] 郝明, 林惠晶, 高彦彦. 基于改进主动轮廓模型的无人机影像矿区地裂缝提取[J]. 地球信息科学学报, 2022, 24(12): 2448-2457.

[109] 赵旭辉, 谢梦洁, 杨飚, 等. 低秩表示与深度学习结合的裂缝检测与样本生成方法[J]. 测绘学报, 2023, 52(11): 1917-1928.